列伝体 妖怪学前史

伊藤慎吾
氷厘亭氷泉〈編〉

誠出版

はじめに　学史にならない営みの歴史

伊藤慎吾

今日の妖怪研究の礎を築き、後続の研究者を牽引してきた小松和彦(こまつかずひこ)が一九八〇年代を語る時、遠い眼をすることがある。「そのころ、日本の妖怪に関心をもつ民俗学者や人類学者は皆無に近かった」(『妖怪学新考』「あとがき」一九九四年執筆)。「原著刊行当時は、まだ妖怪研究の意義は今日ほど認知されていたわけではない。「妖怪」という文字が書名に掲げられると、好事家の興味本位の本であろうと思われてしまうのが当たり前の状況であった。まじめに研究するようなテーマとは思われていなかったのである」(『同』「新書版あとがき」二〇〇七年執筆)。

一九八〇年代当時の妖怪研究に対する冷ややかな眼差しが伝わってくる。国内を見れば、都市化が進み、伝統的なムラ社会が解体する中で民俗学の再考が求められ、世界を見渡せば、社会主義国家の崩壊を目の当たりにした歴史学もまた唯物史観に代わる理論構築を迫られる時期であった。

戦後、各分野が細分化され、それこそが高度な専門性の証明であったが、この時期、人文諸学の置かれた危うい状況が隣接諸学との連携を模索する機運を生み出した。学際的な研究によって日本史や民俗学、宗教

学、日本文学、美術史学などが結び付き、また従来とは異なるパラダイムによる問題提起なども盛んに試みられるようになった。妖怪に関して多分野を糾合して研究しようという動向も、こうした大きな流れの中で位置付けていくものだろう。

それから幾年月が過ぎたであろうか。それぞれの分野で妖怪研究が進展し、細分化され、蓄積された情報量は膨大である。もはや妖怪研究の専門家でなければ全体を総括することさえ一苦労するようになった。

私などは、なんとなく、妖怪研究は小松から始まったような歴史認識を持っている。それ以前はずっと昔に柳田國男がやっていたが、戦後は今野圓輔や谷川健一のような、世間的にはどうであれ、学問的には正統とは言い難い研究者が出た程度で、全体としては大して進展も見せずに停滞したままだったという認識である。しかしそれは一面的なものに過ぎない。

小松以前には、確かに学術性が高いとは言えないが、しかし、様々な妖怪を収集・整理・分類し、また歴史的に叙述する識者がいたのである。漫画家水木しげるもその一人だ。そして、その周辺には佐藤有文がおり、同時期には山田野理夫、斎藤守弘、中岡俊哉らがいた。そして彼らの手元には江馬務や藤澤衛彦、日野巌らの著した妖怪の研究書があったのである。アカデミズムとは離れたところで流れていた妖怪研究の系譜が確かにそこにはあった。そしてそれは京極夏彦や村上健司、多田克己といった、今日、野に在って多くの妖怪に関心のある人々を導く先達となっている。本書の執筆陣は、その流れを汲む面々である。

主力として編集にも尽力した氷厘亭氷泉をはじめ、本書の執筆陣は生粋の妖怪馬鹿である。そして、その領分において、それぞれ右に出る者がいない特殊な知識・情報とコレクションと異能を持っている。だから本書で初めて記される知見や初公開の画像資料も少なくない。

こういう人たちであるから、好きに書かせたら、とんでもないマニアックな本になってしまうに違いない。それはそれで妖怪マニア垂涎の珍本になるだろうが、しかし本書は一方で、妖怪にあまり関心のない読者に、どんな人がどのように妖怪を研究してきたのかを知ってもらおうという目的を持っている。そして、あわよくば衆生を異界に誘わんとする悪魔の書、もとい案内書としての役割も担っているのである。

妖怪を面白く語る人々こそ面白い。学問的成果にもならない、言ってみれば趣味のようなものだ。そのために大変な時間と労力と資金を投じて資料を集め、研究し、原稿を書く。打算を抜きにして書き上げた本や記事は面白い。本書では、そうした原稿を書いた人々を、総勢二三名取り上げた。人物の伝記を並べる〈列伝体〉という古風なスタイルを採ったのは、妖怪学の前史が、小松以降の妖怪学のように学問史的な積み重ねに成るものではなく、個々人の関心や必要性から発信されたものであり、また、学界として知識を蓄積・共有し、後に繋げる動向が見られないものだからである。

かくして、本書では人物ごとに妖怪学との関わりを記述し、どういった人が、いつごろ、どんな妖怪研究をしていたのかを掴めるように構成した。そして明治大正昭和戦前期、昭和戦後期前半、同期後半と大きく三つの時期に区分して、通史として緩やかな妖怪研究の流れを叙述した。また、それぞれの時期の特徴的な事物を〈妖怪学名彙〉として立項した。

妖怪そのものではなく、妖怪をめぐる人々に注目して作った本は、おそらく本書が最初だろう。通読するもよし、拾い読みするもよし、好きなように読んでいただきたい。ではご高覧あれ。

アマビヱ再来第二の年辛丑十月吉日

伊藤しるす

第一部 戦前編

妖怪学名彙

第二部 戦後(前)編 1945-1965

第三部 戦後（後）編 1966-1996

カバー・表紙イラスト◎梅素薫(一八八三)+氷厘亭氷泉(二〇二一)
本文イラスト◎氷厘亭氷泉

総説　妖怪学前史のつきだし

氷厘亭氷泉

妖怪に関する文献や紹介は実際、文明開化時代以後のほうが増えてるんじゃないか——といった印象は、湯本豪一『明治妖怪新聞』（柏書房、一九九九年）を読んだ頃からナントナクいだきつづけて来た。

妖怪の出没したはなしとは別種のものだが、たとえば『団団珍聞』（一八七七〜一九〇七）[1]や『月とスッポンチ』（一八七八〜一八八〇）[2]などに代表される明治の戯文雑誌あるいはそこから派生して出版された錦絵などを眺めてゆくと、表紙や本文に掲載されているカートゥーン（狂画）や、読者投稿されている川柳・都々逸の題材にも妖怪はたびたび用いられている。

こういった傾向は天保文久うまれの人々が送り手にも受け手にも直結したまま生きていたことによるタイムラグ（新聞や雑誌にも梅亭金鵞や仮名垣魯文のような江戸の作者たちが執筆している）と思ったのだが、どうもそれだけでは無いらしい。——つまり、新聞雑誌が妖怪（奇談風説だったり、前述のような狂画戯文だったり要素はバラバラだが）を掲載・販売・流通させることによって、木版絵本や肉筆写本ダケだった時代を遥かに上回って、現実的にこの世での数と循環を増やしているのである。

残された史料、特に印刷物や文字資料ダケで幕末から大正うまれの一般の人々がいだいていた妖怪との距離感をつかむのはナカナカ難しいが、たとえば「井上円了が妖怪研究を開始し迷信を……」と叙述されるような、従来の《文明開化から後の妖怪》言及に往々抜け落ちがちだった部分が、そのような人々にごく身近な作品や情報のなかの妖怪たちだったのである。

研究対象（伝承／画像）の分岐

大正や昭和からこっちの時代もこの点はおなじである。

時代の流れの中で新聞雑誌あるいは書籍などで拡大していった知識層や趣味層のなかの《妖怪》イメージの基礎や、活動をする大きな土俵（奇談風説や狂画戯文）は、二十一世紀現在の色々なメディア作品で表現されている妖怪たちとは似通った状態であり、そこまで大きな変化は無い。

そことの峻別として、柳田國男などはそれら《都会的なおばけ》との興味の違いを明確に打ち出し、[3]フォークロア領域における妖怪を構築していったと言える。柳田國男・折口信夫・今野圓輔・桂井和雄・井之口章次らの民俗学、あるいは同時に東条操・橘正一・佐藤清明らの方言学によって形成されていった領域のなかであたらしく収獲された妖怪たちが、やがて後の時代に民俗学・文化人類学を通じて《学問的に扱われる妖怪》の主な手法・流れになっていった。

つまり、まず第一段階で分別されてる妖怪たちもいるわけである。

妖怪≒おすし

現代までに至る妖怪たち全体を《おすし》とたとえれば、現在主流の《学問的に扱われる妖怪》となっているのは、おすしに用いられてる稲や魚介の種類、あるいはその生産者や生産地にあたる部分であり、その流れとは別に、加工品である《おすし》そのものを色々に研究したり商売として活躍していた人々による研究もたくさんあった、と考えるとわかりやすい。芝居や絵草紙・絵巻物での画像妖怪たち（いわば《おすし》の握り方や、すし種(だね)の加工技術）についてひろく調べた者もいれば、幕末明治のそれを受けつつ新側面を足したり、実践的に描きつづけた者もあり、現代に至るまでそれぞれが複数同時に存在しつづけているのである。

一つ大事なのは、ひとくちに《おすし》とたとえているが、それ自体も単純に江戸前や箱ずしがデンと坐ったまま古風に洗練されていったわけではなく、江馬務(えまつとむ)や藤澤衛彦(ふじさわもりひこ)・吉川観方(よしかわかんぽう)などが構築していった妖怪たちにも、軍艦巻や洋食ずしや回転ずしが開発発展していったような変転がいくつもあったことである。

特にそれまで[4]、坪内逍遥(つぼうちしょうよう)が《三角関係》とも特称した徳川時代以来の歌舞伎・浮世絵・小説という創作空間の内側で親しまれた存在が支配的だった《妖怪》のイメージ群に、長らく同居していなかったうわん、ぬらりひょん、わいらなどのような絵巻物の妖怪たちや鳥山石燕(とりやませきえん)・勝川春英(かつかわしゅんえい)・竹原春泉斎(たけはらしゅんせんさい)などによって描かれた個々の画像妖怪たち[5][6]を、明治から昭和にかけて明確に結び込ませていったことは、《妖怪》全体の枠組みそのものに与えた壮大な変化のひとつでもあり、吾々はその成果も、その後につらなる各種の研究結果や雑誌・書籍、あるいは佐藤有文・山田野理夫・水木しげるを通して、さらに様々な蓄積を融合したヴァラエティー豊富な《おすし》として、多くは無意識のうちに味わい、全体的な《妖怪》と見ているのである。

直線には結びづらい歴史

開化期に対する《井上円了が……》にあたる紋切型な解説構文は、近現代に対しては《民俗学が……》[7]であり、そこのみブツ切りに抽出され過ぎて《近代以後の妖怪研究》あるいは《妖怪》そのものへの言及は分野ごちゃまぜに全て《民俗学な手法》である——と直線的な誤認を一般にはされてもいる。(《おすし》がポンと出されても、褒め言葉に「これはゴーカな稲ですねェ」という決まり文句しか持ち得ていない、と考えてみるとわかりやすいだろうか)

たとえば、水木しげるの妖怪絵を集めた著作が「民俗学・文化人類学の妖怪を取り扱う手法そのものである」といった工合の世間での《言い回し》もそんな乖離の一例であり、その直線的な理解のされ方には——

鳥山石燕 (徳川後期の出版文化による画像妖怪の普及と爛熟)
↓井上円了 (開化期における迷信としての妖怪の科学的な否定)
↓柳田國男 (近現代にかけての消えゆく伝承妖怪の研究と保存)
↓水木しげる (近世~現代の妖怪情報を集成統合して紹介した)

――という一見スッキリとした正しい直線が見られるが、「点と点をスッキリと直線で結んだ」とすればその間に引かれる線が《直線》なのは当然で、それぞれの要素と変遷をただしてゆくと実際はぐにょぐにょした田んぼの農道のような曲線の上に引かれた直線でもあるのである。

結ぶための点と点

このようないびつな理解が世間で用いられてしまっているのは、《線》を結んでゆくのに使う点（人物や資料）の共有や膾炙（かいしゃ）の数が一般的に非常に少ないということが原因として挙げることが出来るし、世間で展開されるその方面についての言及が行われる《場》の多くが、正面から《妖怪を扱った人々の歴史》を分野や素材を多方面にひろげて語ったものではなく、個別にレンズのしぼりをかけた人物史か作品群を対象としたものにかたより過ぎて来てしまっていたことも遠因となって来たと言えよう。

本書は、そのあたりの散らばり過ぎた《点》の変遷を《妖怪学前史》として出来るだけ色々な角度や渡し道からまとめてみたわけだが、確認可能な資料の限界もあり、まだまだ未確認な穴ぼこ部分も多い。今後も解明してゆくべき点についてはドシドシと捜査をつづける次第である。

注

［1］『団団珍聞』野村文夫（のむらふみお）（一八三六～一八九一）により創刊された雑誌。政府や時事についての諷刺を主題に長年にわたり展開し

た。官吏を鯰、芸者を猫になぞらえる方式を定着させた。梅亭金鵞（一八二一～一八九三）や鶯亭金升（一八六八～一九五四）など徳川時代の戯文の流れと直結した書き手も多く擁していた。

［2］『月とスッポンチ』二世笠亭仙果（一八三七～一八八四）により創刊された雑誌。こちらは卍亭応賀（一八一九～一八九〇）や仮名垣魯文（一八二九～一八九四）が大きく関わっており、『団団珍聞』以上に戯文の流れと直結した内容が多い。

［3］柳田國男『妖怪談義』（講談社、一九七七年）「妖怪談義」一四頁。

「都市の居住者の中には、今はかえって化け物を解き得る人が多い。これは一見不審のようであるが、その実は何でもないことで、かれらはほとんど例外もなく、幽霊をオバケと混同しているのである。」

今野圓輔「妖怪・幽霊問答　二題」（『民間伝承』一三巻六号、一九四九年、四二頁）。

「文学作品や芸能の上の妖怪や幽霊ばかり話題の対象にされて来て、もっとも生活に関係の深い生きた経験の方が日常の話題には非常に多く取上げられているのに学問の対象にはあまりにも取上げられなさすぎた。」

「創作品の研究と民俗資料の実証科学的な研究とは別にされるべきだ。われわれは文献や芸能の妖怪幽霊を参考にはするが、研究の主対象はわれわれの日常生活に実際に経験されるこの種の現象に向けられるのです。」

［4］坪内逍遥「新旧過渡期の回想」（戸川信介『明治文学回想集』上、岩波書店、一九九八年）一三～一五頁。

［5］日野原健司「浮世絵版画に描かれた妖怪たち」（『江戸妖怪大図鑑』太田記念美術館、二〇一四年）九～一〇頁。

［6］「古今妖怪大番付」（『新公論』明治四四年四月号、一九一一年。番付の撰者の戯号は酒呑童子の末孫）を例にとってみても、東西の大関がミセスお岩やお菊にはじまり、お柳（『卅三間堂棟由来』の柳の精）仙台萩の鼠（『伽羅先代萩』の仁木弾正）や左甚五郎の京人形、関の扉（『積恋雪関扉』の小町桜の精）など徳川から明治にかけて実際に三角形のなかで膾炙されて来た妖怪たちのみで占められている。この号は妖怪号と銘打たれて様々な特集が組まれており、簑の人「妖怪列伝」という妖怪を個々に紹介している記事では、書名が示されてないものの桃花山人・竹原春泉斎『絵本百物語』、鍋田玉英『怪物画本』を下敷きに、絵入りで原書の解説をかみくだきつつ、といっても後者に填詞は無いため自然、描かれてる光景からその妖怪を叙述するかなり自由型な形式で個々の妖怪を紹介しているがコチラから番付への参入はゼロである。

［7］民俗学＝妖怪の研究という俗なイメージは存在するが、方言学＝妖怪の研究とは昨今あまり結びつけられてはいないようだ。

古今怪談大番附

蒙御免

東の方

大關	お岩
關脇	安達原 人食婆
小結	鍋島猫
前頭	兒雷也蟇
前頭	羅生門鬼
前頭	松浦潟 佐用姫
前頭	葛の葉
前頭	紅葉狩の鬼婆
前頭	左甚五郎の京人形
前頭	善光寺の牛
前頭	源義平の靈
前頭	小夜衣の怨念
前頭	八重垣姫の狐
前頭	川越しの名號
前頭	小夜の中山の夜泣石
前頭	僧正坊
前頭	卒塔婆小町
前頭	葵の上亡靈
前頭	女郎花の精
前頭	高野山の獨鈷
前頭	鐵輪の般若
前頭	清玄の亡靈
同	江口遊女の靈
同	水吹銀杏
同	法界坊の靈
同	本妙寺の振袖
同	物部守屋の寺つつき
同	西行櫻の精
同	富士人穴の怪女
同	按摩の宅悦
同	藤の花の精
同	孝養上人の精
同	小幡小平次の靈
同	小豆洗
同	善知鳥の靈
同	磐城山の姥石
前頭	梶原景季の靈
同	實盛の靈
同	阿漕の靈
同	清經の靈
同	巴御前の靈
同	二人靜の靈
同	海士の靈
同	鵜飼の靈
同	平經政の靈
年寄	安珍清姫の蛇
年寄	頼豪の鼠
年寄	白縫物語

西の方

大關	お菊
關脇	お柳
小結	奈須野原の殺生石
前頭	仙台萩の鼠
前頭	伏姫の犬
前頭	紫宸殿の鵺
前頭	牡丹燈籠お露
前頭	關の戸
前頭	綱手の蛞蝓
前頭	巨勢金岡の馬
前頭	茂林寺の狸
前頭	新田義興の靈
前頭	初花の亡魂
前頭	大森彥七の靈
前頭	波の上の題目
前頭	梅ケ枝の手水鉢
前頭	太郎坊
前頭	檜垣の老女
前頭	梅若丸の亡魂
前頭	杜若の精
前頭	大宰府の精
前頭	肉附の面
前頭	宗玄の魂
同	淀君の靈
同	緣切り榎
同	熊坂の靈
同	阿彌陀ケ池の銀杏
同	藤原實方入内雀
同	三輪杉の精
同	須磨の松風村雨
同	河童の川太郎
同	芭蕉の靈
同	山姥金望の靈
同	根岸宇右門の靈
同	野守鬼
同	定家桂の靈
同	綾の皷の靈
前頭	融おとゞの靈
同	通盛の靈
同	雨月の靈
同	忠則の靈
同	源義經の靈
同	教盛の靈
同	藤戸の靈
同	業平の靈
同	田村麻呂の靈
年寄	俵藤太の百足
年寄	頼光の蜘蛛
年寄	船辨慶

行司 天竺徳兵衛 浦島太郎

呼出 平家蟹 源五郎鮒

勸進元 菅原道眞 佐倉宗五郎

酒呑童子の末孫稿

図1　酒呑童子末孫「古今妖怪大番付」(『新公論』明治44年4月号)
目次では「古今妖怪」とあるが、実際の番付では「古今怪談」と活字が組まれており表記揺れがみられる。号の特集名も「妖怪号」ではある。

第一部 戦前編

「珍怪百種　畜婦人」（『讀賣新聞』1907年8月3日朝刊）

英林斎定雄による妖怪の絵のひとつ。紙面用の図版作成者の署名「幽冥路」は竹久夢二のもの。「化物会」の項目参照。【泉】

第一部　戦前編

戦前 通史

伊藤慎吾

戦前期の全般的な枠組みについては「総説」で示されているので、まずはそちらをご精読願う。本書は曲がりなりにも「学史」を謳っているのであるから、総説を補う意味で、学術的な面を中心に述べておくことにする。

円了・熊楠・國男

まず、妖怪学の先駆的な提唱者に**井上円了***がいる。円了は、近代的な科学精神のもと、旧来の俗信・迷信を排除することに尽力した。妖怪の研究もその一環であった。ここでいう「妖怪」とは怪異全般を指すもので、個々のモンスターや怪獣、妖精という姿かたちをもつものばかりではない。妖怪変化の目撃情報や怪奇現象、迷信の真相を科学的に解明しようとするものである。それによって日本国民の非科学的な迷妄を晴らすことを使命としていた。こうした妖怪の科学的否定の精神は社会的に広く受け入れられ、学校教育にも浸透していった。そして、それは戦後の迷信調査協議会に受け継がれていく。この協議会には戦後の重要な妖怪研究者**今野圓輔**＊も参加しており、今野の研究の基盤の一つになったことは間違いない。

南方熊楠＊はこの流れとは異なる立ち位置から妖怪研究に関わるようになった。熊楠は若くして和漢の文献を読み、特に博物学（本草学）に関心を示した。米国、ついで英国に滞在して以来、人文学に関していえば、欧米の新しい学問、神話学・人類学・民俗学等の諸文献を読み漁り、雑誌に調査研究の報告を発表するようになった。明治三三年（一九〇〇）に帰朝して和歌山県に居を構えるようになってからは、米英での学問経験を生かした学際的で、歴史地理的条件にこだわらない奔放な比較説話学を最晩年まで行った。熊楠の妖怪研究はもっぱら和歌山県下、熊野を中心とする民間説話の収集と分析・考察であった。今では聞かれない珍しい事例が少なくない。カシャンボ（河童）や天狗、イッポンダタラには関心が深く、特に言及することが多かった。ただ、論考のかたちで発表することは稀で、多くは私信や短文のエッセイで書かれたため、また熊楠自身、学会活動を行わなかったため、中央の学会で学術的な成果を評価されることは稀であった。熊楠の学問が本格的に評価されるのは戦後一九七〇年代以降のことである。妖怪研究に至っては二〇〇〇年代前後、ようやく見直す動きが出てきた。

日本民俗学の父と呼ばれる**柳田國男**＊が妖怪に関心をもったのは、恐らく少年時代の神秘体験があるだろうが、学術的には熊楠との交流が大きいだろう。熊楠との文通では河童や天狗を中心に盛んに議論が交わされた。そうした中で柳田の見解がまとめられていくこともあったし、熊楠が示したカシャンボの事例が後に『山島民譚集』に引かれることもあった。柳田の妖怪学のテーマはおよそ二つに分けられる。一つは「人はなにゆえ妖怪を信じるのか」ということだ。円了が妖怪の真相を解明してその実在性を否定するために研究を行っていたのに対し、柳田は妖怪がいるかいないかは問題とせず、なぜいるものと考えてきたのか、そして今も考えているのか、その理由の解明が大きな関心事であった。いわば民間信仰の研究の一環ということだ。

妖怪名彙

もう一つ、柳田は民俗学の研究の一環として民俗語彙の収集の必要性を説いた。各地の民俗に関する言葉を集め、葬送や婚姻、漁撈などに整理分類し、解説文を加えて民間伝承の会の会誌である『民間伝承』に断続的に掲載した。一九三八年に掲載が開始した「**妖怪名彙***」はその一つとして位置付けられる。妖怪に関する民俗語彙を集める目的について、その緒言で「怖畏と信仰との関係を明かにして見たい」と述べている。「おそれ」とは畏怖の対象である怪異に起こるものであると同時に、畏敬の対象である神仏にもまた惹き起こされるものだ。その意味で怪異・妖怪も神仏への信仰と根源的に通じるものである。要するに、「妖怪名彙」は民間信仰関連の民俗語彙収集の一翼を担うものということができるのだ。

このような柳田による妖怪の民俗学的研究は、当時、文学や絵画作品の中に描かれた妖怪を中心に行われていた研究とは一線を画するものであった。「総説」で詳述されていることだが、妖怪の歴史的研究は風俗学の**江馬務***、文学研究の**藤澤衛彦***、美術史の**吉川観方***、生物学の**日野巌***らによって行われていた。柳田は、それらに意識的に対峙するように、文学・美術工芸作品に描かれた妖怪を資料として取り上げることを避け、あくまで村落社会で語られてきた伝承を第一級の資料として研究材料としたのである。言い換えれば、視覚的に造形された妖怪は対象としないのである。それらは個々人の創作の産物であり、古くから伝承されてきた民俗的なイメージが歪曲されているからである。したがって姿かたちの把握もまた、多くの場合、聞き書きに頼らざるを得ないのだ。

方言研究

民俗語彙とは、それぞれの地域で使われてきた言葉である。必然的に方言研究の資料としての価値を伴うことになる。柳田は標準語教育が浸透する中で、それぞれの地域の言語上の特性が消えて行くことを憂い、方言の意義を説いた。

そもそも、明治の新政府が樹立してから言語面の最大の問題は標準となる日本語が確立していなかったことである。つまり、外国人が習得する上でスタンダードな日本語の体系、国が国民に対して伝達する際に使う正しい日本語の体系が存在しなかったのである。政治の主体が武家出身者であり、中心地が首都東京であることから、東京語、中でも山の手地域の言葉が母体となり、それをもとに標準語が制定されることになった。その過程で各地の方言の実態調査が実施され、方言学として体系化されていった。その一方で、民俗学では民俗語彙の収集が調査研究の大きな比重を占めていることから、豊富なデータを持っていた。そこで柳田を中心に方言の研究を通して民俗を究明する流れも生まれ、言語学と民俗学の融合した方言研究が現れたのである。

中国地方の民俗学の学会である中国民俗学会は機関誌『中国民俗研究』を発行するかたわら、一九三〇年代に桂又三郎（一九〇一～一九八六）が中心となって中国民俗叢書が刊行された。『岡山県特殊信仰誌』や『岡山県名木珍石伝説集』『岡山県性的崇拝誌』、さらに『岡山県動植物方言図譜』『岡山県貝類方言図譜』などを収めるものだが、そこから派生して方言叢書が編まれた。その第七冊に一九三五年刊行の佐藤清明『現行全国妖怪辞典』がある。柳田の「**妖怪名彙**」*に先んじて出された妖怪辞典として先駆的意義をもつ。

もっとも、佐藤は民俗学や方言学ではなく、自然科学を専門とした。したがって柳田の提唱する民俗学的、あるいは東条操の方言学的な言語資料としての価値は低い。佐藤が本書を編んだ動機は「日野博士の名著　動物妖怪譚が世に出たのが大正一五年の暮で　それを初めて私が読んだのは昭和二年の春であつた」と序文に述べているように、生物学者日野巌の『動物妖怪譚』に刺激を受けてのことであった。一応、東北地方から沖縄までの妖怪を収録するが、中国地方、中でも岡山県周辺の事例に集中しており、

「全国」を銘打つにはバランスが悪い。とはいえ、文学・美術に描かれた妖怪ではなく、民間伝承の中の妖怪の事例に限って一書にまとめ、辞典として出した歴史的意義は大きい。民俗資料としての妖怪辞典としての先駆的著作であり、戦後の一九五五~六年に刊行された『**綜合日本民俗語彙***』全五巻（平凡社）、そして一九八八年刊行の谷川健一編『日本民俗文化資料集成　8　妖怪』（三一書房）収録の千葉幹夫「全国妖怪事典」（一九九五年に単行本化）という流れを作っていったのである。

昭和戦後期へ

第二次大戦後、文化国家建設を標榜する日本では、文部省に迷信調査協議会を設置し、精神的基盤に侵食する迷信の実態調査に当たった。妖怪もその対象となっていた。当時、毎日新聞社学芸部に在職していた今野圓輔は、人々が妖怪を信じるのは「自然科学的には、決して実在しないものを、あたかも実在したかの如く経験する、という事実」があるからであり、研究の目的は「どういう理由でわれわれはこの様な経験をするのであるか」を明らかにすることである。これによって日本人の信仰や思想の歴史を知り、日本人の社会観や人生観を正確に把握できると説いた（『迷信の実態』一九四九年）。これは柳田國男の説くところを受けたものであるが、今野や憑き物研究の石塚尊俊などを除き、民俗学における妖怪研究の必要性は希薄になっていった。

なお、方言研究自体は細分化していったものの、各地の妖怪名彙を取り上げることはなくなった。しかし、二〇〇〇年代以降、妖怪研究が多様化する中で、妖怪の「名付け」に着目した論考が出るようになった。

文学や美術作品に描かれた妖怪を中心とする妖怪の歴史的研究は、藤澤衛彦の独擅場と言ってよい。言い換えれば、日本文学研究、美術史研究のアカデミズムから顧みられなかったのである。しかし、子どもを中心に一般の需要はあったので、児童書のかたちで通俗的な妖怪本が出されるようになった。藤澤や江馬、日野らの著書には前近代の豊富な妖怪画や説話資料が紹介されており、一九七〇年代以降の**佐藤有文***や**水木しげる***らの妖怪本のタネ本として受け継がれていく。その一方で、学術的な面では、同じころ、文化人類学の方面から吉田禎吾が『日本の憑きもの』（中央公論社）を出し、同じく小松和彦が他界観の研究から、やがて文学・美術作品を取り入れた妖怪研究を公にするようになっていくことになる。

井上円了『妖怪学』広告（氷厘亭氷泉・所蔵）

1931年に山洞書院から刊行された際の広告。史家も詩人も軍人も、みなことごとく本書をよめ!!という壮大な売り口上は昭和ひとけた時代らしさが垣間見られる。この広告の妖怪たちの絵柄を簡単にした図案は、「井上円了妖怪学刊行会」と記されたバージョンの『妖怪学』の内容見本の冊子の表紙にも確認出来る。【泉】

井上円了

いのうえ・えんりょう（一八五八〜一九一九）

生真面目な哲学者の持つ趣味者の顔

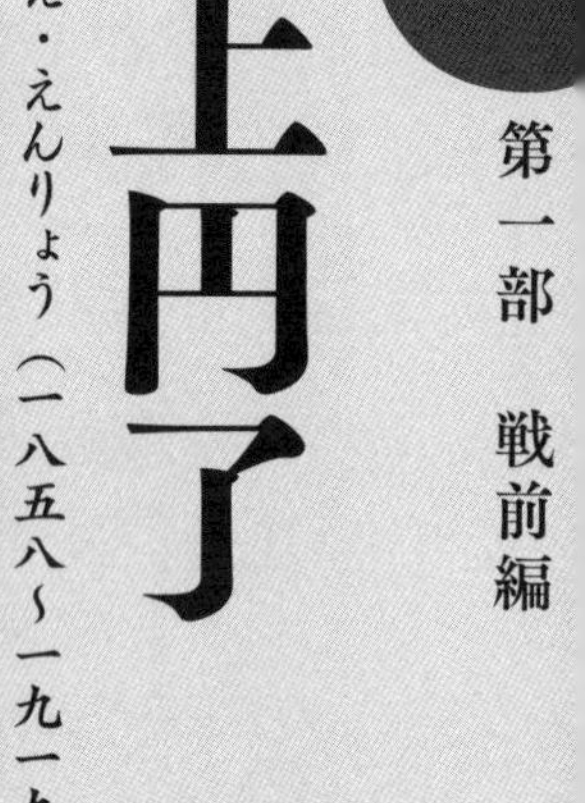

略歴

仏教哲学者、教育者。新潟県長岡市生まれ。仏教を基礎とした哲学による真理探求に努め、また哲学による啓蒙（けいもう）を人々に普及させようと活動した。哲学館（現・東洋大学）や哲学堂といった教育機関を設立。また、独自の「妖怪学」を展開し、旧来的な迷信の打破を目指した。全国各地で講演会を行い、「妖怪博士」「お化け博士」と呼ばれた。

最も代表的な〈妖怪研究者〉

明治期における妖怪研究の中で、最初に名を挙げるべき人物といえば、井上円了であろう。井上は哲学という視点から人々を先進的な思索へと導き、「妖怪学」によって迷信や俗信、幽霊や妖怪を否定した。明治という文明開化の時代を牽引（けんいん）した一人として、井上は認識されている。しかしその事績ゆえに、井上は妖怪などの古い概念を打倒するために妖怪の非実在を啓蒙した研究者として、妖怪伝承そのものを研究対象の一つと捉えた民俗学者・柳田*國男と対照的な人物として扱われることが多い。事実、明治三八年（一九〇五）に柳田が発表した『幽冥談』では「僕は井上円了さんなどに対しては徹頭徹尾反対の意を表せざるを得ないのである」と、井上の「妖怪学」を批判する論を展開している。[1]近代化という社会の流れの中で活動した「妖怪否定論者」とでもいうべき井上へのイメージは、果たして正しいものなのだろうか。

そもそも、井上の論ずる「妖怪」とは何なのであろうか。『おばけの正体』から本人の解説を引用しよう。

> つまり、世間普通にいうところの妖怪は真の妖怪でなく、むしろ妖怪の偽物である。しかるに、世人ははじめより妖怪ありとの予想をもって自ら迎え、さらに疑念を起こして探検することなきために、偽物が真物となって後世に伝わるのである。余の研究するところによれば、少なくとも怪談の七、八分は、人為的偽怪と偶然的誤怪であると思う。人為的とは人の故意に造り出だせるもの、偶然的とは故意にあらざるも偶然誤って妖怪と認むるものをいうのである。よって、妖怪の大部分は天狗にもあらず、狐狸にもあらず、幽霊にもあらず、悪魔にもあらず、人なりと断言することができる。
>
> 果たしてしからば、世に妖怪、不思議は絶無かとの問いが起こるであろう。余はこれに対して、真の妖怪、真の不思議は、かえって世人の妖怪とも不思議ともせざるところに存すとの持論である。しかして、この真怪は偽怪を打破するにあらざれば、立証することができぬ。あたかも、暗雲を払わざれば明月を開現することのできぬ

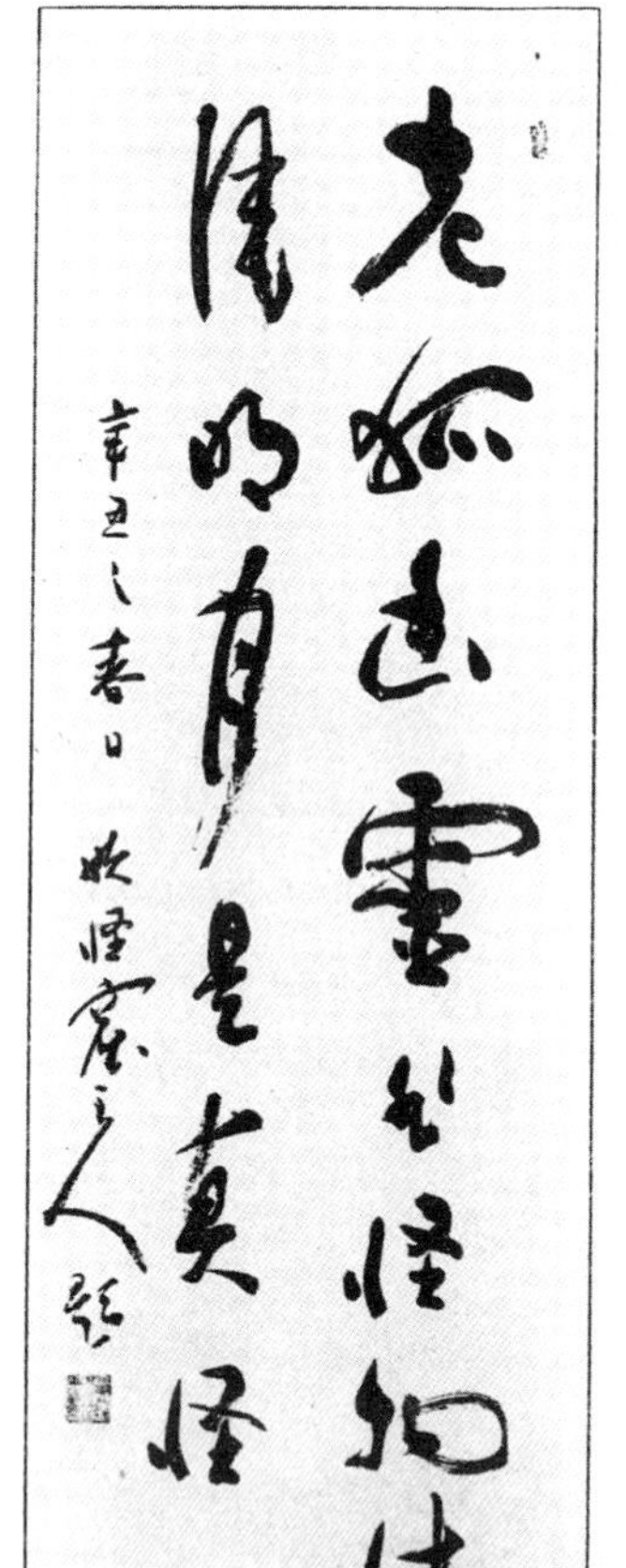

図1　妖怪窟主人（井上）の書
「老狐幽霊非怪物　清風明月是真怪」
（『妖怪学講義　合本第一冊　緒言及び総論』井上円了　哲学館　大正5（1916））

と同様である。[2]

世間一般でいうところの妖怪——人々が遭遇する怪奇現象や不思議な出来事は、井上が論ずる「妖怪」即ち「真怪」とは異なるというのである。では その「真怪」とはどういう物なのか。同じく著書である『妖怪研究の結果　一名、妖怪早わかり』を引用する。

> （前略）真怪は一名超理的妖怪といいます。もし超理的妖怪より論ずれば、ひとり人間社会のみならず、宇宙間の事々物々、一として妖怪ならざるなきほどに至ります。天地すでに一大妖怪なれば、その間に現ずる森羅の諸象はもとより妖怪の現象にして、一滴の水も一片の雲も、みな妖怪なりと申してよろしい。なぜなれば、超理的妖怪とは不可思議、不可知的の異名でありて、事々物々もしその根元を窮むれば、みな不可知的に帰するようになります。[3]

井上の「真怪」とは、森羅万象の全てに通ずるという、壮大な思想である。これを突き詰めていくと、井上がその生涯をかけて追求した哲学的真理を論ずる必要があるため、この場では省略する。少なくとも、井上の論じていた「妖怪」が当時の社会で認識されていたような妖怪、そして現代の我々が妖怪という言葉から連想するような、キャラクター的な妖怪とは異なるという点は理解しておく必要があるだろう。

物好き・井上円了

では、井上はキャラクター的妖怪――絵巻物や絵草紙などに描かれたような妖怪――には、どの様な姿勢でいたのか。幾つか、井上が残した資料を参考にしてみよう。

東京都中野区には、井上が建設した哲学堂を中心とした「哲学堂公園」が今も区立公園として存在している。哲学堂公園は井上の仏教哲学理論を様々な地形・建造物・自然物で表現しており、この公園の七十七所を巡ることでその思想を体感できるという、実にユニークな施設となっている。この七十七所の中には、左右に天狗と幽霊の木像を配した「哲理門」という門がある。この一対の木像は、井上の『哲学堂案内』によると

> これはあまりに物好きのようなれども、この地に以前より天狗松と幽霊梅がありしにちなめる意匠である。（彫刻者は田中良雄氏）世間一般に信ずるがごとき天狗幽霊はもとより迷信なれども、その中には一分の真理を含みたる所がある。すべて物質界も精神界にもその根底には理外の理すなわち不可思議を備えている。もし人が物質界において不可思議の一端に接触したる時に想い出せるものが天狗となり、精神界に

> おいて同様の感を浮かべたるものが幽霊となったと思う。天狗は物的なると同時に陽性であり、幽霊は心的なると同時に陰性である。ゆえに一方は男相にして他方は女相に定まっている。[4]

と説明されている。天狗松は元々この地に植わっていたものであり、幽霊梅はこれと夫婦になるよう、井上の自宅からここに植え替えられたのだという。[5]また、日本中国インドの六人の賢人を選定して祀った「六賢台」には、天狗松にちなんで鬼瓦ならぬ天狗瓦が用いられている。[6]

「唯物園」には狸を象った灯籠「狸燈」があり、こちらについては、

> 次に目を転ずれば、園内に狸の燈籠が立っている。これは人生の真情を写したつもりである。狸はよく人を誑惑するが、人間も詐欺虚喝、驕慢阿諛、妄語などの術に長じている。しかしながらかかる種々の悪徳の中に時々光輝ある霊性の発揮することを例えて、狸の腹中に燈籠を仕込んだのである。[7]

と説明している。これと対であるかのように、「唯心庭」の「理性島」には鬼を象った「鬼燈」がある。

> しこうしてその中に鬼燈の立っているのは、人心の真情を寓した意匠である。もし先の狸燈を人生観とすれば、この鬼燈は人心観に当たる。つまり我々の真情に悪念妄情が宿りているのは心の鬼にして、その内部に良心の光明の存するのは燈明のごときものであろう。よって心の鬼が良心に厭せらるる所を形にあらわし、鬼が燈籠を戴きつつ、しかもその燈籠に厭せられ苦しそうにしている状態を示したつもりである。すべて世間の人々はこの通りに良心の重量が鬼を厭するようにしてもらいたい。[8]

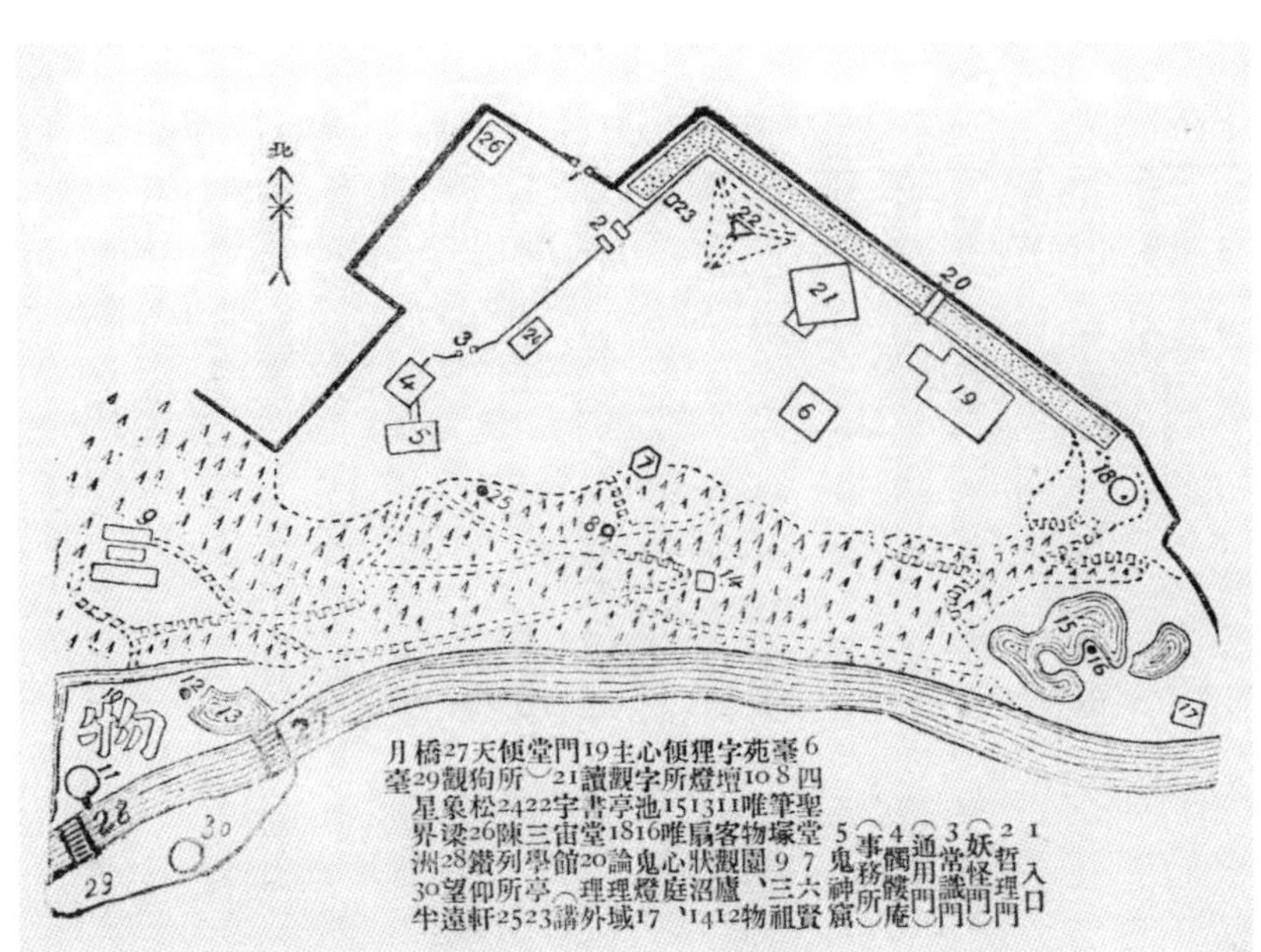

図2　大正九年当時の哲学堂公園図（『哲学堂案内　増三版』井上円了　哲学堂事務所　大正9（1920））

と説明されている。哲学堂公園の七十七所に託された意味は、間違いなく井上の目指した哲学の啓蒙ではあるのだが、それを表現するにあたって、妖怪的なモチーフを井上自身が意図的に用いていることがわかる。

井上にはこの他にも、自ら考案した様々な発明や改良の案をまとめた『改良新案の夢』や、修善寺温泉で夢想したという異界を巡る哲学旅行について記した『星界想遊記』など、独特な奇想による著作を記している。また、東洋大学の「井上円了記念学術センター」に所蔵されている井上の遺品には、「煙草入（鬼図・墨書入）」「パイプ（竹製／鯰形）」「筆立（髑髏形／牙形）」といった、妖怪を思わせる怪しげな意匠を好んで用いていたことが窺える。[9] これらの発想からは、堅物な哲学者・単純な妖怪否定者という従来の井上円了観にはない、ユニークな側面を垣間見ることができるだろう。

井上の交友関係

井上の交友関係にも、注目すべき点がある。井上が東京大学予備門の学生であった明治一二年（一八七九）、彼は同門の友人らと「夜話会（やわかい）」という演説討論会を組織した。ここに参加していた中の一人に、別章で触れる人類学者・**坪井正五郎***がいた。年齢は五歳違い、仏教哲学と人類学という異なる学問の道を志すことになる二人だが、その交流は長く続いたようである。

夜話会から八年後の明治二〇年（一八八七）、大学を卒業していた井上は哲学書を出版するために「哲学書院」という出版社を立ち上げたが、その年に哲学書院から当時まだ大学院生であった坪井の最初の著書『看板考』が出版されている。『看板考』は江戸時代の店舗に掲げられていた様々な看板のデザインを紹介・考察するものとなっており、哲学とはほぼ関係ない内容であったが、それをあえて哲学書院から出版した点は興味深い。[10] 同じく、坪井が中心となっていた人類学会の雑誌『東京人類学雑誌』も、同年刊行の二巻一七号から、哲学書院からの印刷・刊行となっている。

明治二六年（一八九三）には、哲学館で坪井が「人類学大意」と題した三日間の特別講義を行った。この時、坪井はまだ東京帝国大学理科大学の教授に就任したばかりであり、教授としての講義は未経験であった。恐らく井上には、坪井に講師としての経験を積ませる目的もあったのではないだろうか。後輩である坪井との関係には、井上の面倒見の良さが垣間見えてくる。

井上は明治二三年（一八九〇）から、日本全国を巡回して自ら講演会を積極的に行った。その中で、明治二四年（一八九一）には島根県松江市を訪問し、当時島根県尋常中学校に教師として赴任していたラフカディオ・ハーン（後の小泉八雲）と対談している。その記録は『山陰新聞』の記事やハーン自身が『ジャパン・ウィークリー・メイル』に掲載した記事などに記されている。しかし、これ以降両名の交流と呼ぶべきものは皆無であり、それぞれの著書や思想に影響を与えた痕跡も見られない。この点は、両名の共通項である「妖怪」への認識の齟齬が浮き彫りになった結果ではないかとの憶測がなされている。[11]

井上の全国巡回講演はその最期まで続いた。大正八年（一九一九）、第三回巡回の中国・大連市における講演の最中、井上は脳溢血により急逝した。井上の遺した妖怪研究は、これ以降の妖怪研究の歴史においても常に取り沙汰される事になるが、それはあくまで「井上円了の研究」として固定化されていくこととなった。仏教哲学に基づく井上の妖怪研究は深遠であり、後世の人々はおろか、柳田やハーンなど当時の人物ですらその真意を全て理解することはできなかった。結果として、現在の井上とその妖怪研究への評価は、その表面的な部分である「妖怪撲滅」というイメージと、それに対する批判という部分が大きくなってしまった。しかし実際は、井上は妖怪の持つ性質の全てを批判・否定していた訳ではなく、その意匠や洒落を含んだ表現はむしろ積極的に採用していた側面も有していたのである。

現在、哲学館から始まった東洋大学を筆頭に、井上の再検証・再評価が続けられている。この章では、様々な評価のされる井上を妖怪研究の別側面から紹介することができたのではないかと思う。

（毛利恵太）

注

[1]『日本人はなぜ妖怪を畏れるのか　井上円了の「妖怪学講義」』一五〇頁。

[2]『妖怪学全集』第五巻「おばけの正体」一〇九頁「第一二八項　真怪の有無」。

[3]『妖怪玄談』「妖怪研究の結果　一名、妖怪早わかり」一三頁。

[4]『妖怪玄談』「哲学堂案内」二五六頁「二　哲理門および常識門」。

[5]『妖怪玄談』「哲学堂案内」二五八頁「三　髑髏庵、鬼神窟および天狗松」には、

この迎賓室の側に相連れる松林の中、一株屹立せる長松がある。その名を天狗と唱えきたり、遠くより望む時は哲学堂の目標となりて、ひとは「和田山や一本高し天狗松」と呼んでいるほどである。村内のものの伝説には、むかしこの松を伐らんと試みたること数回ありしも、そのつど天狗が邪魔を入れて果たすを得ず、はなはだしきは木より血が流れ出でたりなどと申している。もしその松を天狗とすれば他の数百株の小松は木葉天狗と名づけてよい。

同、二七五頁「一五　理想橋、理外門および幽霊梅」には

次に理想橋の左方に当たりて痩せたる梅樹がある。これを幽霊梅と名づけしは、最初余の駒込の住宅にありし時、ある夜その下に幽霊が出ているとて騒ぎたることがあった。しかるによくよく調べて見しに、室内のランプの光線が漏れてその枝に映じたることが分かり、「幽霊の正体見ればランプなり」といって笑ったことがあった。その後、この梅を幽霊梅と名づけたが、哲学堂に天狗松があるから、これと夫婦にするようにと思い、ここに移したのである。その後、余がある暗夜十二時頃に戸を開きて庭内を窺うに、この梅の下に蕭々たる陰火が燃えたり消えたりするところを望み、これは世間のいわゆる幽霊火ならんと思い、その火の方に近づき来たりて見れば、昼間に掃除人が地に穴を穿ち、その中に枯葉を集めて焼き、その上に土を載せて置きたりしに、夜半までその火の滅せざるものであった。このごとく両度まで幽霊を現出したことがある。つまり哲理門の両側に天狗と幽霊とを入れたるは、この梅とかの松とによりて呼び起こしたる意匠である。

と紹介されている。

[6]『妖怪玄談』「哲学堂案内」二六五頁「八　六賢台」には「さらに外部より屋根を望めば、棟瓦の一端に天狗が付いている。これは天狗松下に立てたるためである」と紹介されている。

[7]『妖怪玄談』「哲学堂案内」二六八頁「一〇　唯物園内の設備」。

[8]『妖怪玄談』「哲学堂案内」二七〇頁「一二　唯心庭内の設備」。

[9]『存在の謎に挑む　哲学者井上円了』八頁

[10]『日本考古学選集　第二巻』「看板考」二六二頁に、緒言として、

面は鳥、躰は人、手足の外に翼有る異形の山伏、杉の木立

に突立て、山の端出づる下弦の月を詠むる画様、評判評判の声と共に高く掲げし招き看板、どんな物かと這入て見れば、鳥の乾物に烏巾が冠せて有る、人を阿房にした造り物、固より有らう筈の無い物、見ようとするのが此方の不所存、愚民の妄信は斯かる事に基するか之亦不思議研究の材料で有ると理屈を付けて人に笑はれぬ工夫をする、こんなのが先づ看板に詐りの有る例へ（後略）

と記されている。

[11]『民俗学的世界の探求　かみ・むら・ほとけ』「妖怪観の一考察　L・ハーンと井上円了の交友をめぐって」一一七頁

両者共日常的な日記を残さなかったこともあり、これ以上この点について踏み込むことは難しいが、想像できるのは、両者の中で「妖怪観」をめぐる何らかの見解のずれが、松江での出会いを一度きりのもので終わらせ、以後の交友を断絶させた最大の要因になったのではないかという点である。

『小泉八雲事典』「井上円了」五二頁

迷信の中に真理を見出し、妖怪の世界をとおして人間をより豊かな存在へと高めることができると考えたハーンは、円了の妖怪観とは大きな隔絶があった点は否めない。そのことが、二人の交渉を一時的なものに終わらせたということも考えられる。

参考文献

・井上円了　二〇〇〇『妖怪学全集』第五巻　東洋大学井上円了記念学術センター（編）柏書房

・井上円了　二〇一一『妖怪玄談』竹村牧男（監）大東出版社

・川村伸秀　二〇一三『坪井正五郎　日本で最初の人類学者』弘文堂

・小泉凡　一九九六「妖怪観の一考察　L・ハーンと井上円了の交友をめぐって」『民俗学的世界の探求　かみ・むら・ほとけ』慶友社

・坪井正五郎　一九七二「看板考」『日本考古学選集　第三巻』斎藤忠（編）築地書館

・東洋大学附属図書館　二〇一二『存在の謎に挑む　哲学者井上円了』（展覧会図録）丸善・丸の内本店（丸の内oazo）

・平川祐弘（監）二〇〇〇『小泉八雲事典』恒文社

・平野威馬雄　一九七四『伝円了』草風社

・三浦節夫　二〇一一『日本人はなぜ妖怪を畏れるのか　井上円了の「妖怪学講義」』新人物往来社

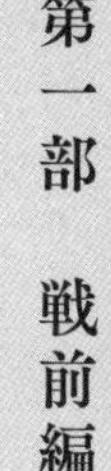

坪井正五郎

つぼい・しょうごろう（一八六三〜一九一三）

研究と趣味によって繋いだ交流ネットワーク

略歴

人類学者。日本における初期の人類学の中心人物であり、東京帝国大学の人類学教室で教鞭を執った。研究者としてだけでなく趣味人としても知られ、玩具収集や狂歌・戯文などを通じた広範な交流関係があった。

坪井のコロボックル研究

明治は社会の近代化の時代であったが、同時に学問の近代化の時代でもあった。坪井正五郎はその近代学問の黎明期と言える時代において、後に考古学や文化人類学、民俗学などの基礎となった「人類学」の草分けとして大きく貢献した人物である。

妖怪の領域で坪井について論じられてきた事は少なく、その大半は「コロボックル論争」に焦点が当てられる。「コロボックル論争」とは、コロボックルというアイヌの伝承に登場する種族が、アイヌ民族ひいては日本の先住民族であるかという考古学・自然人類学的論争である。明治一七年（一八八九

四）の、動物学者・渡瀬庄三郎の報告から端を発するこの論争において、坪井は『東京人類学会報告』で「コロボックル北海道に住みしなるべし」という論文を掲載し「コロボックルは実在した民族であり、かつアイヌ及び日本本土の先住民族である」と主張したことで知られている。この論争は坪井がロシアで逝去するまで続き、坪井が明治二八年（一八九五）から『風俗画報』という雑誌において全一〇回に渡って掲載した「コロボックル風俗考」により、研究者の間だけでなく一般にも知れ渡った。現在は

図1　演説する坪井正五郎（『現代名士の演説振』小野田亮正　博文館　明治41（1908））

この主張は否定されており、コロボックルも伝説上の存在であるとされている。もっとも、この論争で扱われたコロボックルはあくまで考古学的な見地から論じられた民族であり、坪井自身も「コロボックル風俗考」において、

余がコロボックルなる名称を選びたるは、その口調好くして呼び易きと、多少世人に知られたるとに由るのみ。余はこの人民の家は何地においても蕗の葉にて葺かれたりと信ずるにはあらず。読者諸君コロボックルなる名を以て単に石器時代の跡を遺したる人民を呼ぶ仮り名なりと考えらるれば可なり。（中略）コロボックルは丈低き人民なりしとは諸地方アイヌの一様に云う所なり。中には一尺ばかりと云う者もあれど、こは日本語にて丈低き者をば一寸法師と呼ぶが如

く形容たるに過ぎざるべし。[1]

として、発掘調査の結果によって想定された先住民族を呼称する仮の名称として「コロボックル」という語を用いていると説明している。現代において妖怪的存在として語られる小人族・コロボックルそのものとは多少異なるものであるという点は留意しておくべきだろう。

趣味と研究の大交流

この他に坪井が妖怪そのものを研究した記録は、別章で紹介する「化物会*」への参加などがあるが、やはり多くはない。むしろ坪井の功績は、柳田國男*が整理した「民俗学」の先駆けとなる研究を残したこと、そして同時代の研究者や趣味者の交流の中心に立っていたことである。

坪井は明治九年（一八七六）、一三歳の時に東京英語学校に入学し、そこで後に植物病理学者として『植物妖異考』などを記した白井光太郎と知り合う。白井との交流は史跡発掘や学術議論などを通じて生涯続いたが、前述の「コロボックル論争」の際には、懐疑派論者であった白井と議論の衝突で一時期絶縁状態になり、その後復縁したというエピソードもある。[2]

翌年の明治一〇年（一八七七）には東京大学予備門に入学し、そこでは「妖怪博士」と呼ばれるようになる仏教哲学者・井上円了*と知り合う。坪井は予備門に在籍中、井上を含む友人たちと「夜話会」という演説討論の同好会を結成するなど、学生時代から互いを高め合う関係であった。後に井上が興した哲学書院という出版社から坪井が『看板考』という本を出版し、また哲学館で坪井が人類学についての特別講義を行うなど、こちらも長く交流が続いた。

明治一七年（一八八四）、東京帝国大学に在学中、

自ら「人類学会」を立ち上げ、以降の人類学者としての活動の中で多くの研究者と交流を持った。代表的な人物を挙げると、民俗学者として柳田とも親交のあった牧師・山中共古（本名：山中笑）や、博覧強記で知られた**南方熊楠***なども、機関誌『東京人類学雑誌』に論文を寄稿した。特に南方については、柳田が『石神問答』を刊行した際、柳田に南方を紹介したのが坪井だとされている。このエピソードは、編集者として柳田・南方両名と長く行動を共にした岡茂雄も、自著『本屋風情』で紹介している。[3]また、鳥居龍蔵や伊能嘉矩といった弟子も集まった。鳥居はフィールドワークを積極的に行い、国内外の多数の民族資料を記録した。伊能は岩手県遠野の出身であり、佐々木喜善よりも前に遠野の民俗を研究したことで知られている。

更に、坪井の交流関係を考える上で欠かせないのが「集古会」を筆頭とする趣味の交流である。集古会は明治二九年（一八九八）に人類学会から派生する形で結成された、より自由な語り合いと収集物自慢の場である（結成当初は「集古懇話会」であった）。坪井は研究者としての側面のほか、狂歌を嗜み、新しい玩具を考案し、『うしのよだれ』などのウィットに富んだエッセイを著した趣味人でもあった。『うしのよだれ』は雑誌『学士会月報』に坪井が連載していた短文随筆だったが、明治四二年（一九〇九）に三教書院から単行本として刊行された。その中には「幽霊の煮付け」という題名で“Yuri（百合）”と“Yurei（幽霊）”を訳し間違えるという話など、多数の実録笑い話が記されている。[4]また、発掘作業について詠んだ有名な、

遺跡にて　よき物獲んとあせるとき　心は石器
胸は土器土器

の他、五代目・尾上菊五郎の別荘の池から土器が出土した時に詠んだ、

ドロドロの　中の物見て思ひ知れ　此所(ここ)
もお得意(はこ)の皿屋敷とは[5]

など、言葉遊びの達人であったことが窺える。こういった洒落を解する人物であったからこそ、学会より砕けた雰囲気の会にも理解があったのだろう。

集古会は坪井の人類学教室に参加していた林若樹(はやしわかき)（本名：林若吉）などが中心となり、坪井は勿論のこと、白井・鳥居・山中なども名を連ね、郷土玩具研究者・清水晴風(しみずせいふう)、説話事典『大語園』の筆者でもある作家・巌谷小波(いわやさざなみ)、『妖異博物館』を著した***柴田宵曲**(しばたしょうきょく)も参加するなど、俳人・歌人、玩具・古書・古銭の収集家や他分野の研究者、果ては政治家や華族も参加した大規模な趣味交流ネットワークを形成していたことで知られている。集古会は清水や江戸文化研究家・三田村鳶魚(みたむらえんぎょ)ら江戸文化愛好家により、次第に考古学・人類学の研究から江戸文化の趣味が主流となり、鳥居のような人類学系統の人間は次第に離れていったが[6]、代わりに江戸時代の風俗資料を多数扱った重要な文化拠点として発展していくこととなった。集古会においては、明治四二年（一九〇九）に「変化物(へんげもの)」をテーマにした展覧会を開催し、

図2　「幽霊の煮付け」の挿絵
（画：小杉未醒(こすぎみせい)、『自然滑稽　うしのよだれ』
坪井正五郎　三教書院　明治42（1909））

清水晴風や国学者・黒川真頼の息子である黒川真道が『百鬼夜行絵巻』の他、お化けの描かれた収集物を出品展観するなど、何度か妖怪にまつわる品々も扱っていた。

坪井の民俗学

人類学者として多方面で活躍していた坪井だったが、大正二年（一九一三）、東京帝国大学の山上集会所において、石橋臥波が中心となって「日本民俗学会」が結成された時、これに参加した。これは現行の日本民俗学会とは別の組織であり、柳田などの日本民俗学の主流となっていく面々は殆ど関わりがない。この学会には帝国大学に関係のある有名な学者が多数名を連ねており、坪井の他には既に紹介した井上・白井・鳥居の他、国文学者・芳賀矢一、東洋史学者・白鳥庫吉、神話学者・高木敏雄などが集まった。しかし、この年に坪井は出張先のロシア・ペテルブルグで、腹膜炎により急逝してしまい、「日本民俗学会」も機関雑誌『民俗』を三年間に全五回刊行したのみで活動が終息してしまった。

坪井の人類学研究は、後に細分化される考古学・自然人類学・文化人類学・民俗学など多くの学術分野の先駆けとなった。民俗学においては、彼が五十歳という若さで没していなければ、柳田から始まる民俗学とは異なる展開を示していたかもしれない。また集古会などの趣味コミュニティは、古典籍や美術品などの貴重な資料を後世に遺す一助となった。妖怪博士と呼ばれた井上と同年代の研究者として、後の妖怪研究に繋がる成果を多数残した坪井正五郎の実績は、妖怪研究の歴史の中でも認識しておく必要があるだろう。

（毛利恵太）

注

［1］『坪井正五郎　日本で最初の人類学者』「第八章　論争」一一二頁。

［2］この論争において、白井は『東京人類学会報告』『東京人類学雑誌』において「M・S」や「神風山人」といった匿名・偽名を用いて坪井の論を批判したため、坪井はこれに誌上で苦言を呈していた。これを受けた白井が明治二三年（一八九〇）、当時ロンドンに滞在していた坪井に絶交状を送りつけた。その後、周囲の人々の執り成しもあり白井が絶交取り消しの手紙を送ったことで、わだかまりは解消された。

［3］『本屋風情』「2　南方熊楠と柳田國男」一一二頁

明治四十三年柳田先生は『石神問答』を著述され、坪井正五郎先生に一本を贈呈された。ところが坪井博士は「君、このような研究をやっているなら、南方熊楠君と出口米吉君にも送って、交信の道をひらいてみてはどうか、得るところが必ずあろうと思う」とすすめられたそうである。

（後略）

しかし、飯倉照平は『柳田國男南方熊楠往復書簡集』五頁で、南方の明治四十四年三月二十六日付書簡によると、「小生合祀反対のことにて未決監に入監中、貴下の『石神問答』をさし入れもらい、監中にて初めて読み申し候。また『遠野物語』はその後一読致し候」とある。（中略）

柳田は、昭和三十三年に語った『故郷七十年』のなかで、「これ〔『石神問答』〕を坪井正五郎博士にお贈りしたところ、人類学会の方々へ紹介して下さった。その中に紀州田辺の南方熊楠氏へも贈るようにとすすめられ、それが交際のはじめであった」と回想している。南方が入監中にさし入れてもらったという『石神問答』が、はたしてそのようないきさつの本であるかどうかは判然としない。『東京人類学会雑誌』を主宰していた坪井正五郎が、柳田に南方の存在を教えたということは十分ありうる。だが、『石神問答』を贈ったのが交際のきっかけになったというのは、ことによると柳田の記憶ちがいかもしれない。

二人のあいだでかわされた書簡から見るかぎり、明治四十四年二月刊の『東京人類学雑誌』（二六巻二九九号）に南方の「山神オコゼ魚を好むということ」がのっているのを見て、柳田が三月十九日「突然ながら」手紙を書きおくったことが、文通の発端となっている。

と記している。

［4］『自然滑稽　うしのよだれ』「幽霊の煮付け」七〇頁

ある日本人が英文を練習するため、日本の雑誌記事を英訳してイギリス人に読ませた。するとその中に「日本はゴーストをアメリカに輸出している」という文があり、イギリス人が尋ねると日本人は「日本では盛んにゴーストを作り、煮て食う」と答えた。何かがおかしいとヘボン辞書を引くと、英文にする時に“Yuri（百合）”と“Yurei（幽霊）”を引き間違えていた事が判明した…という内容。

［5］『知の自由人叢書　うしのよだれ』「笑ひ語り」四八四頁

菊五郎の別荘から土器が出土したと報せを受けた坪井は、林を連れて別荘へ赴き、菊五郎らに解説をしたり写真を撮ったりした。その帰路、車中にて「林君彼処(あそこ)こそ本統の皿屋敷だね」「一首出来さうなものです」と会話し、件の狂歌が詠まれた。その二年後、林から別荘閉鎖の報せと共に「ドロドロの皿屋敷さへ無くなりて　遺物の出ぬは恨めしき哉」という歌が送られたため、坪井は返書に「皿屋敷　跡絶えたるを恨むとは「古代物見度し(こだいものみた)」のたぐひなるらん」と詠んだ。

［6］『坪井正五郎　日本で最初の人類学者』一八六頁

おそらく鳥居が集古会に馴染めなくなったのは、「元禄派の勢力が加はり、或は課題を設け、或は特殊の出品として軟派(なんぱ)に属するものが続々として現はれ」（『明治考古学史』一九頁）たからであろう。鳥居も気楽な会であることはよしとしたであろうが、話題が人類学や考古学のような学問からそれて江戸趣味の世界に傾いていくようになると、学究肌の鳥居にはついていけなかったのだろう。

参考文献

・飯倉照平（編）　一九七六『柳田國男南方熊楠往復書簡集』平凡社
・大藤時彦　一九九〇『日本民俗学史話』三一書房
・岡茂雄　二〇一八『本屋風情』角川ソフィア文庫
・川村伸秀　二〇一三『坪井正五郎　日本で最初の人類学者』弘文堂
・小池淳一　二〇一一「雑誌と民俗学史の視覚　石橋臥波の『民俗』と佐々木喜善の『民間伝承』」『国立歴史民俗博物館研究報告』第百六十五集
・松籟庵　二〇一八『明治の讀賣新聞における「化物会」の活動について』（自費出版）
・坪井正五郎　一九〇九『自然滑稽　うしのよだれ』三教書院
・坪井正五郎　二〇〇五『知の自由人叢書　うしのよだれ』山口昌男（監）国書刊行会
・牧野和夫　二〇〇八「「集古会」と「百鬼夜行絵巻」との関連についての覚書」『實踐國文學』第七四号

柳田國男

やなぎた・くにお（一八七五〜一九六二）

妖怪の民俗学的研究を構築

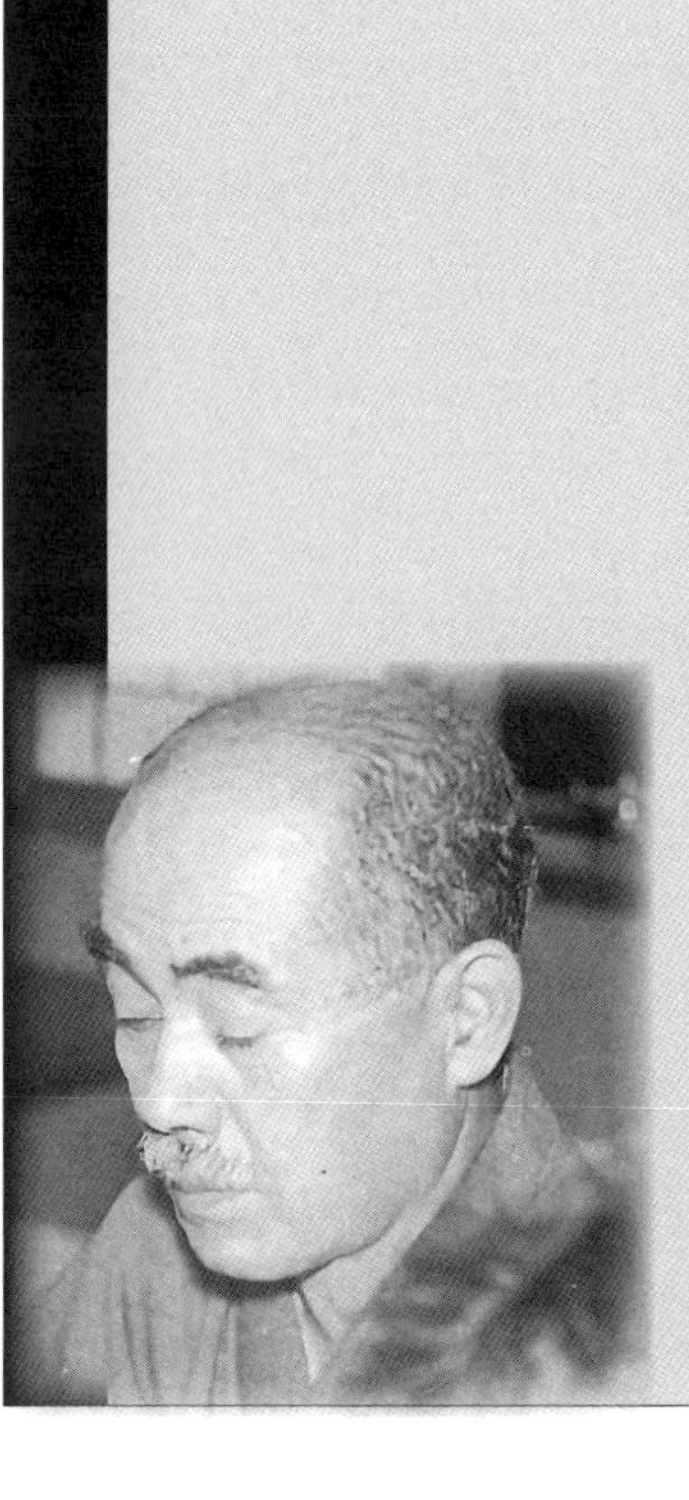

略歴

飾磨(しかま)県（現・兵庫県）出身。柳田國男は日本の民俗学を確立した人物として広く知られる人物である。代表作に、岩手県遠野の伝説や伝承を記した『遠野物語』（一九一〇年）、方言における周圏論を提唱した『蝸牛考(かぎゅうこう)』（一九三〇年）をはじめ、『雪国の春』（一九二八年）、『桃太郎の誕生』（一九四二年）、『海上の道』（一九六一年）などがある。

少年時代の不思議体験

初期の妖怪への関心は主として神隠しにあり、それは幼少期に神隠しに遭いかけた経験に由来する［香川 二〇一七］。また少年期に平田篤胤(あつたね)『古今妖魅考』を読み、「天狗・狗賓に関する実話というものを、聴き集めておこうと心がけました」という（『妖怪談義』「自序」一九五六年）。さらに、同じく少年期に二年間滞在した茨城県稲敷(いなしき)郡利根町で神秘的な体験をしている（『妖怪談義』、『故郷七十年』）。

柳田はこれを「幻覚の実験」（実験＝実体験の意）の中で取り上げており、妖怪を含めた神観念の研究の淵源になったものと思われる。こうした幼少期から少年期にかけての不思議な体験が妖怪に対する関心を生み出したのだろう。ただ学術的に本格的な議論としては、**南方熊楠***との文通を通して進展したものも少なからずあるだろう。

民俗学の立場から

柳田は妖怪研究を民間伝承研究の体系の中に本格的に位置付けようとした。表面的には中国からの借り物に見えるが、古い日本の心性が読み取れるものであり、したがって日本固有の文化を知るためにも天狗や河童、幽霊の本質を解明する必要があると考えた。そこで、すでに科学的に妖怪が実在するかどうかを問題としていた**井上円了***の立場には否定的であった。柳田ははやくから「僕は井上円了さんなどに対しては徹頭徹尾反対の意を表せざるを得ないのである」と言表している（「幽冥談」一九〇五年）。そうではなく、柳田にとって重要なのは、妖怪がなにゆえ存在すると信じられて**いるのか**という、人間の心理の問題として追及することだった。「妖怪談義」（一九三六年）において、妖怪は日本文化の中で最も閑却された部分であり、それゆえに研究することで多くの示唆を得ることができる。特に日本人の信仰の推移を窺い知ることができるということに妖怪研究の目的があると述べている。つまり民俗学の体系の中では信仰、あるいは心意伝承として妖怪を捉えていたのである。また、妖怪は多く、目に見えるものではなく、語られるものであるゆえに、口承文芸、とくに噂や世間話の研究材料ともなった。

このように民俗学の対象として妖怪を捉えること

は、フィクションとしての妖怪を強く排除する傾向を生み出した。取り分け一七世紀以降数多く作られた怪談集に対しては、中国の翻案が多く、「皆支那からの焼直しである」と断言さえしている（「怪談の研究」一九一〇年）。近世の怪談集がほとんど活字化されていなかった明治時代後期、柳田は田山花袋（たやまかたい）とともに『近世奇談全集』（博文館、一九〇三年）を編集しているのであるが、それらの資料性には懐疑的であった。柳田にとって素朴に語り継がれてきたものこそ重要であり、「嘘を書いた」本は資料にならないのである。この姿勢は口承文芸の伝承者に対しても同じで、前代から語り継がれたかたちを素朴に踏襲する話者こそ理想的であり、面白おかしく改変する創造的な話者は好ましからざるものと捉えていた。要するに昔ながらの伝承のすがたをとどめていることが大切だと考えていたわけである。柳田の関心の所在は主に怪談というモノガタリ・ハナシが日本人の精神文化の探究に有益な資料となるかどうかという点にあったと思われる。

神零落説と代表的著作

柳田は民俗社会との関わりに研究の主眼を置いていたが、明治期にはまだ妖怪伝承の在り方とは別に、その実在の可能性にこだわった対象があった。山人や山男と呼ばれるものがそれだ。柳田はこれを「日本には住んでいるが、日本人と全く人種が異り、山に生れて山に死す我々と異った人間が、山奥に住んでいるのではないか」と考えていた（「怪談の研究」）。もっとも早々に南方熊楠に論難されてしまったが、しかし明治期の日本の国土に未開の領域が多く残り、そうした地を一種の異界として見る傾向があったからである。その点、考古学や部落史研究、国語史研究など諸分野でも古代異民族の実在を信じる傾向が顕著であり、柳田ひとりの突飛な考えではなかった。

さて、柳田の示した妖怪観は、妖怪とは神が零落した姿であるというものである。[1] たとえば「一目小僧」（一九一七年）では「一目小僧は多くの「おばけ」と同じく、本拠を離れ系統を失った昔の小さい神である」と述べている。古代において神として信仰されていた存在が、次第に人間の信仰心を失い、祭祀の対象からはずれていった結果、人間に害悪をもたらす超自然的な存在、すなわち妖怪と考えられるようになったのだというものだ。こうした発想の一つの源流にはハイネ『諸神流竄記』（『流刑の神々』とも）がある（「幽冥談」）。ヨーロッパにキリスト教が浸透する中で古代ギリシャの神々が抵抗むなしく山中に隠棲する様を描いたものだが、キリスト教の側から見れば、これらの神々は一種の悪魔である。日本の妖怪も本来は神であったが、人々の信仰を失い妖怪になっていったという考えはこの頃から形成されていったのだろう。

また、民俗調査が十分でなく民俗資料が不十分であった時期に、日本古来の霊魂観を考える上で手掛かりとしたものは、仏教やキリスト教といった外来の思想ではなく、国学や神道思想であった。平田篤胤や明治期の国学書も種々読んだようだ。彼らの説く幽冥論もまた柳田の妖怪研究の淵源の一つとなった。特に天狗や神隠しに関しては大きな影響を受けたと思われる。

大正期になると、柳田の妖怪研究は民俗資料を多用した、まさに民俗学的な方法で進められていく。「一目小僧」はその代表的な論考といえる。民俗学的な研究の特色は各地の事例を集めるところから始

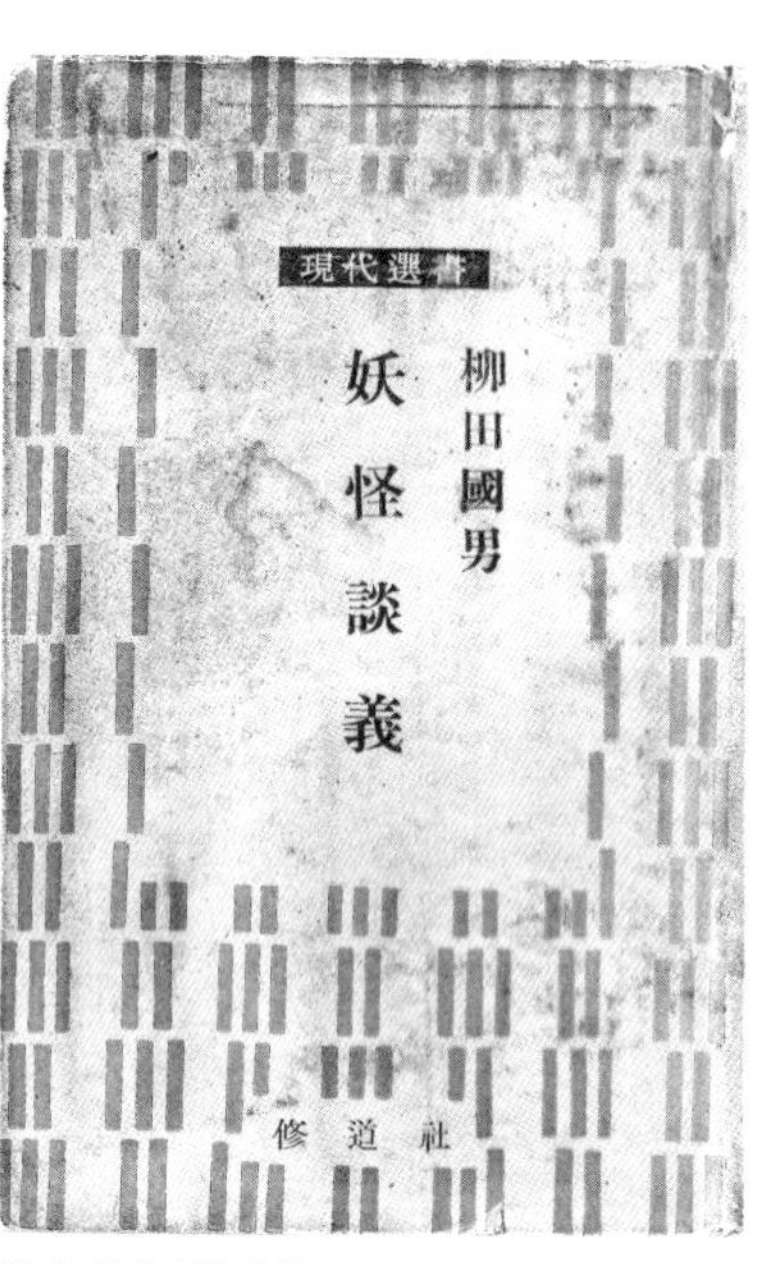

『妖怪談義』（修道社、1956年）
現代選書の一冊として刊行された。柳田は本レーベルから『年中行事覚書』（1955年）『新たなる太陽』（1956年）も出している。

まる。「一目小僧」は全国の事例を縦横に用いながら何故一つ目なのかを解明しようとしている。前提として各地の事例の収集という作業があるわけだが、柳田は事例のカード化によって、多くのデータ利用を実現した。なにも妖怪関連の語彙ばかりでなく、民俗語彙の一部を成すに過ぎないのだが、その量は膨大である。本格的な作業は昭和に入ってからと思われるが、一九二五年には「妖怪種目」（『民族』創刊号）を提示して研究に供している。その後、雑誌『民間伝承』に「妖怪名彙*」を連載して各地の民俗学徒に事例の提供を求め、また誌上にそれらの資料を供しつつ、種々の論考をものした。

妖怪研究に関する主だった論考は『山島民譚集』（一九一四年）や『一目小僧その他』（一九三四年）、戦後の『妖怪談義』（一九五六年）に収録されて広く読まれることになった。『山島民譚集』は妖怪の研究書ではないが、河童に関して深く考察した初めての民俗学的著作といえる。『一目小僧その他』は一つ目小僧を主に取り上げ、他に橋姫・隠れ里・ダイダラボッチなどについて論じている。『妖怪談義』は妖怪に関する総論にはじまり、河童や小豆洗い、狐、ひだる神、座敷童、山姥、山人、一つ目小僧、天狗など様々な妖怪を取り上げ、付録として「妖怪名彙」を掲載している。いずれも古い日本人の信仰の解明という点で共通しており、妖怪研究の目的がこの点にあったことは明らかである。晩年の一九六〇年には講演の中で、妖怪の趣味的な研究にうつつを抜かす民俗学徒を批判し、妖怪への関心が薄くなったが、しかし今なお柳田の妖怪研究の影響力自体は絶大である。

後世への影響

研究としては七〇年代後半まで大きな影響は見られなかった。没後、日本民俗学そのものが見直される中で、妖怪研究を特に推し進める流れが形成されていった。この時期は、高度成長期以降の都市化したいわゆる常民文化に対して民俗学の存在意義に疑問が持たれていた。民俗学者の中からは、柳田の妖怪研究を前提としつつも、宮田登のように近世史を、また小松和彦のように文学史や美術史など隣接諸学の成果を積極的に取り入れて民俗学・文化人類学の立場から妖怪を論じる研究者が現れてきた。宮田は柳田の妖怪観を容認しつつも、「都市文化から生み出されたいわゆる妖怪変化のすべてを言いつくすことはむずかしい」とし、柳田の論じてこなかった都市の住民たちが作り出した怪異・妖怪の話に注目した［宮田 一九八五］。一方、小松は、祀られることで「神」になる「妖怪」は同時に棄てられることによって再び「妖怪」になるのであり、この可変性に留意することが、日本の「神」や「妖怪」を把握するもっとも重要な点なのであるとした［小松 一九九四b］。これは神と妖怪が併存し、一方から他方へ変質し得る存在であるという考えである。

このように妖怪は神の零落した姿だとする認識は、小松によってその構想を否定されたが、部分的には、たとえば神から妖怪への流れ自体は認められる。またこの説に一元化できるほど単純なものではなく、今後も学ぶべき所見は多い。なお創作の領分への影響についてみると、**水木しげる***への影響が非常に大きいだろう。

（伊藤慎吾）

注

[1]　実際は様々な問題意識を孕んでいて、突き詰めるとこれに集約されるだろうということだ。しかし、それもまた再考の必要があるかもしれない（[香川 二〇一七]）。

参考文献

・『柳田國男全集　6』一九八九　筑摩書房（ちくま文庫）
・飯倉照平（編）一九七六『柳田國男南方熊楠往復書簡集』平凡社
・伊藤龍平　二〇〇〇「柳田山人論の原風景──「山人外伝資料」再見」『昔話伝説研究』二一
・香川雅信　二〇一七「柳田國男の妖怪研究「共同幻覚」を中心に」小松和彦（編）『進化する妖怪文化研究』せりか書房
・柴田実　一九七四「柳田國男とハイネの「諸神流竄記」」『日本民俗学』九四
・千葉徳爾　一九九三「柳田國男の最終公開講演『日本民俗学の頽廃を悲しむ』について」『日本民俗学』一九四
・東雅夫（編）二〇〇七『文豪怪談傑作選　柳田國男集　幽冥談』ちくま文庫
・宮田登　一九八五『妖怪の民俗学　日本の見えない空間』岩波書店
・小松和彦　一九九四a『憑霊信仰論』講談社（講談社学術文庫）。初版は一九八二年
・小松和彦　一九九四b『妖怪学新考』小学館

コラム

小泉八雲と妖怪関係者

明治期の妖怪史を考える上で、小泉八雲＝ラフカディオ・ハーン（一八五〇～一九〇四）ほど特殊な立ち位置の人物もいないだろう。ハーンは一八五〇年生まれという、この本で扱われる人物の中でも随一の年長者であり、生まれの地である現ギリシャのレフカダ島からアイルランドのダブリンに移住し、ジャーナリストとしてアメリカを中心に活動し、やがて一八九〇年に日本へとやって来た。英語教師として各地で仕事をする傍ら、日本の風俗や昔話、怪談話を翻訳して海外へと紹介し、晩年に日本に帰化し「小泉八雲」と名乗った。

小泉の日本における交流を調べると、明治二四年（一八九一）に**井上円了***が講演活動のために松江を訪れた際、小泉と談話したという記録が残っている。しかし、これがお互いの事績に影響を与えたという形跡はなく、交流もこの一日の談話だけで終了している。また、**柳田國男***は「日本人の微笑」などの小泉の著作から影響を受けたと語っているが、直接の面識があったという記録はない。[1] 世代の違いもあり、明治期における妖怪関係者との交流は少なかったと思われる。

しかし当時、未だ東洋の発展途上国として見られていた日本の文化・風俗を日本人以外の視点から記録した功績は非常に大きく、後に邦訳された「耳なし芳一」や「雪女」、「むじな」といった妖怪作品は、日本においても広く愛読されるようになった。また

図1　小泉八雲（『小泉八雲全集　第一集』第一書房、大正15（1926））

若い頃からドルイド教や心霊主義に傾倒し、ジャーナリストとしてもシンシナティやニューオーリンズ、マルティニーク諸島の風俗を積極的に記録していたという背景があったからこそ、当時の日本の様々な説話を記録することができたと言える。研究史とは異なる、文学史における妖怪を考える上で、小泉の存在と後世への影響は非常に大きいだろう。

この項では、そんな小泉八雲から薫陶を受けた二人の人物——浅野和三郎と野尻抱影の二人に注目してみたいと思う。[2]

浅野和三郎（一八七四〜一九三七）は作家・翻訳家であると同時に、日本における心霊主義の代表的人物である。浅野は明治二九年（一八九六）に東京帝国大学の英文科に入学し、同時期に英文学講師として帝大に就職した小泉の講義を受けた。この間、浅野はシェイクスピアなどの英文学の翻訳、浅野憑虚の筆名で自身の作品の発表もしている。三年間小泉の教室に通った浅野は、小泉を深く尊敬していたようで、自伝『出盧』には

「自分は英文学を専攻したことを格別に愉快であつたとも、又自己の天分に適つたことであつたとも思はないが、たゞ三年の星霜をば小泉先生の薫化の下に送り得たのは、無上の幸福であつたと感謝せぬ訳には行かぬ。あの脈々たる情

想、あの周囲の凡て（すべ）と絶縁して一管（いっかん）の筆に全生命を托せる犠牲的精神、あの日本人特有の使命天職を高調して模倣崇拝を極力排斥（はいせき）されたる識（しき）力卓見（りょくたっけん）、あのギロギロせる独眼、あの口を吐いて出る金言玉辞（きんげんぎょくじ）——自分は二十余年前の当時を回顧して見ると、小泉師の講堂丈（だけ）にはモ一度入つて講聴したいやうな気分がする」[3]

と記している。

後に浅野は新宗教「大本」に所属したが、大正一〇年（一九二一）の第一次大本事件によって教団を離れ、独自に心霊主義の研究者として「心霊科学研究会」を設立した。

もう一人紹介する野尻抱影（一八八五〜一九七七）は、天文学・天文史学の研究者である。野尻は早稲田大学の英文学科に在籍していた明治三七年（一九〇四）の時に、小泉八雲の指導を受けていた。小泉が早稲田大学で講師を務めたのはわずか数ヶ月であり、その年の九月に狭心症によって死去してしまう。野尻が指導を受けたのはごく短い期間であり、小泉の最期の教え子の一人であった。野尻は当時のことを振り返り、雑誌『明治村通信』四八号の「ヘルン先生の思い出」にこう記している。

「初めて教卓に立たれた先生を、わたしたちは息を詰めて仰いだ。顔は写真で見る通り柔和で、小柄なからだに、確かグレーのチェッカーの厚い服を着ておられた。第一印象はごく優しい、どこか女性的ともいえる声音だった、それが静かな音調で、英文学初期のベイオウルフから講述を始められたが、口を突いて出る言々句々がすでに美しい文章で、メモを取るわたしたちは陶然とさせられた」[4]

野尻は星座や星名についての著書で知られ、星にまつわる神話・民話を収集した、民俗学者としての側面もあった。しかし実は、詩人・水野葉舟(みずのようしゅう)とともに「日本心霊現象研究会」という組織を立ち上げ、『心霊問題叢書』という海外の心霊研究書を翻訳したシリーズを出版していたこともある。水野葉舟は柳田とも交流があり、佐々木喜善(ささききぜん)と柳田を引き合わせることで『遠野物語』の成立に関わった人物でもある。[5]

偶然とはいえ、小泉から教えを受けた浅野・野尻の二人が、それぞれ心霊主義研究に傾倒していたという事実は興味深い。両名とも、小泉の文学的な講義を深く尊敬しており、彼が日本の文学・研究の歴史に、その影響を遺していた例として、ここで紹介しておく。

（毛利恵太）

注

［1］『小泉八雲事典』「柳田國男」六五三頁。「柳田とハーンの面識については定かではないが、二人が同じ時期に早大講師をつとめていることから、講師室で顔を合わせた可能性も否定できない。いずれにしても、柳田の民俗学活動に関して水面下でハーンが与えた影響は少なくない」

［2］この二人の他に、神話学者・高木敏雄も小泉（ハーン）の教え子の一人だった。ハーンは明治二四年（一八九一）に熊本の第五高等学校に赴任してから約三年間、英語教師として務めていたが、その間に高木は学生として在籍していた。『小泉八雲事典』「教え子」（九八頁）にも、熊本五校の第五回卒業生の一人に高木を挙げ、ハーンの授業を受けているはずであるとしている。

［3］『大本霊験秘録』「出廬」一二一頁。

［4］『明治村通信』四八号「ヘルン先生の思い出」一二頁。「中でもわたし個人として忘れられない思い出は、ある日の講義に{yeoman}という言葉が出て、終ると教卓まで行って質問した。すると、先生は近視の目をわたしのノートとすれずれにして、優しい声で「ゴーシー、ゴーシー」と繰り返えされた。しばらく考えてから、やっと「郷士(ごうし)」の意味と判ってお辞儀をすると、先生もにこにこ頷かれたが、こんな古い国語まで調べておられたのに驚嘆した。そして今でもこの思い出をわたしへの賜もののように大事に保存している」

「やがて誰れ言うとなく、先生はあの少年給仕のことを書かれているそうだと噂が立ったが、その秋忽然と逝去された。たぶん登校して掲示板で知ったのだろうが、誰れも茫然とした顔を見合せるばかりだった」

［5］ 水野葉舟・柳田國男・佐々木喜善の三人による怪談会は明治四一年（一九〇八）に、柳田邸にて開かれた。この背景や内容については、東雅夫『遠野物語と怪談の時代』の「第四章「遠野怪談」三人男」に詳しい。また、讀賣新聞の同年一二月九日の「文壇はなしだね」の記事に「序（ついで）を以ていふ葉舟氏は妙なところに趣味を持ち、妖怪談などを面白がる相（そう）で、同好の柳田國男氏と昨今化（ばけ）もの会なるものを設けた相だ」と書かれている。

参考文献

・浅野和三郎　一九九一　『大本霊験秘録』八幡書店

・エリザベス・スティーヴンスン著、遠田勝（訳）　一九八四『評伝ラフカディオ・ハーン』恒文社

・小泉凡　一九九六　「妖怪観の一考察　L・ハーンと井上円了の交友をめぐって」『民俗学的世界の探求　かみ・むら・ほとけ』慶友社

・野尻抱影　一九七四　「ヘルン先生の思い出」『明治村通信』四八

・平川祐弘（監）　二〇〇〇　『小泉八雲事典』恒文社

第一部　戦前編

南方熊楠

みなかた・くまぐす（一八六七〜一九四一）

熊野の妖怪を集め、世界と比較した博物学者

略歴

和歌山県生まれ。明治一九年（一八八六）一二月に渡米する。ビジネス・カレッジを経て農業大学に入学するも、問題行動を起こして自主退学する。独学で研究を中心とする生活を送ったのち、同二五年に英国の渡り、大英博物館近くのアパートに滞在。英国の研究者や日本人と交流をもつ。しかし、博物館で問題を起こして追放処分となり、同三三年に帰朝。西牟婁（にしむろ）郡田辺町（現・田辺市）に転居。昭和二年、天皇に進講。生涯就職せずに在野の研究者としての人生を貫いた。

妖怪学のきっかけ

熊楠の妖怪への興味関心は青年時代から持っていたようである。米英滞在中に読んだであろう洋書中にはそれを窺わせる書入れが散見される。ただ、**井上円了**[*]の妖怪学には不審を抱いていた。明治三三年（一九〇〇）に日本に戻った。同三五年、和歌山の白浜で、山の神と虎魚の姫の結婚を描いた屏

風絵を見出した。これに興味を持った南方は、同四二年、「出口君の『小児と魔除』を読む」(『東京人

「南方熊楠　山中裸体撮影場所」
和歌山県田辺市郊外の隧道沿いに立っている(筆者撮影)。

類学雑誌』掲載)という論考の中で本作品について報告した。この論考に**柳田國男***が関心をもち、書簡を送ったことで、二人の交流が始まることになった。その交流は書簡のやり取りという形で長く続くことになった。二人の話題に顕著に窺われるのは、妖怪への興味である。熊楠はこれに関する事柄に多くの紙面を費やし、地元の伝聞情報や古今東西の文献を渉猟した一端を柳田に示していった。たとえば明治四四年四月二二日の手紙には河童・一本だたら(ヒトツダタラ)・山姥・山父について、同一〇月九日の手紙には、火車・見越し入道、同一〇日には天狗、同一四日には妖狐、翌四五年一月一五日には河童、大正三年(一九一四)六月二日には一本だたらについて紹介し、考証もしている。妖怪に関しては古くから関心を持っていたから柳田への書簡にこのように詳細な報告と考証を展開したのだろうが、南方が

研究対象として妖怪を扱うになったのは、柳田との書簡のやり取りが大きかっただろうと思われる。

妖怪学の成果

明治三三年に日本に戻ってから、昭和一六年（一九四一）に南方は没するまで和歌山に住み、ほとんど県外に出ることもなかった。しかし、その間に交流した人間の層は広く、様々の職種の人々から、妖怪の話を聴き出し、書き留めることをしてきた。これらの情報は毎年の日記の巻末の白紙ページや『田辺抜書』と呼ばれる主に書物の抜書集に交じって記録することが多いが、まだ妖怪情報の整理は進んでいない。

そもそも熊楠が生きた時代、つまり戦前の日本は、まだ、妖怪分布図は作成されていないし、どこにどのような妖怪がいるのかも詳らかでない状況だった。その中で、南方は和歌山の妖怪について数多く記録した点に、貴重なインフォーマントとして評価しなくてはならない。現在、伝承の途絶えた妖怪や、知られていても一般とは異なる異伝の存在も、熊楠が記録しておいたおかげで、今日確認できるのだ。ニクスイやヒトツダタラ、コサメコジョロウはその最たるものだろうし、カシャンボに至っては、出没現場を踏査した記録を残している。

こうした地域密着型の事例報告のほかに、海外との比較を試みている点も成果として重要だ。

南方の妖怪研究は、和歌山県下の見聞記録を踏まえたものである。その一方で、右に述べたように、世界との比較を行っている。問題は〈日本〉が抜けていることだろう。つまり、「世界∧日本∧紀州」のうち、日本を飛び越え世界∧紀州という発想を持っているのだ。あるいはこれは、日本国内に終始して、外国を比較対象としない（時期尚早とする）立場を採る柳田國男に対する反発もあったのかも知れないが、結果として、卑近な事例と広範な世界の事例を同列に扱う歪さを露呈するものになってしまった。ただ、そうした問題点を克服することで、熊楠が行った、当時としては独創的な比較妖怪研究を現代に生かすことができるのではないか。

熊楠の妖怪関連の著述は『東京人類学雑誌』や『郷土研究』などの人類学・民俗学系の雑誌をはじめ、いろいろなところに書かれたが、柳田國男などへの書簡にも妖怪に関する記述は少なくない。『南方随筆』『続南方随筆』『南方閑話』など存命中に出版された著作はそれらを網羅するものではない。もっとも充実しているのは『南方熊楠全集』（平凡社）である。また、『怪人熊楠、妖怪を語る』収録の「熊楠妖怪名彙」は妖怪別に主要な記述を編纂したものであるから、参照されたい。

後世への影響

柳田との往復書簡の中で主に話題となったのは、天狗・カシャンボ（河童）・ヒトツダタラであった。柳田の『山島民譚集』（大正三年〈一九一四〉）には河童関連の記述の中で「南方熊楠氏説」なるものが示されている。その後、柳田は妖怪に対する研究意欲を減退させていったようだが、しかし、熊楠との書簡のやり取りの名残を妖怪関連の記述から読み取ることができる。柳田関連でいえば、熊楠の報告の幾つかは『**綜合日本民俗名彙**』*に採録されていて、事例報告的な意味での影響は見られるという程度であろう。

熊楠には残念なことに、妖怪研究をはじめとして、民俗学研究を受け継いで学界で活躍する弟子がいなかった。妖怪研究という立場は取らなかったが、それを含めた熊楠の民俗学を継承したのは雑賀貞次郎であろう。雑賀は路辺叢書の一冊として刊行された『牟婁口碑集』を執筆した。熊楠はその増補改訂版の刊行を計画しており、熊楠所蔵の本書には随所に多くの書入れが見られる。残念ながら、これは実現せずに終わってしまった。しかし、熊楠の書入れ情報が公表されることで、新たな妖怪情報を共有できることができることが期待される。

ともあれ、熊楠には妖怪研究の後継者が現れなかったのだが、妖怪に限らず民俗学や植物学においても地元の在野研究者が辛うじて受け継ぐにとどまったのは、生涯、大学その他教育研究機関に属することがなかったことが大きな要因であろう。

ただ、そういった学問分野から離れてみると、**水木しげる**[*]への影響は大きいと言わねばならない。水木自身、南方を題材にした作品『猫楠』（一九九一〜九二）を描いていることは良く知られている。一九九九年に田辺市の紀南文化会館で第三回世界妖怪会議「南方熊楠と熊野の妖怪」が開催された時、そのポスターを制作したのも水木であった。また水木の図鑑類からも、カシャボ（カシャンボ）のように、南方の著述を参考にしたものが散見される。

昭和四〇年代になると、フランス文学者の**澁澤龍彦**[*]が男色文化から南方に関心をもち、その博物学的論考にも理解を示すようになった。中世ヨーロッパのモンスターについて、日本の妖怪との比較を交えながら論じた澁澤には少なからぬ影響を与えたのではないかと思われる。澁澤は自身で熊楠の全集を編集したいという意欲を持つほとの関心を示していたのである。

整理すると、熊楠の報告した事例は後世辞典類に採録されていった。しかし論考は十分に消化されているとは言えないだろう。それは妖怪研究が柳田國男の一国民俗学の影響下にあったためである。そして、そのまま宮田登や小松和彦に受け継がれ、新しい妖怪学の基盤となったために、今日においてなお、十分に評価されているとは言えない。

しかし、柳田民俗学の一方で、在野にあって、水木しげるや澁澤龍彦といった理解ある妖怪漫画家やエッセイストが現れたことも忘れてはならないだろう。

（伊藤慎吾）

参考文献

・飯倉照平（編）一九七六『柳田國男南方熊楠往復書簡集』平凡社
・伊藤慎吾　二〇一七「熊楠「随聞録」と紀伊熊野の山々に棲む妖怪」『ビオシティ』七〇
・伊藤慎吾　二〇二〇「南方熊楠の妖怪研究と近世説話資料」『南方熊楠と日本文学』勉誠出版　＊初出は二〇一八年
・伊藤慎吾・飯倉義之・広川栄一郎　二〇一九『怪人熊楠、妖怪を語る』三弥井書店
・志村真幸　二〇二一『熊楠と幽霊』集英社インターナショナル

南方熊楠の翻訳妖怪名彙

コラム

熊楠と妖怪

南方熊楠は明治四四年（一九一一）四月以来、**柳田國男***と濃密な書簡のやり取りをするようになった。主なテーマの一つに妖怪があり、河童（カシャンボ）や一本ダタラ、山姥、山父、火車、見越し入道、天狗、妖狐など様々なものについて地元紀州の事例を報告したり、仏典や漢籍、欧文資料などを示しながら考証したりしている。

当時は既に井上円了が妖怪学を提唱されてはいたものの、しかし、各地に伝承されてきた妖怪の事例の収集や分布状況の把握が行われておらず、それらの起源や伝播伝承の要因などの考察もほとんど行われてこなかった。ともかく、二人とも、どこにどういった妖怪伝承があるのかを知りたくて仕方なかっただろう。

柳田はのちに民間伝承の会の機関誌『民間伝承』において「妖怪名彙」を掲載し、また各地から事例を募った。一方、熊楠は地元の人々との交流から紀州各地の妖怪の事例を集めていった。不思議なことに、熊楠は紀州の事例を次々に見出していったものの、日本国内に同様の妖怪があるかないか、同じ名称の妖怪でも他の地域では性格に違いがあるかどうかなどを調べることには積極的ではなかったようだ。柳田が日本全体を網羅しようとしたのとは対照的である。柳田は異なる名称でも同様の性格をもつ妖怪や類似する話型の妖怪譚を把握することに務めたのである。

もう一つ際立った違いを挙げると、確かに熊楠は日本国内の妖怪伝承の把握には関心を示さなかったが、しかし日本を越えて世界における妖怪の類似や妖怪譚の類型には強い関心を持っていた。

比較妖怪学

鬼について少し見ておこう。今日ではカタカナ語として一般に用いられるドワーフやコボルト、トロール、「幽霊」と訳される Apparition, Ghost, Spectre、「妖精」と訳される Fairy なども「鬼」とする。もっともこれは明治大正期においては他にも例のみられるものである。他にも英語の Brownie, Elf, Fairy-elf, Goblin, Phantom, Tangie(Water-spirit), Pooka(Evil-spirit), Daoine Shi'、ドイツ語の Alp(Nightmare)、フランス語の Diablesse, Esprit, Fada(Phantom), Fe, Fee, Lutin, Presser(Nightmare)、スラヴ語の Vend, Vila(Vilenik)、ポーランド語の Iskrzycki'、フィン語の Painajainen(Nightmare), Para(Kobold), Tanttu(House-spirit) などに「鬼」という語を当てている。

ドワーフやコボルト、トロールなどを、今日、一括するとすれば、「モンスター」とか「妖怪」とかの語を用いるだろう。「鬼」を使うことはほとんどあるまい。つまり、熊楠の用いる「鬼」という和語には、今日のいわゆる「妖怪」と同じように、個々の妖怪名彙を一括する上位語としての役割もあったということだろう。ただ、「妖怪」と同義語というわけではない。ニクスイやイッポンダタラのように、特定の呼称をもつ妖怪は「鬼」としていないからでである。要するに「鬼」は「妖怪」に近い幅広い概念ではあるが、ニクスイのように特定の呼称をもつ妖怪に対しては「鬼」ではなく、個々の呼称が使われている。つまり「鬼」は「妖怪」の緩やかな下位概念として用いられているようだ［伊藤　二〇二〇b］。

この用法が明治・大正期の日本人一般のものといえるかどうかはまだ分からない。たとえばちりめん本の『羅生門』や『酒呑童子』では「鬼」はOgreであり、『瘤取』ではDevil（仏訳、西訳はDemon）である。『改正増補　和英語林集成』（一八八六年）は複数の語彙を挙げるが、第一にDevil、第二にDemonを挙げる。また戦前の英和辞典の代表である斎藤秀三郎の『英和中辞典』では、Brownieは「一種の仙童」であり、Dwarfは「一寸法師」であって、「鬼」ではない。また、「妖怪」という語の用法についても、「鬼」とほとんど変わらない。

ともあれ、このような妖怪名彙の翻訳問題は、熊楠の妖怪の捉え方や研究と密接に関わってくることなので、今後の調査研究が俟たれる。

蔵書の書入れ

トマス・カイトリー『妖精の誕生――フェアリー神話学』（一八八四年）にデンマークでは人の頭をしたモンスターで、淡水にも海水にも棲んでいるネッケ（Nökke）と呼ばれるものがいる。農民たちの間では、人が溺れるとネッケのせいにする。溺死者の鼻が赤かったら、ネッケに舐められたと言う。これを熊楠は「カッパノ如シ」と指摘する。日本では肛門が開いた水死体があると、それは河童が尻子玉を抜いたからだと考えられたが、熊楠はそれと似て、死体に不可解な痕跡が残るところから、「カッパノ如シ」と書き入れたのだろう。

さらにスカンジナビア半島のネック（Neck）は川の精霊であり、完全な馬の姿で現れると信じられており、特別な手綱を使えば農作業に使えるという。この伝承に対しては「河伯、馬ト成ル」と注記している。河伯とは川の神であり、川の精でもある。また近世から河童と同義としても使われる語である。しかし、上のように「カツパ」と表記しなかったのは、このネックの事例を河童よりは距離のある川の精霊・妖怪として認識したからだろう。また日本では河童と馬との関係は「河童駒引」の伝承でよく知られるところだが、遠いデンマークにも馬との関連性を見出し、興味を持ったのかも知れない。

一方、和書にも随所に漢籍・仏典や諸外国に関する欧米文献から類例の指摘が見える。『徳川文芸類聚』四巻に収録された江戸時代の怪談集『万世百物語』に「此話　ベーリンググールドノ中世志怪十六葉ニモ出」とあって、ベアリング＝グールド“Curious myths of the middle ages”を注記している。

基本的に怪異・妖怪に関わる説話や名称の書入れは、日常的に世界的な文献を渉猟してきた所産といえるだろう。しかしそこにまた地元の事例をメモすることもあった。『徳川文芸類聚』第四巻に収録される『百物語評判』の上部欄外に「高坊主　田辺ニテモイフ　又見越入道ト覚エタル老人モ有リシ」と記しているのは、その一例である。

この書入れの見える怪談「見こし入道幷びに和泉屋介太郎の事」（一―六）は京都の四条大宮あたりの辻に現れた見越し入道の目撃談である。姿は「三かさ余りなる坊主」で、後ろから覆ってきたという。見越し入道は又の名を高坊主と昔から言い慣わしており、出現場所は野原や墓ではなく、人里の辻や軒下の石橋ということだ。熊楠によると、和歌山県田辺ではこれを「高坊主」ともいうが、「見越し入道」という別名を憶えている老人もいるというから、「高坊主」と通常は呼んでいたようである。いずれにしても、こうした書入れから当時の和歌山周辺の妖怪事情の一端を窺うことができる。

要するに、熊楠の知識欲に世界地図の国境は引かれていなかった。そして、そこには日本国もまた世界の中の一つの国に過ぎないという冷静な視点が垣間見られるのである［伊藤　二〇二〇ａ］。

（伊藤慎吾）

参考文献

・伊藤慎吾　二〇二〇ａ　「南方熊楠の妖怪研究と近世説話資料」『南方熊楠と日本文学』勉誠出版　＊初出は二〇一八年
・伊藤慎吾　二〇二〇ｂ　「南方熊楠の妖怪名彙〈鬼〉について」『南方熊楠と日本文学』勉誠出版

猿猴坊月成作、歌川国虎画『繪本センリキヤウ』(日文研艶本資料データベースhttps://lapis.nichibun.ac.jp/enp/Picture/View/338/2/10)

南方熊楠は六鵜保宛の書簡に、職人から「東山の馬骨」というお化けが出る昔話(いわゆる「化物問答」)を聞いたことや、「そのころ坊間に多かりし国芳(?)筆の春本、題は忘れたが三冊物」に、正体が馬の化け物の美少年「東原の馬骨」が出ていたことを記している(『南方熊楠全集』9平凡社)。熊楠はタイトルを忘れているが、おそらく、この本を見たものと推測できる。【永島】

第一部　戦前編

江馬務

えま・つとむ（一八八四～一九七九）

お化けの歴史と文化研究の先駆者

略歴

京都市生まれ。風俗学者。溝口健二『雨月物語』などの映画やテレビの時代考証家としても活躍。一九一一年から二一年、京都市立絵画専門学校（現・京都市立芸術大学）講師として画学生を指導。一九一六年、風俗研究会機関紙『風俗研究』創刊（一九四三年まで続く）。一九一七年、「幽霊に関する書画展覧会」を開催、その陳列された資料で「文学絵画上に見ゆる幽霊」を「芸文」（京都帝国大学文学界）に寄稿。一九一九年、風俗研究会の事業として京都大雲院内家政高等女学校講堂で「妖怪変化に関する書籍絵画」を開催。陳列された資料で『風俗研究』二〇号の「妖怪の史的研究」を書く。一九二三年、『日本妖怪変化史』を中外出版より発行。

妖怪学のきっかけ

学生のころから親しい人たちだけで閲覧された私家版の絵日記なども作っている。たとえば『丗三年度江馬年中行事』と名付けられたそれは家庭内の出来事を書いたもので江馬一七歳の時のもの。一月二七日にはジョンという飼い犬が目を患っていたが治ったことなどが書かれる。またやはり学生時代に「文芸上に見たる妖怪」という小冊子を手作りしていた。これを形にしたいという思いがあり、実際に後の妖怪研究へとつながっていく。

ずっと犬が好きだったと思われる写真
(花園大学歴史博物館 2012)

妖怪学の成果

江馬務の著作は『江馬務著作集』一二巻・別巻一巻に収められている。年中行事などは妖怪に係わるものもあるが、まずなによりも妖怪好きの抑えるべきものは『日本妖怪変化史』である。もちろん著作集には入っているが、なんと驚異的なことに現在も文庫で入手可能だ[1](電子書籍もある)。たびたび復刊しているロングセラーといえるだろう。そのタイトル通り明治までの通史を描いている。

井上円了*の妖怪研究はすでにあるが、妖怪の真偽を問わない文化史としての妖怪研究は江馬務によってなされる。そして描かれた妖怪、表現された妖怪がメインになって来る。

近年とみに論じられるようになった、描かれた妖怪である付喪神や『百鬼夜行絵巻』なども、『日本妖怪変化史』ですでに紹介されている。**柳田**民俗学*では基本的に妖怪の絵画は使用しない。そして創作を退けた。この点で描かれたものを中心に取り扱う江馬との違いが大きい。

江馬も『日本妖怪変化史』の序説で「その史料としては、一も創作家のみすみすの純仮作的作品は採らなかった。これ後世妖怪変化を多く取扱うている京伝、馬琴、種彦の作品を採用せなかったゆえんである。しかしながら少々疑しいものでも伝説はことごとく採用した」といっている。また、『日本妖怪変化史』の元になる『風俗研究』二〇号の「妖怪の史的研究」でも「創作的のもの」と「実際的のもの」に分けている。しかし、例えば実際には滝沢馬琴の『化競丑満鐘（ばけくらべうしみつのかね）』を使っている。柳田國男はこの作品も「近代の絵空事」として退けることで妖怪研究をする。[2]

また江馬の類型は、異形の総称の〈妖怪〉と、狐や幽霊などが容姿を変えた〈変化〉を分けて扱うなど、独自の分類がなされている。

後世への影響

これら絵画のコレクションを用いた風俗研究は風俗研究会の**吉川観方***へ引き継がれる。さらに時代は下って、戦後に風俗史学の中心人物にもなっていた**藤澤衛彦***もいる。

江馬務の本は何度も復刊し研究者以外にも多く読まれた。つまり読み物として成功を収めることになる。大ざっぱに言ってしまえば、江馬務の時点で現在のわれわれが妖怪と聞いて思い浮かべる基本的なものはあげられている。鳥山石燕や竹原春泉などを断片的にも知ることができる。さらには「一ツ目入道」[3]や「すっぽんの幽霊」、「笈の化け物」なども**水木しげる***の妖怪図鑑を経てメジャーなものになった。水木は文脈と切り離したイラストだけの引用もよくする。たとえば、水木の図鑑にある、「火取魔」とい

う名前の妖怪は柳田國男の「妖怪名彙」[*]にある「ヒトリマ」だ。もちろん口頭伝承であり、そこにイラストはない。水木はその「火取魔」の絵

『大佐用』170より引用。左が国会図書館蔵。右が江馬務の本の一ツ目入道の模写。

南郷晃太 2018『こじらせ百鬼ドマイナー』1 集英社の火取り魔、水木しげるの影響

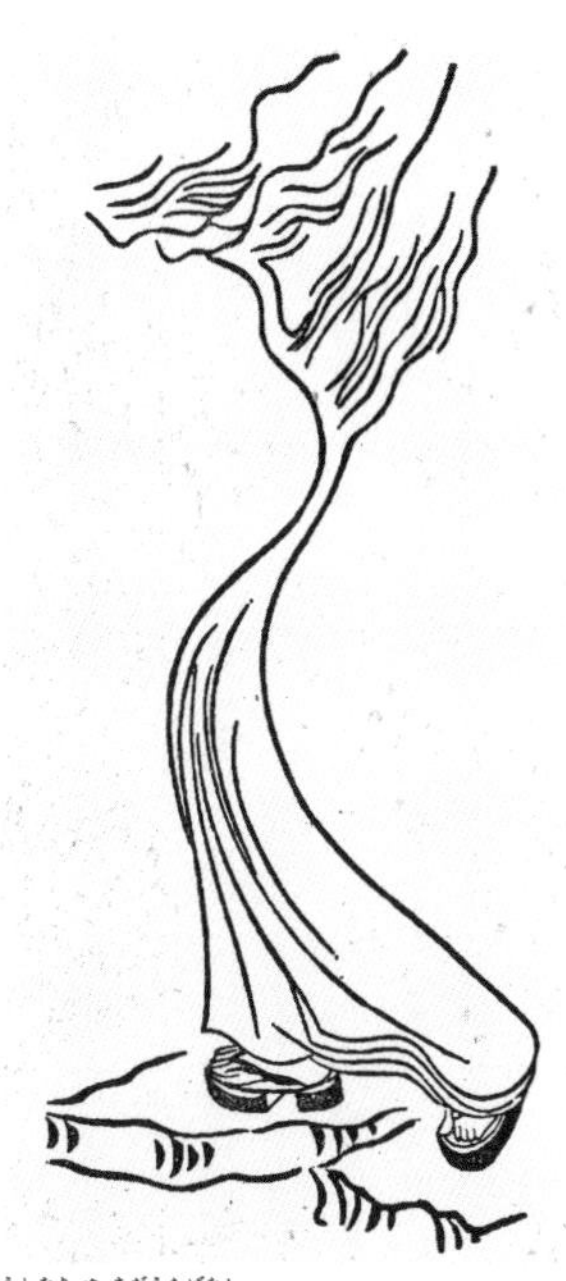

『妬湯仇討話（うわなりゆあだうちばなし）』の模写の「二本足の幽霊」（江馬 2004）

を江馬の紹介した「二本足の幽霊」から得た。[4] 柳田からの解説文に江馬からのイラストをつけて妖怪画を完成している。

平成の妖怪学は柳田への批判として成立した部分が大きい。その中では特に「文学」や「図像」など民間伝承ではない妖怪の研究が隆盛したといえる。

例えば小松和彦の主催した怪異・妖怪の研究プロジェクトでアダム・カバットが創作の妖怪として先に述べた『化競丑満鐘』をとりあげたことなどがあげられよう。[5]

まとめると江馬務の『日本妖怪変化史』はやはり基本文献として重要な位置にあるといえよう。ただし、直接先行研究として使用されるような研究は少ない。それでもコレクションをして類型化をするというのは研究の基本であり、現代でもある程度の説得力がある。そして江馬の作業が学術的に検討された結果とはいえないが、学術外の影響力は大きい。現在も江馬務に限らず、研究者の絵画紹介をもとに漫画に妖怪を出す現象は繰り返されている。[6]

（永島大輝）

注

[1] 江馬 二〇〇四。

[2] 「川童祭懐古」（『妖怪談義』収録）にて河童の滑稽化の例として「化競丑満鐘の類の文学」をあげている。また、柳田は「餅白鳥に化する話」（『一目小僧その他』に収録。初出は大正一四年）でも鷺が信仰されることを受け「馬琴の『化競丑満鐘』などを見ると、白鷺は化物界の家老格にたてられている。鷺が化けたという話はずいぶん聞くが、それは古くから言うことではないらしい」として退けている。

[3] 氷厘亭氷泉氏のご教示によれば、『日本妖怪変化史』の『丹後国変化物語』の筆を持った一ツ目入道は出典が未詳。しかし、国会図書館蔵の『丹後変化物語』（題簽『丹後之国変化物語』）を模写したものらしい。他の写本の中で筆をもつ一ツ目入道は見当たらず青竹の杖を持っている。この国会図書館蔵のものは青竹の杖が筆のように落書きされており、それが江馬の本に模写され有名になった可能性が高いとのこと。

[4] 江馬の本を使用したことは、水木の描いた「火取魔」の火

江馬務

の形と江馬務の掲載した絵「二本足の幽霊」と典拠である『妬湯仇討話』の図を比較するとわかる。御田鍬氏のご教示による。

［5］アダム・カバット『江戸化物の研究　草双紙に描かれた創作化物の誕生と展開』岩波書店、二〇一七年。

［6］たとえば椎橋寛『ぬらりひょんの孫』（集英社）に出た「悪女野風」は辻惟雄『奇想の江戸挿絵』（集英社新書ヴィジュアル版）に見られる『天縁奇遇』の画像が元だろう。

参考文献

・江馬務　二〇〇四『日本妖怪変化史』中央公論新社
・香川雅信　二〇一一「妖怪の思想史」小松和彦編『妖怪学の基礎知識』角川学芸出版
・京極夏彦　二〇〇七『妖怪の理　妖怪の檻』角川書店
・京極夏彦・香川雅信・伊藤遊・表智之著兵庫県立歴史博物館・京都国際マンガミュージアム（編）　二〇〇九『図説妖怪画の系譜』河出書房新社
・氷厘亭氷泉　二〇一九「丹後国変化物語の狐と妖怪2」妖怪仝友会『大佐用』一七〇（http://yokaidoyukai.ho-zuki.com/taisayo170.htm　二〇一九年一一月一〇日閲覧）
・西見摩利沙　二〇一六「絵画による妖怪研究――江馬務と吉川観方を中心に」『人間文化学部学生論文集（京都学園大学人間文化学部）』一四
・花園大学歴史博物館（編）　二〇一二『江馬務『卅三年度江馬年中日記』『文科大学史学科三年史論』』同館発行
・風俗研究会（編）　一九一九『風俗研究』二〇
・マイケル・ディラン・フォスター（著）廣田龍平（訳）　二〇一七『日本妖怪考：百鬼夜行から水木しげるまで』森話社

日野巖

ひの・いわお（一八九八～一九八五）

方言収集で繋がる妖怪辞典の縁

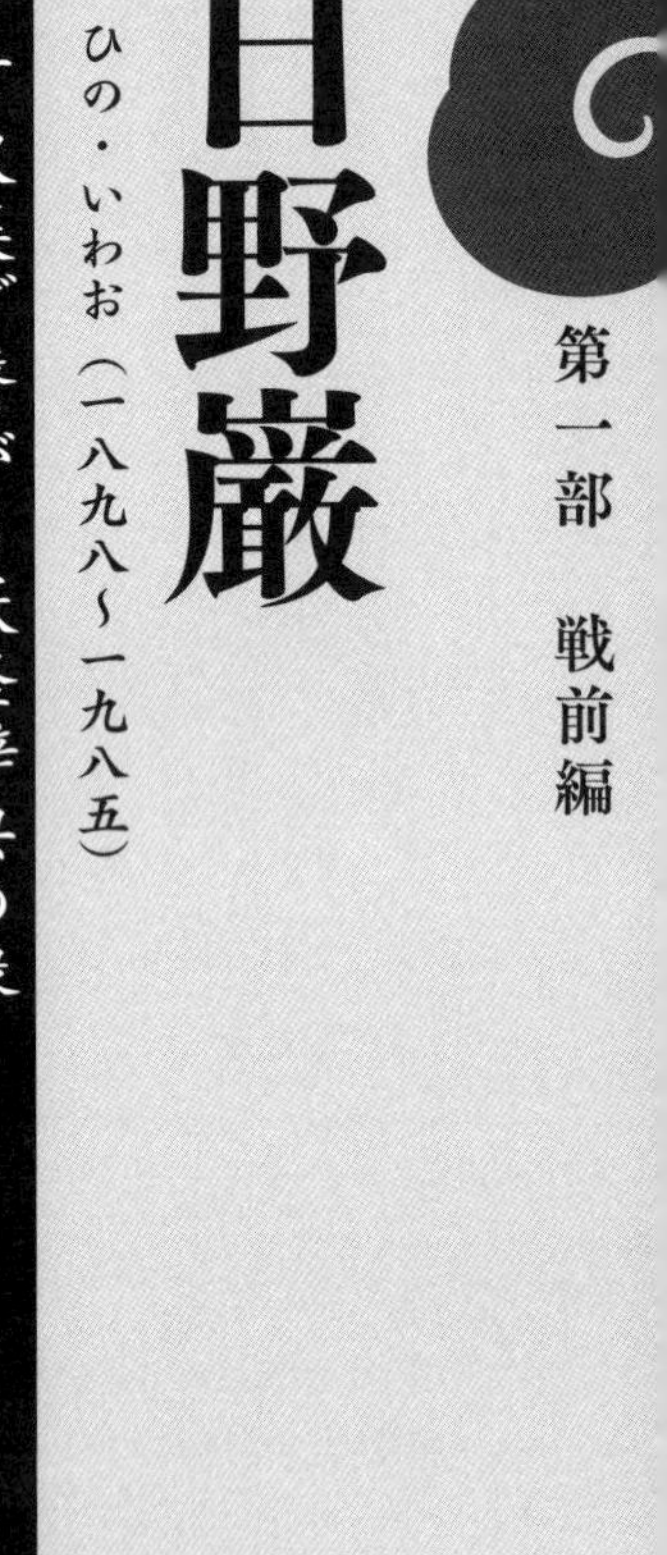

略歴

理学博士・農学博士。山口県生まれ。元日本植物病理学会長。専門は植物病理学だが、伝説や民俗にも興味を示し、日向郷土会を主宰したほか『動物妖怪譚』『植物怪異伝説新考』を著す。歌人としては「日野青波」の名で自然を詠んだ歌を歌集にまとめている。

偉人・日野巖

本項のテーマは日野巖だが、日野巖とかかわりの強い人物である佐藤清明（一九〇五～一九九八）についても軽く触れ、二人のかかわりと歴史上の流れを軸として記述していきたい。

まずは、日野巖についてである。日野は高等学校時代には既に河童の研究を行っており、仲間から「河童」と呼ばれるほどであったという。そんな日野は東京帝国大学で白井光太郎に教えを受け、二八歳の頃には宮崎高等農林学校の教授になった。以降、京都帝国大学、東京帝国大学、山口大学、宇部短期大学で植物病理学、微生物学、生物学などを教える。戦時中は陸軍司政官かつマレーシアの博物館館長を勤め、中学四年生から作歌を嗜んでおり、「何をやっても超一流の素質を持っていた」とは友人である農学者・田杉平司の弁である。[1]

二八歳で教授になった年、日野は高等学校時代から書き始めていたという『趣味研究　動物妖怪譚』(一九二六年)を発表する。[2] その中で日野は、二六の動物や怪異について、日本を主として世界中の様々な伝承を収集し、さらに一部の動物については生物学者としての立場から鋭い論考を加えている。[3]

もう一人の偉人・佐藤清明

そしてこの『動物妖怪譚』の発表が、岡山県の博物学者である佐藤清明にも大きな影響を与えた。佐藤は清心高等女学校や岡山大学などで生物学を教える傍ら、岡山県内の自然について様々な側面から調査研究を行い、植物・昆虫・化石・鉱物などの収集を行っていた人物である。彼は専門である博物学はもちろん、趣味も切手・コイン収集と、[4] 特に「集める」ことに強いこだわりを見せた。民俗学的な面では、一九二九年に『岡山文化資料』五号に「植物の方言と訛語」を書いたことをはじめとして、動植物

図1　佐藤清明
(木下浩「佐藤清明宛柳田国男書簡について」『岡山民俗』238号)

の呼び名の方言の収集結果を多く発表した。民俗学の研究中においては**柳田國男***とも交流があり、柳田國男『蝸牛考』の序文には佐藤清明の名前が挙げられている。[5]そんな佐藤が妖怪に興味を持つ最初のきっかけがこの日野巌『動物妖怪譚』である。この本を読んだ佐藤は妖怪の方言を収集し始めるようになり、まず『岡山文化資料』二巻三号の妖怪特集号に「備中南部に於いて信ぜられる妖怪の一覧表」という文章を発表した後、五年かけて収集したその成果を『現行全国妖怪辞典（方言叢書第七篇）』（一九三五年）として著す。[6]これは五〇ページ強の小冊子だが、現代では日本で初めての妖怪辞典とも呼ばれ、柳田國男「**妖怪名彙***」に引用されているという点を差し引いても妖怪史を語る上で特に重要な本の一つである。

その後の展開

話を日野巌に戻す。戦後一九七九年に養賢堂から復刻された『動物妖怪譚』に、日野巌は一九七〇年に防長（ぼうちょう）民俗学会で刊行された小冊子である『日本妖怪変化語彙』を掲載する。こちらは先に述べた『現行全国妖怪辞典』をはじめ、『妖怪談義』をはじめとする柳田國男の著作や民俗誌、さらに**藤澤衛彦***、**今野圓輔***、石塚尊俊（いしづかたかとし）などといった様々な方面の著作を元に、新たにまとめあげた妖怪辞典的な資料である。その掲載語彙数は実に一四〇〇超と、当時はもちろん現在までに発行された様々な妖怪辞典と比較しても、かなり充実した内容であると言える。かなり時代が下った後に発行された妖怪辞典として村上健司（むらかみけんじ）『妖怪事典』（二〇〇〇年）があり、二六〇〇超の妖怪名が紹介されているが、その中にはこの『日本妖怪変化語彙』や先述の『現行全国妖怪辞典』を底本とするものも多い。[7] なお、『日本妖怪変化語彙』は現代の視点から見た場合、各語彙についてては出典が掲載されていない点がやや難点だが、こちらについては二〇〇六年に中公文庫から復刻された『動物妖怪譚』で、先述の村上健司によって、判明している範囲での参考文献が追記されている。

日野巌の著作において、『動物妖怪譚』および『植物怪異伝説新考』は現在でもその内容について語られることが多い名著である。一方で、日野巌は佐藤清明などと同様、方言収集を通じて妖怪語彙の取り纏めを行うことで、現在における妖怪辞典・事典という形のものに大きな影響を与えた人物であることも忘れてはならない。

（御田鍬）

図2（上）・3（下）　スローロリス模写（『動物妖怪譚』）／元絵（『ブレーム動物事典』）

注

［1］　日野巌『植物歳時記』（一九七八年）序文より。なお、初版には序文が掲載されているが後の版では掲載されていない場合がある。

［2］　京極夏彦『妖怪の理　妖怪の檻』（二〇〇七年）で既に指摘されている通り、この時点での日野巌が意図する「妖怪」という語はまだ「既存とは違う」と言った程度の意味合いである事には注意しておく必要がある。

［3］　有名な例として、本書では「血塊（けっかい）」とよばれ見世物にされていた動物について、自身の見世物小屋での体験を紹介した上で、その正体は南洋のコンカン（スローロリス）という猿であることを指摘している（図2）。この報告および考察内容は現代でも血塊について述べる際には引き合いに出されることが多い。上記は『動物妖怪譚』に掲載されたコンカンの挿絵だが、これはアルフレート・ブレーム『ブレーム動物事典』（一八六四～一八六九）を模写したものである。

［4］　里庄（さとしょう）町立図書館『佐藤清明資料保存会（仮称）会報No.0（発刊準備号）』（二〇一八年）https://www.slnet.town.satosho.okayama.jp/pdf/kaiho.0.pdf

［5］　柳田と佐藤の交流は木下浩「佐藤清明宛柳田国男書簡について」（『岡山民俗』二三八、二〇一七年）に詳しい。

［6］　発刊の経緯は『現行全国妖怪辞典』より引用。

［7］　余談だが、『妖怪事典』では参考文献が『現行全国妖怪辞典』となっているものの実際の記述が『日本妖怪変化語彙』での引用文に依存しているものがいくつか存在する。

第二圖　傳説の動物の分布圖

いづれの地と雖も「傳説」のない土地はないが、こゝにはその最も著しい地方のみを記して置いた。また鬼・天狗・狐などは一般的のものであるから省畧して置いた。本書に記してない妖怪も書き入れてあるが、之は將來、讀者諸氏がこの地圖を利用される折の便利をはかつたのにすぎない。

日野巌『趣味研究 動物妖怪譚』(1926年)
「伝説の動物の分布」で掲載されている分布マップ。「最も著しい地域のみを記して置いた」ということわりの入れ方は現代の吾々も気をつけておかねばならない箇所ではある。【泉】

第一部　戦前編

吉川観方

よしかわ・かんぽう（一八九四～一九七九）

時代資料ぎっしりパレスに住む画家

略歴

日本画家、風俗研究家。京都市東山区生まれ。本名・吉川賢次郎。きまま頭巾は戯号。京都市立絵画専門学校卒業後、松竹で舞台意匠顧問。舞台や映画の衣裳制作や風俗考証を手がける。故実研究会を主宰し桃山から徳川時代の資料蒐集で知られた。大正期まで展覧会出品錦絵制作で作品を発表していたが以後は註文作品のみであった。昭和二九年（一九五四）からは春日大社の絵所預も勤めた。

現物蒐集の年季がちがう

吉川観方は、中学生（いまでいえば高校生）の年頃から浮世絵研究を始め錦絵や絵草紙、肉筆作品を買い求めていたそうである。[1]

やがて松竹(しょうちく)に意匠顧問として入社後は、[2]初の給料をすっぽりつかって屏風(びょうぶ)を買って家に帰り「はじめての月給ゆうもんは、まずいっぺん持って帰って親に見せるもんや」とお母はんにボヤかれたのを[3]振出しに、絵を描く参考にする資料蒐集（着物や飾り物、調度品、雑器等は手に入る限りは実物、実物が無理な時はそれが描き込んである絵画や古文書）としてお給金ほぼ全額を投入しはじめ、その収穫物は積もり積もって、二階の一室のほんの一角以外、すべてが資料の山でぎっしりだった[4]という観方パレスを成すに到ったのだった。

誰でも描けるが難しい

そんな巍々たる時代資料の一角が、現在は福岡市博物館や京都府立総合資料館などに《吉川観方コレクション》として収められている妖怪が描かれた錦絵や絵巻物である。[5]

日頃から観方は妖怪について「誰にでも描けるものだが、床の間に飾れるものとなるとなかなか誰にも描けない」といった旨の言葉を語っており（「畸人吉川観方先生」）その研鑽のため入手された資料たちだが、観方の残した仕事として後世に影響を及ぼしたのは『絵画に見えたる妖怪』（美術図書出版部、一九二五年）に代表される蒐集資料を紹介した書籍、あるいは故実研究会[6]や百貨店での展覧会[7]であり、その資料群は現代でも《妖怪の絵》の理解の芽に大きな潤いのひとつぶを与えつづけている。

観方の妖怪解説書

『絵画に見えたる妖怪』は、大正一四年（一九二五）京都原色写真精版印刷社（発行所として記されている美術図書出版部は同社の部署）の市川啻三からの《夏のよみもの》という依頼企画に答えるかたちで、正篇（一九二五）続篇（一九二六）と連続で製作されている。

内容は図版そのものの掲載が主で、解説文は非常にサラリとしており、画題のみ——という説明も

図1　吉川観方『続絵画に見えたる妖怪』（1926年）表紙。
本文に収録している徳川中期の細版錦絵を吉川観方本人がリデザインし、あらたな木版に起こして表紙に用いている。

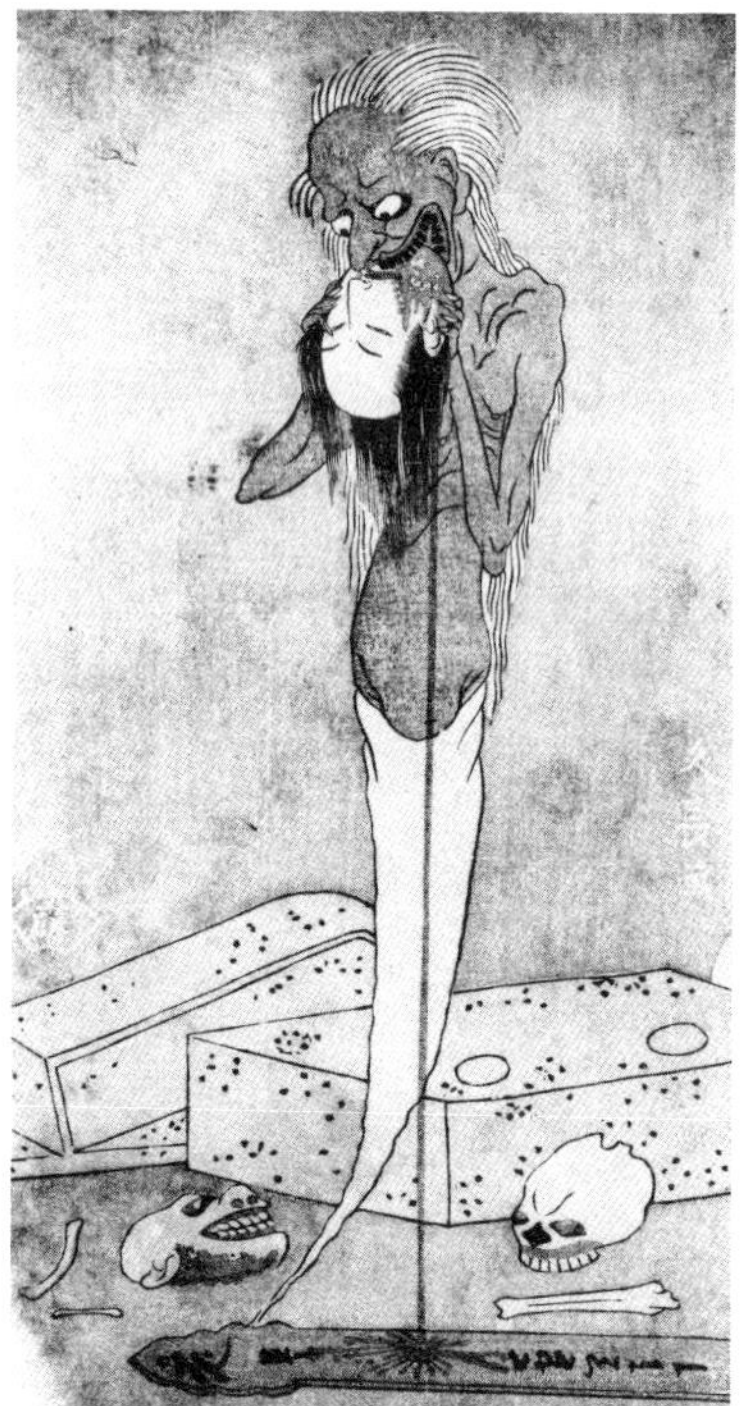

図2　『続絵画に見えたる妖怪』（1926年）の本文に掲載されている細判錦絵。
役者絵の類かと思われるが演目などは未詳。吉川観方は「生首を得たる妖魔」と説明的に見出し用の題をつけている。『妖怪』（1966年）では「男の首銜えた老婆の霊」とも付けている。この錦絵は吉川観方しか紹介しておらず、斎藤守弘による「首かじり」（「あなたのそばにいる日本の妖怪特集」『別冊少女フレンド』1966年11月号）の発想モトとなったのは、これらの画像資料であることは、その経路がハッキリとわかる。

ヘチマもない箇所も多く見られ、妖怪解説より、技法や画家の基本情報重視の態勢であった。続篇では、図版配列を画家別から妖怪種目別に変更して改良がやや進み、個々の妖怪への踏み込みについては僅かなものの、資料観察から得られたとおぼしき観方の妖怪に対する考察が、そこそこ盛り込まれるようになる。

学生の時から**江馬務***と交流が直接にあったため、妖怪についての情報交換もあったとは見えるが、基本分類については《変化》と《妖怪》の二区分を挙げた上でこれを採らず、《妖怪》を人間（怨霊、幽霊）人間以外（化物＝天然物、動植物、器物、奇態変形の怪物）に大別する分類を用いているが[8]、両者とも《描かれた妖怪》に大きく資料依存した分類方法であることに違いはなく、非常に近しい。

画像が主眼の解説

『絵画に見えたる妖怪』は昭和二七年（一九五二）に、内容と装いを新たに替えて出版されてもおり[9]、そちらは続篇の構成を意識したものとなっているが、吉川観方の手がけた書籍における《妖怪の取り扱い方》の特徴としては、他の先人たちのように伝承や説話を深く絡め、それらを《主》とし図版を《従》の立場として参考資料に挙げる方式とは、やや立場の異なる部分のあることが特筆できる。

佐脇嵩之『百怪図巻』[10]のようなスタイルの絵巻物を参考にして鳥山石燕『**画図百鬼夜行**』*は描かれた部分も多いのであろうと指摘するなど、**藤澤衛彦***同様、先行する絵巻物を実際に保有していたことによる比較実証によって導き出された解説が見られるほか、日本の妖怪たちのデザインに見られる各部品の発想は大陸由来の仏画に描かれた色々な画像の中にある、との考えを示している点など[1]、いずれも作品解説の中での断片的な触れ方ではあるが、《妖怪》以外の多彩な実物資料についても呑み込んだ上での知見がいくつかみられる。

伝承や説話の《参考》とする用い方からは一歩引き、絵画や演芸主体に立った、純粋な作品・美術方面からの分解を行っている姿勢は、絵画資料をあつかう上の基本的な視点として、学びとれる点も非常に大きい。

（氷厘亭氷泉）

注

[1]　浮世絵蒐集以前、人生ではじめて買い集めたものは短冊で、一〇歳のころである、と訪問記事（畠山清行「蒐集生活六十年の吉川観方」『週刊サンケイ』別冊、一九六〇年一二月号）で述懐している。

[2]　松竹では初代の中村鴈治郎（一八六〇～一九三五）と組むことが多く、いくつもの舞台で衣裳製作を手がけている。退社も鴈治郎が歿した翌年のことであり、社内で観方に理解のあった劇作家の大森痴雪（一八七七～一九三六）の死も退社時期と重なっている。

[3]　屏風を買ったはなしは、国分綾子「畸人吉川観方先生」（『きょうと』二八号、きょうと発行所、一九六二年）や『観方白話』（はざくら会、一九八一年）などに記されている。入社は大正八年（一九一九）で、給料二〇〇円のうちの一五〇円を使ったという。

[4]　訪問記事の描写を統合すると、家が資料であふれており、火の用心のため一日一合ごはんをガスで炊く以外は火を使わずに外食。または店屋物でおかずを届けてもらったり、庭で育てる野草をおひたしにしたりマヨネーズを添えて食べていたという。同様の理由から冬に暖房（火鉢・こたつ）も御法度で、湯たんぽオンリー生活だった。観方の日記は昭和七～八年、一一年のものが現存しており（京都府立総合博物館が所蔵。京都文化博物館研究紀要『朱雀』一四～一六、一八集に藤本恵子による翻刻がある）そこには南座の近くの居酒屋「つぼみ」がほぼ毎晩のように登場しており、初期の外食の一端を具体的にうかがうことも可能。

[5]　『吉川観方氏所蔵品展観目録』（一九三二）には《蒐集品概目》が載っており、観方の興味範囲基準として分かりやすい。書籍部には「い・有職に関する　ろ・武家故実に関する　は・公武社寺民間風俗に関する　に・演劇遊里に関する　ほ・年中行事に関する　へ・児童教育に関する　と・美術に関する

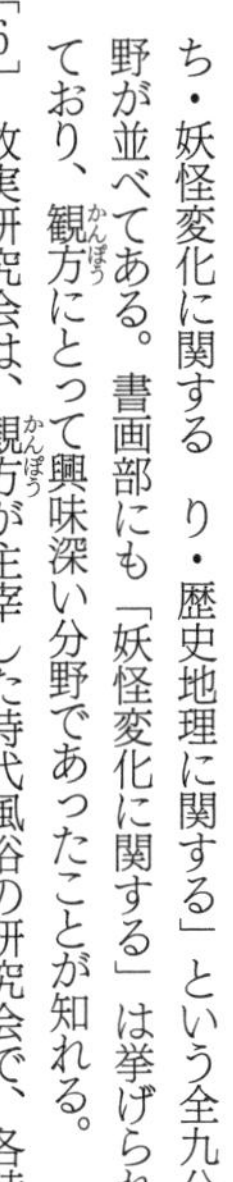

ち・妖怪変化に関する　り・歴史地理に関する」という全九分野が並べてある。書画部にも「妖怪変化に関する」は挙げられており、観方（かんぽう）にとって興味深い分野であったことが知れる。

[6] 故実研究会は、観方（かんぽう）が主宰した時代風俗の研究会で、各時代の衣裳を実際につける写生会、展示する陳列会、講演会などが組まれた。日本画家や研究者、呉服商などが主な参加者で、陳列会の題として「妖怪」が用いられることもあった。

[7] 展覧会の大きなものには昭和四一年（一九六六）に九州・四国・中国を巡回したものがあり、そのときの図録を兼用して発売された冊子に『妖怪』（京都アドコンサルト、一九六六年）がある。「幽霊・妖怪画大全集」（二〇一二）「大妖怪展」（二〇一六）など福岡市博物館に収められた吉川観方コレクションの妖怪たちは、二〇一〇年代に入ってからしばしば各地を巡回している。

[8] 『続絵画に見えたる妖怪』（美術図書出版部、一九二六年）の「化物」の項目の解説に分類については述べられているが、ここで江馬務の名前は直接には挙げられていない。

[9] 『絵画に見えたる妖怪』（京都文化資料研究会、一九五二年）は、昭和四九年（一九七四）に再版もされており、息は長い。

[10] 『百怪図巻』は吉川観方の著書では『妖怪図巻』の名で紹介されることもある。『続絵画に見えたる妖怪』（美術図書出版部、一九二六年）、『吉川観方氏所蔵品展観目録』（一九三二）、『絵画に見えたる妖怪』（京都文化資料研究会、一九五二年）では妖怪、『妖怪』（一九六六）では百怪が用いられている。

[11] 『絵画に見えたる妖怪』（京都文化資料研究会、一九五二）「鬼と童子　青面金剛像」
「私は、所謂化物といふものの顔貌形態は、殆ど仏画の中から生まれたのと思ふのである。逆立つ頭髪、その間に鋭く突き出た角、三面、五面の顔に三目・四目・五目の丸く光る眼、耳の際まで引き裂けた真赤な口には尖った牙、四本・六本・八本の手、さては千手など、それらは全くの妖怪である」

参考文献

・京都文化博物館　二〇〇二『吉川観方と京都文化』
・国分綾子　一九六二「畸人吉川観方先生」『きょうと』二八号、きょうと発行所
・畠山清行　一九六〇「蒐集生活六十年の吉川観方」『週刊サンケイ』別冊、一二月号

第一部　戦前編

伊東忠太

いとう・ちゅうた（一八六七～一九五四）

まいにち大千世界の妖怪描く

略歴

建築家、建築史学者。山形県米沢市生まれ。帝国大学で建築と建築の歴史について研究すると共に、独自の理論を用いた建築様式で築地本願寺、など数々の寺院や建造物、神社を設計した。トルコ、インド、チベット、東南アジア、極東にかけての文化に興味を深く持ち、現地へ渡り各地の寺院や遺跡の調査などを進めた。中国の雲崗石窟（うんこうせっくつ）の発見者としても知られる。

自作絵本やお菓子細工

幼少時代から絵が好きで自作の絵本や双六（すごろく）をつくっていた。

漢文を習いはじめたときに「狐狸の説」という題で文をつくった。

粘土でよくいろんなものをこしらえた。時には大（だい）福餅（ふくもち）や饅頭（まんじゅう）の皮をチョコっと採ってそれを粘土がわりにしてつくったりもしていた。

――これが明治一〇年(一八七七)前後の伊東忠太少年の様子。

彼自身の回顧によると母親が絵草紙などを読んでくれたり、絵を描いてくれたりした経験もあったそうである。[1] このあたりは、武家や大きな商家に生まれた出自をもつ幕末から明治にかけての人物には共通してときどきある情操環境だが(忠太の家は武家で医師)それは、その後の彼の活動や趣味領域に濃厚な影響を与えていた。

妖怪デザイナー

伊東忠太は、明治から昭和にかけての建築家として日本で指折りの存在でもあるが、幼時から親しみ描いていた妖怪[2]に関する研究が長じて妖怪の研究者、兼作家であった顔[3]については、まだまだ部分的にしか光はあてられていない。

実際の建築に使われたものもあったことは勿論だが、実務以外にも、日本を含め世界中の妖怪の《デザイン》を考究し、日々独自の妖怪たちをデザインしつづけていたことについては、多様な《妖怪の取り扱い方》の変遷をさかのぼる上からも重要性の高い内容である。

毎日描く絵にも妖怪

伊東忠太の描いた妖怪たちが活躍しているさまを眺めることが出来るまとまったものとしては、まず『阿修羅帖』(国粋出版社、一九二〇～一九二一年)[4]が挙げられる。

これは、大正三年(一九一四)の世界大戦勃発に際し、日々の世界の時事を自身の為にカートゥーン化して描きはじめた作品で、大正三年七月二六日を「首」として以後、通し番号が描き込んであり、数日を空けて描かれることもあれば一日のうちに何枚も描かれていることもある。たまたまその作品を大量に目にした旧友の勧めで木版に起こし、五〇〇枚が『阿修羅帖』の題で単行本化された。

以後も昭和二五年（一九五〇）まで、伊東忠太はこれを日々描きつづけており、そこには幕末から明治にかけての戯文や風刺画の手法を様々に使って時事を題材にした作品が展開され、そこには数多くの妖怪たちも描き込まれている。

飛行機や軍艦などが画題として登場すると、かならず鳥、竜、水棲動物や河童のようなすがたの妖怪、あるいは仙女・女神のかたちでデザインされている点などおもしろい特徴は多々があるが（もちろんそれ以外の場面にも妖怪はふんだんに描かれている）それらは時事漫画と並行して手近な紙片（仕事や会議の書類を含め）や『怪奇図案集』の中に無限に描

図1　伊東忠太『阿修羅帖』2（1920年）「152・独の飛行船倫敦を脅す」
戦争に用いられるようになった飛行機たちを伊東忠太は竜や怪鳥のかたちの画像妖怪として度々デザインしており、これもその一例。

図2　伊東忠太が制作したとみられる絵葉書(氷厘亭氷泉・所蔵)
東京の青雲堂から発行されているが年代は不明。伊東忠太「降魔図」(「菩提樹下の降魔」)が日本仏教青年会連盟から絵葉書として発行されてもおり、似た趣旨の品だろうか。

きまくられた。[5] 伊東忠太が妖怪研究の結果として求めていた《日本のものでも東洋・西洋のものでもない》あらたに想像した妖怪たち[6]と共通する、独自デザインの妖怪たちであった。

これは東洋各地の文様や彫刻・絵画などを研究し、西洋や世界各地それぞれのものと比較しつつ、新しい成果（かたち）として造り出すという彼の作品全般と同じ工程を経ているわけだが、その根幹の《妖怪》イメージは、あくまで**柳田國男***らや**藤澤衛彦***らによる変転がもたらされる以前の、徳川から明治にかけての趣味層がいだいていた妖怪そのままであり、結果として同時代の先人たちとはまたひとつ違った態度で《妖怪》を取り扱っていった姿勢は、他にさきがけて先進的でもあったと言えよう。

（氷厘亭氷泉）

注

［1］本人による肉筆本『忠太自画伝』に拠る。『建築巨人伊東忠太』（読売新聞社、一九九三年）に全篇収録されているほか「建築博物館デジタルアーカイブス」（日本建築学会）で公開されてもいる。少年時代の伊東忠太は美術家としての将来を描いていたが父からの「不甲斐ない了簡である。美術などは士人のなすべきものではない、夫は所謂末技と云ふものだ」との意見から工学の道へ進んだと記されている。しかし絵を描くことは終生からだから離れなかったようである。

［2］『忠太自画伝』には、弟にせがまれて作っていた話の中に、「身体象虎」や「かわぼこ」といった空想の存在を《最強の動物》として創造し出演させていたことなども記されている。添えられた弟と寝物語をしている絵には残念ながらその絵すがたは描き込まれていない。

［3］伊東忠太を妖怪に関する偉人として列伝中に採り上げた早い例には阿部正路「妖界偉人伝」（『太陽』一九九五年九月号）があるが、妖怪作家としての実例的な紹介は建築作品にとどまっている。

［4］伊東忠太が個人的に描き溜めていた絵を『阿修羅帖』として単行本化をした経緯は第一巻に付された序文からうかがうことが出来る。同郷の旧友とは嵐田栄助（実業家。嵐田国粋印刷所を経営）で実質の印刷・出版も同人の手による。期間内の全作品が用いられているわけではなく、原画の番号と、『阿修羅帖』の番号は一致していない。「建築博物館デジタルアーカイブス」（日本建築学会）及び『伊東忠太建築資料集』（ゆまに書房、二〇一三年）などによれば、原画は葉書の裏面が用いられており、大正三年（一九一四）から昭和二五年（一九五〇）まで総枚数三七一七枚が残されている。『阿修羅帖』という呼称は、あくまでも単行本の外題であったようで『伊東忠太建築作品』（城南書院、一九四一年）には二〇〇〇番台の作品が十二個掲載されてるが、単に「時事漫画」と題して掲載されている。

［5］その大部分は公開作品ではなかった忠太デザインの妖怪たちだが、大正一〇年（一九二一）に創刊された『科学知識』（財団法人科学知識普及会）という雑誌の表紙絵を伊東忠太は

図3　『科学知識』（1927年10月号）の表紙イラスト。伊東忠太によるもので、同誌の表紙をかなりの数、担当している。

何度も手掛けており、そこには彼が日常的に描いていた妖怪たちも同居している。これなどはかなり広い耳目に向けて活躍した場のひとつと言えるが同時代における感想や影響などは、まだ寡聞につき今後も注意しておきたい。

［6］　伊東忠太『木片集』（万里閣書房、一九二八年）「妖怪研究」三二一頁。

「化物の形式は西洋は一体に幼稚である」

「昔の伝説、様式を離れた新化物の研究を試みる余地は屹度あるに相違ない。」

参考文献

・伊東忠太　一九二〇～一九二一『阿修羅帖』第一巻～第五巻、国粋出版社

・伊東博士作品集刊行会　一九四一『伊東忠太建築作品』城南書院

・「伊東忠太絵日記」一九九一『広告批評』六月号

・伊東祐信　一九九一「父・伊東忠太のこと」『広告批評』六月号

・鈴木博之　二〇〇三『伊東忠太を知っていますか』王国社

・藤森照信、増田彰久、伊東忠太　一九九五『伊東忠太動物園』筑摩書房

・読売新聞社　一九九三『建築巨人伊東忠太』

図4　伊東忠太『阿修羅帖』4(1921年)「377・メッツ砲撃」
砲弾を鳥のかたちの画像妖怪にデザインしている。伊東忠太は特に熱帯地域、南アジアを妖怪デザインの優れた土地としており、自身のデザインの策源中枢としていた。

岡田建文

おかだ・たてふみ（一八七五／七六〜一九四五？）

すべての生物には精神力がある

略歴

島根県松江市出身。蒼溟（そうめい）の号でも知られている。ほかに射雁・豊万之丞とも。戦前を代表する心霊学者。心霊科学研究会所属。

まず大阪新報社で記者として活動をはじめたが、一九〇九年、そこを辞して松陽新報社に編集長として迎えられる。しかし、一九一二年にここも辞して自ら主宰する雑誌『彗星』を刊行するに至る。ここに岡田の**心霊学***の研究が本格的に開始されることとなる。

その後、数多くの原稿を執筆して種々の雑誌に寄稿し、また著書を発表した。代表的なものを以下に記す。『霊怪談淵』（一九二六年）、『動物界霊異誌』（一九二七年）、『大自然の神秘と技巧』（一九二八年）、『心霊不滅』（一九三〇年）、『霊怪真話』（一九三六年）、『奇蹟の書　心霊不滅の実証』（同年）、『心霊の書』（一九三七年）、『霊魂の神秘』（一九四〇年）、『心霊不滅』（同年、一九三〇年刊行の同名書とは別内容）などがある。このほか、心霊科学研究会の機関誌『心霊と人生』（一時期、編集印刷兼発行人として編集事務も担当する）をはじめ、『日本及日本人』『実業の日本』『旅』『風俗研究』『書芸』『少年倶楽部』などにも種々の論考を寄稿している。

一九一七～一九一八年、出口王仁三郎（でぐちおにさぶろう）や浅野和三郎と会い、大本教（当時の名称は皇道大本）に急接近した。信者というわけではないが、思想や生活面で大いに影響を受けた。東京移住後に大本教の機関紙『人類愛善新聞』の記者となったのも、出口との縁故からである［西島 二〇一七］。また初の単著『霊怪談淵』は友清歓真（ともきよよしさね）の編集になる『幽冥界研究資料』の第二冊として刊行された。友清は古神道系の宗教団体天行居（後に神道天行居と改名）を創設した人物で、大本教信者でもあった。

関東大震災後、東京に居を構えており、晩年は東京都新宿区に在住した。しかし、太平洋戦争末期の東京大空襲後、消息を絶った。この時、一家もろとも死亡したらしい［西島 二〇一七］。

妖怪学のきっかけ

岡田の実家や親戚筋では昔から怪異現象がしばしば起きたようで、それらを常々体験者から聞かされたという［岡田 一九二七］。しかし、新聞記者になった頃までは幽霊や天狗、狐狸などの超自然的な存在には否定的であった［同］。ところが、松陽新報社時代にはそれらを信じるようになり、ついには『彗星』を発行した。彗星は「天界の怪物」であり、今日の人間界の危機に当たって、「人界の一彗星を以て」現れるという信念で発行をはじめたものである（「発行の辞」）。社会に警鐘を鳴らし、社会改善を目指す方針で始めたものであるが、一九一四年頃から心霊研究に傾倒していくようになった。西島太郎は、そのきっかけを、平井金三『心霊の現象』(一九〇九年)の読書体験と念写の発見が大きいだろうと推測する[西島 二〇一七]。

岡田は妖怪学、妖怪研究という立場を採っていたわけではない。死後、霊魂はどうなるのかという、心霊研究が彼の最大の関心事であった。その延長で妖怪を扱うこともあったのである。心霊に関する本格的な論考は、自ら主宰する雑誌『彗星』五〇(一九一五年一月)から連載される「死後の霊魂の研究」以来のことだろう。妖怪を明確に取り上げたものは一九二五年八月、九月刊行の『日本及日本人』に連載された「現代の超科学的怪奇現象(上・下)──湖水の妖怪と寡婦の女行者」だろう。もっとも、本稿は前年『心霊界』一─八、一〇、一一に掲載された「瀧姫の霊と女修行者(一〜三)」を踏まえている。

人間の霊魂ではなく、動物霊を扱ったものは、稲荷信仰に関わるものになるが、一九二六年五月刊行の『科学画報』六─四掲載の「野獣観察　狐は不思議な獣」が早いものとなる。

妖怪学の成果

岡田は、他の多くの心霊学者と同様に、妖怪そのものは研究の対象外であった。しかし、超自然的な現象の調査研究の一環として文献資料を渉猟し、体験談の聞き書きを行った。その中に動物妖怪(動物霊)を主とする妖怪の事例が散見される。要するに妖怪学・妖怪研究を目的とするものではない。しかし、岡田の持論とする反自然科学的な論述はともかくとして、彼の集めた事例は「事実」「証拠」として**柳田國男***を感心させるものであった[柳田 二〇〇七]。幾つか具体的に示してみよう。

まず『霊怪談淵』は幽冥界の研究資料として公刊されたものである。これには山童・疫神・抜け首・金精（金神）・火車・赤達磨・天狗・天狗囃し（の一種）・天狗笑い（の一種）・天狗の太鼓（の一種）・牛鬼・石降り・樹精・騒霊・怪火・種々の器物妖怪などが取り上げられている。また、『動物界霊異誌』は蝦蟇・猫・河童・狐・狸及び貉・外道・蛇、それぞれにつき、解説・事例（明治以降）・古人の記述の三項目に分けて記述したものである。『霊怪真話』も実話集の体裁を採ったもので、蝶や蛙、ナメクジ、蛇、ウナギ、怪鳥、イタチ、狐といった動物の怪異や鬼、天狗、怪人、怪火などが取り上げられている。

柳田國男はこれらの論著の論述部分ではなく、紹介される事例に価値を見出していた［柳田 二〇〇七］。言い換えれば、岡田の心霊学それ自体ではなく、データとして掲げられる事例の資料性を高く買っていたわけだ。古代から近世にかけての文献ばかりでなく、島根や東京を主とする岡田自身による聞き書きが生きた伝承として民俗学的に有意義だったのである。

自然科学は万物を解説できない未熟な学問であるという強い信念を岡田は抱いていた。それを否定する人は、真実の霊怪現象に接触したことがないために、幻覚や錯覚として一蹴すると批判する（『霊怪真話』序文）。すべての生物には精神力がある。狐狸や蛇、蝦蟇などは体力が弱い分、精神力が富み、狐などはそのために猾智が進んでいるからである。ただの動物としか見えないのは、その研究が未熟であるか、観察の出発点が誤っているのだという（『動物界霊異誌』「現象に対する著者の見解」）。

岡田は自然科学では説明できない現象にも真実が

あると考えた。霊魂の神秘に魅せられ、それを探究し、その枠組みで動物霊を主とする妖怪に及んだわけである。

後世への影響

妖怪研究や創作の領域への影響はほとんど見られないようだ。岡田の著作は一九九〇年代後半に至ってようやく復刻されることとなった。『動物界霊異誌』が一九九七年に『柳田國男の本棚』六（大空社）に、翌九八年に『庶民宗教民俗学叢書』四（勉誠出版）に収録された。さらに同じく九八年に『霊怪真話』（八幡書店）、二〇〇〇年に『奇蹟の書』（八幡書店）、『妖獣霊異誌（動物界霊異誌を改名）』（今日の話題社）が出た。これらは再評価の表れと受け取ることができよう。

（伊藤慎吾）

参考文献

・岡田建文　一九二七「我家で起つた霊怪事」『心霊と人生』四―五

・西島太郎　二〇一七「松江の郷土誌『彗星』主幹・岡田建文の霊怪研究」『島根史学会会報』五五

・西島太郎　二〇一九「岡田建文著述一覧」『松江歴史館研究紀要』七

・柳田國男　二〇〇七「岡田蒼溟著『動物界霊異誌』」『柳田國男集　幽冥談』筑摩書房　＊初出は『東京朝日新聞』一九二七年五月一三日号

答、御飯を炊き、釜から櫃へ飯を取り入れる時の御初穂を土器に盛りて御供へするのであります。

▲問、御飯のない時は如何すれば好いですか。

答、其の時は洗ひ米を少し供へて下さい。

▲問、御供の御下りは何うすれば宜しいですか。

答、御供物の御下りは家内一同にて戴いて下さい。

▲問。牛肉を思はず知らず食(た)べましたが何うしたものでせう。

答、牛肉を食したる時は直に後でミカン又はリンゴ柿類を食べて、口を塩水にて清めて下さい。

▲問、牛肉以外の魚肉鶏兎其他獣肉はいけませんか。

答、差支へありません。

▲問、御棚は家の都合で南向に出來ませんが、必ず南に限りますか。

答、南向が六ケしければ、東向にして下さい。

▲問、御供を家内にさせてはいけませんか。

答、差支ありません。

▲問、或る重要事件で妻を差遣しますが、其際管狐様を妻に懐中させて御利益があるでせうか。

答、管狐様は受けられた御本人以外が懐中されては効果はありません。

藤田宣彦『霊狐秘録』(1928年)

藤田宣彦は誠光教の創始者で、広島市の杉姫稲荷・光照稲荷の霊狐・管狐を全国各地に通信販売もしていた。「祭祀使用の問答」として、大量の具体的な質疑応答のコーナーも掲載されているほか、全国各地からの「病気が快復した」あるいは「頼母子講で当たった」などの礼状文面を掲載している。明治中期から昭和初期にかけて、このような団体は多数存在していた。【泉】

第一部　戦前編

田中貢太郎

たなか・こうたろう（一八八〇～一九四一）

怪談実話の先駆けは土佐のいごっそう

知る人ぞ知る作家

作家である。井伏鱒二を世話したことでも知られ、仲人も務めている。[1]とはいえ、中高の国語の授業で習うこともないであろうし、日本文学全集の類にも作品が載らず、あまり知られていないのではないか。いや、本書を読む方は知っているかもしれない、というのは、怪談作家としては読まれているからである。翻案も多く、近世の怪談から材をとったものも多い。泉鏡花（いずみきょうか）、岡本綺堂（おかもときどう）らと並ぶ「読本・歌舞

略歴

別号に桃葉。高知県生まれ。小学校を三年で中退後、漢学塾で学ぶ。教員・新聞記者を経て上京。一九二九年、時代小説『旋風時代』の連載で人気を博す。翌三〇年、『聊斎志異』、一九三四年に『日本怪談全集』、一九三八年に『新怪談集　実話編・物語編』を著し、広範な怪談を再話し世に広めた。また尾崎士郎や井伏鱒二らと随筆雑誌『博浪沙』を発刊。一九四一年没。

伎・講談・落語などの近世文学・近世文化の延長線上にある怪談文学」と評されている。[2]

田中貢太郎は復刊が多いが特に、幻想文学を中心にしたアンソロジストの東雅夫（ひがしまさお）がよく取りあげている。東雅夫編『伝奇ノ匣 6 田中貢太郎 日本怪談事典』などが二〇〇三年に出ている。

他にも河出書房新社の『日本怪談実話〈全〉』（二〇一七年）や、いろいろな本から再編成された『戦前の怪談』（二〇一八年）などがある。

田中は需要に合わせたびたび復刊しては怪談愛好家に読まれ愛されることとなる。[3] 絶版にはなるものの、また求める声から繰り返し世に現れる。同時代に万人に受けるタイプというよりは時代ごとの怪談好きの読者に読まれるタイプの作家のため、これからの時代にも読まれるだろう。青空文庫に多数の作品があり、ネット上では朗読動画なども散見される。近年の漫画化作品に近藤ようこの漫画『蟇の血』（KADOKAWA）がある。

翻案小説

一九一八年、『魚の妖・蟲の怪』を中央公論に載せた。その怪談の評判がよかったので、あちこちから怪談を頼まれるようになる。中国怪談の一時代を築いた。中国、明末の怪奇小説として有名な『剪燈新話』『聊斎志異』の早い時期の訳者として田中は知られている。ほかにも国内外問わず古典に取材した作品が多い。

「民話」あるいは怪談実話その一、書物からの引用

ここからは妖怪好きのために田中をあえて「民話」へ引き寄せて紹介してみたい。[4] 紙面に余裕がないが、本稿の別の作家と比較も面白いかもしれない。

田中は、今日では「民話」という扱われ方をするような話も再話していた。有名どころで言うと、田中の「炭取り」や「月光の下」は**柳田國男***の「遠野物語」が元だろう。ほかにも田中の「貉」は**小泉八雲***のリライト作品だと考えられる。

他にフォークロアの例として、福井では柴田勝家の霊が首無し馬に乗って徘徊するとされ、そのため旧暦の四月二四日には出歩かないという「物忌みの習俗」があった。このことは民俗学の雑誌にたびたび報告されている［永島 二〇一七］。

田中貢太郎は「首のない騎馬武者」というタイトルでこれについても書いているが、これはおそらく自身で聞いた話の再話ではなく、民俗学関係の報告の再話だろう。田中の「首のない騎馬武者」のストーリーでは亡霊と遭遇したことを人に語ることで血を吐いて死ぬ。こうした展開は、管見では寺門良隆の「首無し行列の話」（『郷土研究』二巻九号 一九一四年）に、共通しているのでそこから採ったのではないかと考えられる。

この事例は、民俗学的には「物忌みの習俗」が重要だろうが、田中の作品「首のない騎馬武者」ではそうした習俗の記述が失われている。あくまで怪談であり、民俗資料ではないから当然なのだが、田中の作品を民俗学の論文でそのまま使うのはこうした難しさがあることに留意したい。[5]

それでも魅力的な資料であることは間違いなく、田中のような貪欲に話を収集するスタンスでなければ拾われない話がある。例えば、実話を取材した『日本怪談実話』（元は昭和十三年改造社の『新怪談集　実話編』）は注目の作品だ。誰から聞いた話か、どこの新聞の出典かなどが明記してある。高木敏夫の『日本伝説集』、今野圓輔の著作、松谷みよ子の

わたなべまさこの漫画、原作は田中貢太郎「黄燈」（2021「真夏の怪談ドラマチック愛と涙９月号増刊」から引用、初出は1996）

『現代民話考』などを思い起こさせる。現に松谷みよ子の『現代民話考』（松谷　二〇〇四）の、「遭難した学生（B君）が写真に写ったということになり、学生の家族に見せたという話」は田中の『日本怪談実話』からの引用である。

「民話」あるいは怪談実話その二、土佐の民話聞き書き

さらに田中の地元の聞き書きの側面を記しておきたい。田中は土佐の生まれであり地元で聞いた話を怪談として記している。まさに、身近な生活から自分で聞いた民話とも言えよう。田中の「村の怪談」には「狸」「しばてん」「犬神」などの地域色が感じられる話が記録されている。「怪談覚書」として土佐の天狗や土佐の荒倉山の狸の話など短い記録もある。

その中でも「村の迷信」（「鷲」のタイトルになることもある。『日本怪談全集』2巻　桃源社　一九七

〇年）という作品を紹介したい。筆者の子どもの頃のエッセイのようなもので、妖怪好きのために少し抜き出す。

例えば「森の社には、笑い婆という妖婆がいて、人を見ると笑いかけた」とある。高知県には山中で笑う怪人の例は多く報告されるがその一例だろう。また柳田の妖怪名彙にもある妖怪だが、「高知市の北になった法華（ママ）堂と云う山の方から飛んで来る陰火は、新しいおろしたての草履の裏に唾を吐いて、それで「法華堂の陰火よう」と、云って招くと陰火は見えていてもいなくても必ず傍へ来て燃えた。その陰火は法華堂のあたりで大事な手紙を無くして斬られた飛脚の魂で、今にその手紙を尋ねているので、「状がここにあるぞう」と、云って呼んでも来るのであった。」という陰火（ケチ火）の記述がある。[6]当時の高知県では有名だったのだろう。

再評価

小松和彦編『妖怪文化研究の最前線』（せりか書房、二〇〇九年）には鈴木貞美「怪奇の文化交流史の方へ：田中貢太郎のことなど」として田中の『怪奇物語』からアジアの怪談との文化交流を捉えようという論文が出される。

また、二〇一二年に一柳廣孝らによって活動が始まる怪異怪談研究会は研究会の当初の目的の一つに「岡本綺堂や田中貢太郎などの「怪談」作家の再評価を目論んでいた」という（ちなみにこの会には前述の東雅夫も在籍している）。[7]やはり妖怪学や怪談研究によって見いだされる作家である。

田中に限らず今日（こんにち）も研究と関係なく怪談を集める人たち、あるいは世に発表する人がいる。そうした怪談を取材し、集め、再話する人たちを理解することもこれから必要だろう。

（永島大輝）

注

［1］松本武夫「「へんろう宿」論」『立正大学文学部論叢』一〇七、一九九八年。

［2］三浦正雄「日本近現代怪談文学史年表：昭和戦前・戦中編」『川口短大紀要』一九、二〇〇五年。

［3］幕張本郷猛氏のご教示によれば、田中はもちろん既に亡くなっているが、一九七〇年一〇月一二日号の『少年チャンピオン』にも田中貢太郎の『日本怪談全集』のことが取り上げられている。この時代に今野圓輔ら本書に取り上げられた人々の本も出ており、一つの怪談・妖怪の大衆文化が作られていったわけだ。

［4］あまりこうした前例はないが、花部英雄「『遠野物語』の「海辺の幽霊」に見る口承文芸の特性：「四人四様」の幽霊話」二〇二一『怪と幽』7 KADOKAWA がそれにあたる。

［5］他にも「八人みさきの話」では地元の七人みさきの伝承について書かれているが独自の解釈が加わっている。今日、出版されている「怪談実話」や「実話怪談」などと呼ばれる作品群を民俗資料にできるかという問題にも連なるだろう。

［6］高知県出身の民俗学者常光徹は「「土佐お化け草紙」の俗信的世界」『妖怪の通り道 俗信の想像力』（吉川弘文館 二〇一三年）でこのケチ火について書いている。それによると知らぬものはないほど有名で、江戸後期の絵巻「土佐お化け草紙」や明治期の『土佐化物絵本』上や大正十四年の寺石正路『土佐風俗と伝説』（『日本民俗誌大系』3 一九七四年）にも同様の話がある。こうしてほかの資料と並べても遜色のないものと言えるだろう。また、物理学者の寺田寅彦も少年時代に高知県で、北山の法経堂に現れるケチ火や「えんこう」の話を書いている（『怪異／化け物の進化：寺田寅彦随筆選集』中央公論新社 二〇一二年）。

［7］一柳廣孝「怪異を拓く：清水潤『鏡花と妖怪』と怪異怪談研究の可能性」『日本近代文学』九九、二〇一八年。

参考文献

・伊藤慎吾「総説 近代化と幽霊最盛期」二〇一九『〈生ける屍〉の表象文化史』青土社
・永島大輝 二〇一七「首無し騎馬武者と日時についての一考察」『口承文芸研究』40号、日本口承文芸学会
・東雅夫（編）二〇〇三『伝奇ノ匣 6 田中貢太郎 日本怪談事典』学研M文庫
・東雅夫・石堂藍 二〇〇九『日本幻想作家事典』国書刊行会
・松谷みよ子 二〇〇四『現代民話考12 写真の怪・文明開化』筑摩書房
・真鍋元之「田中貢太郎の生涯」一九七〇 田中貢太郎『日本怪談全集』桃源社

コラム

雑誌『化け物研究』

橘正一（一九〇二～一九四〇）。盛岡の方言学者だ。彼の方言研究は民俗学と不可分であったのだから、今でいう方言の研究にとどまるものではない。しかし、夭逝であったためにその名前を知る人は少ない。一九三〇年から謄写版で『方言と土俗』という雑誌を創刊した。一九三三年に『盛岡猥談集』[1]。一九三六年に『方言学概論』を出した。『旅と伝説』にも怪異妖怪をよく報告している。たとえば「河童神」[2]などは伝説と方言の考察だ。

橘正一（岩手県立図書館企画展「おらほのことば～橘正一没後80年～」展示資料目録）

さてタイトルにある雑誌『化け物研究』だが実は、このような雑誌は、多分、ない。一九三一年に柳田國男によって書かれた「お化けの声」（『妖怪談義』に収録）には「オバケ研究の専門雑誌が、最近に盛岡から出ようとして居る」とあるが、この雑誌が何を指すのか現代の研究者にとって不明であった。[3]

『**芳賀郡土俗研究会報**』*の二巻三号（一九三一年）に『化け物研究』の広告が掲載されていた。柳田が言っていたのはこれに違いない。ところが実際に刊行されたことは確認できない。手に入らないので、橘正一が出した他の文から想像してみよう。「アマノジャクとアモジョ」（『方言と土俗』二巻六号、一九三一年）という論文がある。アマノジャクもアモジョも化け物の名前だ。アマノジャクに関する事例報告を多数並べ考察している。例えば、芳賀郡でアマンジャクは蛹（さなぎ）の一種で、壱岐ではアモジョー[4]という虫がいて、またお化けを表す小児語でもあるという。つまり虫にオバケの名前がついていることを方言や幼児語から考察するものだ。[5]

月刊雑誌「化け物研究」の創刊
会費廿五銭
発行所
盛岡市新馬町
橘正一
振替仙台四五五三

月刊雑誌『化け物研究』の創刊とある広告

本山桂川（もとやまけいせん）[6]と出した『人獣秘譚』[7]（日本民俗研究会、一九三〇年）の「シタクチバナシ」では艶笑譚や習俗から古い信仰や宗教者の姿を描こうとしている。たとえば、お盆の精霊は子どもの背におんぶしてお墓から家に迎えられる（日本各地に見られる習俗で、墓の前で後ろに手を出し背負う動きをする）のは仏教以前は巫女を送迎したのだから当然だという。「徳島のオッパショ石」[8]も同じ系統だと述べる。今日から見れば納得しかねる部分もある。しかし、背負うという行為に目を向け、事例を集めるのは今の研究にも通じる視点だ。[9]

ほかにも道祖神の縁起が信仰を失い猥談になるということを書いている。妖怪も猥談も信仰の零落と考えたようである。

民俗学にとって消極的な扱いになった艶笑譚を再び研究の俎上に引き戻した可能性もある。[10]

橘正一が長く生きたならば、今の世にはない『化け物研究』が生まれていたのだ。

（永島大輝）

注

[1] 高橋勝利『南方熊楠「芳賀郡土俗研究」』（日本図書刊行会、一九九二年）にも収録されている。

[2] 「旅と伝説」三年八月号（通巻三二号）三元社、昭和三年（一九二八）。『完全復刻旅と伝説』6（岩崎美術社、一九七八年）。

[3] 柳田國男（著）・小松和彦（校注）『新訂　妖怪談義』（角川学芸出版、二〇一三年）にも「どのようなものであったのか不明」とある。

[4] 山口麻太郎『壱岐島方言集』（刀江書院、一九三〇年）によるものだろう。ちなみにこの虫は琉球では「ハークス・ウニ・グヮー」といい「歯糞小鬼」の意味だというのは伊波普猷の「琉球語と壱岐方言との比較対照」にある（『旅と伝説』四年一月号（通観三五号）、一九三一年。『完全復刻旅と伝説』7、岩崎美術社、一九七八年）。

[5] 和歌山の河童研究の大家、和田寛はタガメを「ガタロ（河童）」と呼んでいたことから河童に興味を持ったそうだ。今井秀和は家で皿屋敷のヒロインの名がついた「お菊虫」と呼ばれた虫（ジャコウアゲハ）を育てていて私も見せてもらった（今井秀和「お菊虫伝承の成立と伝播」『妖怪文化叢書　妖怪文化研究の最前線』せりか書房、二〇〇九年）。虫の名前、あるいは虫と妖怪は埋もれた資料が多そうである。

[6] 本山桂川（一八八八～一九七四）も民俗学者、妖怪研究者にとっては興味深い人物であろう。膨大な著作があり、交流記録も多いがまだまだ謎の多い人物である。

[7] 磯川全次『性愛の民俗学（歴史民俗学資料叢書三―三）』（批評社、二〇〇七年）に収録。

[8] 墓石がオッパショ（背負ってくれという方言）という声を出したという話が徳島にある。笠井新也『阿波伝説物語』（一九一一年）や、それを引用した柳田の「妖怪名彙」に載っている。

[9] たとえば、しぐさについての研究史は常光徹『しぐさの民俗学――呪術的世界と心性』（ミネルヴァ書房、二〇〇六年）にまとまっている。

[10] 艶笑譚の研究については、飯倉義之「日本色話大成序説――研究史の整理から」（『国学院雑誌』一一九―一〇、二〇一八年）に詳しい。

参考文献

・磯川全次『独学の冒険――浪費する情報から知の発見へ』二〇一五　批評社

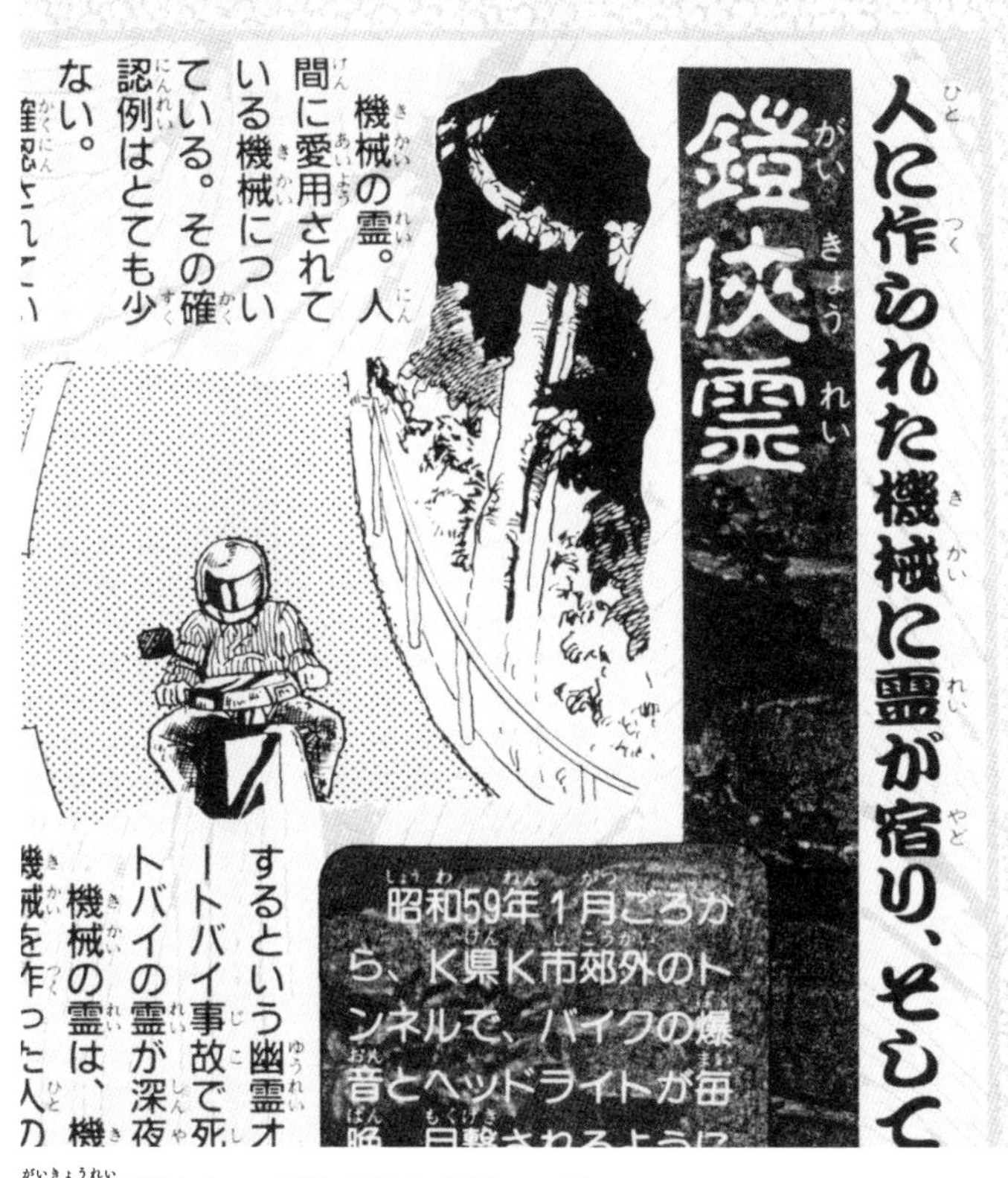

人に作られた機械に霊が宿り、そして

鎧侠霊

機械の霊。人間に愛用されている機械についている。その確認例はとても少ない。

昭和59年1月ごろから、K県K市郊外のトンネルで、バイクの爆音とヘッドライトが毎

するという幽霊オートバイ事故で死トバイの霊が深夜

機械の霊は、機

鎧侠霊（『迫り来る!! 霊界・魔界大百科』1987年）

いろいろな霊についてをまとめたコーナーで紹介されている特殊な名称の例。機械に宿る霊という解説だが、その特殊な名称がどこから来ているのかはハッキリしない。1980年代は、付喪神という単語が器物に関する妖怪・幽霊・精霊を示す総称として、まだ1990年代以降のようには創作・一般の領域で用いられにくかったという歴史も、このような命名（？）からうかがうことが出来る。「ケイブンシャの大百科」の項目も参照。【泉】

〈妖怪学名彙〉

化物会（ばけものかい）

早すぎた妖怪趣味研究会

明治後期頃は、文明開化・近代化という時代の流れの裏側で、妖怪・幽霊が多く取り沙汰され、各方面で様々な形で流行した時代でもあった。最も有名なものは**井上円了**＊による妖怪研究であろう。井上は仏教哲学の視点から『妖怪学講義』『妖怪玄談』などを記し、また明治二六年（一八九三）には「妖怪研究会」を設立するなど、哲学や科学によって妖怪や迷信、俗信の打破を目指した。この「妖怪学」は民間にも広く影響を及ぼし、この時期の流行の源流になったと考えられる。また、文芸・芸能関係者を中心に、百物語などの怪談会が流行した時期でもあった。泉鏡花や喜多村緑郎といった、各界の文化人が夜通しの怪談を行い、それが新聞紙上でも紹介されることもあった。このような流行の中で、「妖怪学」とは異なる視点から妖怪・幽霊を考察するという同好会が結成された。それが『讀賣（よみうり）新聞』紙上で活動した「化物会」である。

明治四〇年（一九〇七）七月七日、『讀賣新聞』に「化物会」の結成が発表され、第一回会合の速記記事連載が予告された。その広告によると、「化物会」

の趣旨は、

> お化は居るものとか居ないものとかいふ様な野暮な研究にあらず。昔からあると伝へられたるお化を利用して学術に関する多趣味多方面の新式研究を試むるもの。[1]

とされ、同時代の井上円了を中心として展開されていた「妖怪学」の目的とは異なるということが言外に示されている。

七月一五日には仮規則も紙上で定められ、これ以降、予告された通り「妖怪側面観」という題名で記事が連載された。その内容は、第一回会合に集った**坪井正五郎***、芳賀矢一、鳥居龍蔵といった面々の演説と座談会の速記記事であった。日本における人類学の草分けである坪井はこの演説で、

> 着物でも上衣のことに付ては規則を定めることが出来るが、下着まで規則で定めることはむづかしい、燕尾服を着て来いとか、フロックコートを着て来いといふとは出来るが、股引シャツをどういふものにしろといふことは出来ない、それで見ることの出来ぬ、蔭に隠れて居る信仰はいつまでも遺つて居るものである、人種の比較をする時に大人のする事より子供の遊びの方が役に立つ、又表の事より裏の事が役に立つやうなもので、理学上などは学問上よりも蔭に隠れて居る幽霊とかお化とかいふやうなことが価値のあることだらうと思ふ。[2]

と語っており、また、坪井の弟子である鳥居も、

> (前略)それ故にお化の画とかお化の本などを見ますと、其社会が一方に表はれて居るのでありまして、心の影が能く映つて居る、さういふ点を調べて見たいといふ感じがあつて、其儘になつて居りますが、斯ういふ会が出来ますと大

▲豫　告

妖怪側面觀

▲お化は居るものか居ないものかといふ様な野暮な研究にあらず
▲昔からあると傳へられたるお化を利用して學術に關する多趣味多方面の新式研究を試むるもの

（近日より掲載）

我社の同人發起と爲り、時々會合して幽靈お化等に關する趣味ある研究をする事にした。否、寧ろ幽靈やお化けの如き妖怪を材料として文學、史學其他諸般の學術を研究する事にした。其第一會は兩三日前催したが、席上坪井理學博士、芳賀文學博士、鳥井龍藏氏等の面白くして且有益なる講演があつた。目下其速記録の校正中であるから、近日讀者諸君に御目にかけます

図1　讀賣新聞七月七日朝刊の化物会予告（『讀賣新聞』明治40（1907）7月7日　朝刊5ページ「ヨミダス歴史館」から引用。以下同）

▲廣　告

化物會假規則

化物會の假規則を左の通り相定め候間此段會員諸君へ報告致候

七月十五日　假幹事

一、名稱、位置　本會を化物會と稱し當分の中其事務所を東京銀座一丁目一番地日就社内に置く
一、目的　本會の目的は古來存在せるものとして傳へられたる幽靈化物等の怪物と文學史學哲學生物學醫學及び其他人事百般の關係を研究するに在り
一、入會　會の名譽を毀損する如き者にあらざる限りは何人も會員たるを得べし
一、地方支部　會員百名以上ある地方に於ては支部を設くるを得
一、會費　集會に出席する場合の外會費を要せず（集會の時日、會費額等は其都度讀賣新聞紙上にて廣告すべし）
一、報告　本會に關する一切の記事報告等は讀賣新聞紙上に掲載すべし

図2　七月一七日掲載の「化物会仮規則」（『讀賣新聞』明治40（1907）7月17日　朝刊5ページ）

変面白いことであつて、私の集めて居ります材料も大変生きて来るといふやうなことがあり、又一方には坪井先生が懇々御話がありました如く、各民族人種の上に於ける精神的の形勢などを見るには、妖怪とかいふことは最も面白いことであつて、是に因つて民族の心理的の性質の或部分を見ることの便りにするのであります。[3]

として、幽霊妖怪について調べることが、人類の研究、その中でも精神的な部分の研究に役に立つだろうとい

うことを示している。

　これらの速記記事の後、紙面では妖怪研究のための質問リスト「妖怪質問條項」[4]や、白鷺庵主なる人物による「妖怪地理」の連載が続いた。また、これら「化物会」の連載記事が掲載されていた時、それと並行して「珍怪百種」という妖怪の絵も連載されていた。七月一七日から九月五日にかけて『**画図百鬼夜行**』*『稲亭物怪図説』などから模写した絵が連載され、その一部には「幽冥路写」と記入された、竹久夢二（たけひさゆめじ）による模写とみられるものもある。[5]しかし、連載開始から二ヶ月後の九月には関連する記事が掲載されなくなり、「化物会」の活動は終息してしまった。

図3　珍怪百種：野落狐（画：英林斎定雄）「幽冥路写」の記入あり（『讀賣新聞』明治40（1907）8月10日　朝刊5ページ）

　このような同好会が結成された背景には、前述のような妖怪・幽霊に関する流行があった事と同時に、研究者たちの間で様々な「趣味」の交流が多くあった事も考えられる。第一回会合に参加していた坪井、鳥居は帝大の人類学教室だけでなく、「集古会」「流行会」といった学問色を有する道楽の同好会にも参加しており、様々な分野の研究者や文化人との繋がりを有していた。「化物会」もまた、こういった趣味同好会の一つとして、新聞を媒体に交流を広げることを目指していたと考えられる。

長期的な活動を見越してか、全国から会員を募り、各地の妖怪伝承を集めようとしていた「化物会」だったが、発足から二ヶ月で紙面から消滅し、なんら告知もなく自然解散してしまったと思われる。ここで提唱された論説などが後に続く妖怪研究に継承された事実もなく忘れられていったため、この「化物会」が妖怪研究の歴史に影響を残した可能性は限りなくゼロに近い。しかし、**柳田國男***が民俗学という分野で妖怪を取り上げるより以前、井上の「妖怪学」と並行する形で、このような妖怪研究そのものを趣味として楽しむ潮流が存在したという点は注目に値するといえるだろう。白鷺庵主は「妖怪地理」において、次のように記している。

> 吾等がここに発表する妖怪の研究は、井上圓了氏の、それとは全然性質を異にするものであることを断つて置かねばならぬ。妖怪の有無を弁明したのは、昔の事、日露戦役後の今日に於ける妖怪の研究は、更にヅット進歩した性質のもので、則ち妖怪は、妖怪として有の儘でこれを研究することで無くてはならぬ。妖怪研究の結果は、民族研究、文明史及び文学等に貢献することが多大であると信ずるが、その外に、妖怪研究は非常に面白いものである。コンナ面白い研究は外にはあるまい。妖怪研究は智識であり、且つ趣味である。[6]

また、芳賀矢一が「妖怪側面観」に記載された演説において、

> 私は予て伝説フォルクローアといふやうなものを研究したいと思つて居りますが、まだ十分研

究の暇もありませず、もう少し材料を集めて研究を重ねたいと思つて、唯今は今昔物語の出典を調べて居りますが、これもまだ十分にゆかぬ位なことでありますから、別段御話することも無いのであります。唯さういふ考を持つて居ました所から、この会があるから来いといふ御話を受けまして、さういふ同志の御方があれば誠に結構なことである。[7]

と、「フォルクローア」すなわち「民俗学」を今後研究したい、と語っている点も注目したい。この「化物会」から五年後の大正二年（一九一三）、石橋臥波が中心となって発会した「日本民俗学会」に、芳賀は坪井、鳥居と共に参加している。この「日本民俗学会」は現行の一般社団法人・日本民俗学会とは異なる会であり、柳田國男らは関わっていないが、前述の井上や白鳥庫吉、白井光太郎、高木敏雄、**南方熊楠***など、そうそうたる面々が関わっていた。しかし、この会の活動も機関雑誌『民俗』を三年間で全五回刊行するのみで活動が終息してしまう。柳田が「民俗」という言葉を積極的に用いていなかった時期に「民俗」を前面に出した研究組織として認識されているが、「化物会」における活動と交流が、芳賀や坪井に「民俗」を意識させる機会の一つであったのではないかとも考えられる。

妖怪研究の歴史という流れにおいて、後に続くことがなかった傍流と呼ぶべき「化物会」であるが、当時の妖怪に対する「ある視点」を持った組織として、ここで紹介をしておくものである。

（毛利恵太）

注

［1］『明治の讀賣新聞における「化物会」の活動について』五

頁、讀賣新聞の明治四〇年（一九〇七）七月七日掲載。

［2］『明治の讀賣新聞における「化物会」の活動について』二四頁、讀賣新聞の明治四〇年（一九〇七）七月二二日掲載。

［3］『明治の讀賣新聞における「化物会」の活動について』三五頁、讀賣新聞の明治四〇年（一九〇七）七月二十日掲載。

［4］讀賣新聞の明治四〇年（一九〇七）七月三一日から八月二日の間に掲載された。

「読者諸君に白す。化物会の規則はしばしば本紙上に公にしたれば、妖怪研究の目的は既に諒とせられしならん。然れども、いかなる法式にしたがつて妖怪研究の報告を為すべきやは或は知らんと欲する所なるべし」

「此に掲ぐる質問條項は、妖怪研究の標準を指示する所以にして、会員諸君は、この條項に随つて、探求の結果を報告せられんことを希望す。此外必要の項目を発見せらるゝに於ては、是亦、速かに高教を賜へ」として「性……男性、女性、若しくは両性を有するか」「容貌風采は如何……美、醜、大、小か。場合によりて変化するか」「妖怪の性格……滑稽的か。獰猛か。快活か。陰鬱か。勤勉か。狡猾か。怠惰か。機敏か。痴鈍か」

など、全三二項の質問が並べられている。

［5］竹久夢二（一八八四～一九三四）は特徴的な美人画で知られた画家。明治四〇年（一九〇七）から二年間、讀売新聞社に在籍し、紙面で挿絵などを描いていた。

［6］『明治の讀賣新聞における「化物会」の活動について』五二頁、讀賣新聞の明治四〇年（一九〇七）八月五日掲載。

［7］『明治の讀賣新聞における「化物会」の活動について』二六頁、讀賣新聞の明治四〇年（一九〇七）七月二三日掲載。

参考文献

・大藤時彦　一九九〇　『日本民俗学史話』三一書房
・小池淳一　二〇一一　「雑誌と民俗学史の視覚　石橋臥波の『民俗』と佐々木喜善の『民間伝承』」『国立歴史民俗博物館研究報告』一六五
・松籟庵　二〇一八　『明治の讀賣新聞における「化物会」の活動について』私家版
・東雅夫　二〇一〇　『遠野物語と怪談の時代』角川学芸出版

「珍怪百種　我慢上人」（『讀賣新聞』1907年8月4日朝刊）

英林斎定雄については詳細不明であり、これらの絵の出典も不明。「珍怪百種」で取り上げられた三点の妖怪画は、いずれも「幽冥路写」の記入がなされている。【毛利】

「珍怪百種　江戸錦」（『讀賣新聞』1907年7月27日朝刊）

元絵は山東京伝『小紋雅話』から。『小紋雅話』には「六月朔日こまごみあさくさよりいづるこれもえどのめいぶつじゃぁないじゃぁないじゃぁないか」という詞書も記されている。【毛利】

〈妖怪学名彙〉

心霊学（しんれいがく）

心霊研究の延長としての妖怪研究

概要

心霊学（Spiritualism）は霊魂、特に死後の霊魂に関する研究を専ら行う学問である。その一環として、霊魂の存在の証明や交流に力を注ぎ、研究者自身、実践的な活動を積極的に行った。もともと一九世紀に欧米で起こり、活発化していったもので、日本には、脱亜入欧の風潮の中で、新たな文物とともに、科学の一派として受け入れられることとなった。写真もまた最新技術の一つであったから、最新の霊魂研究を、最新の技術の粋を集めた写真機で行う念写は極めて前衛的なものであったろう。その一方で、日本では従来の神道思想や国学との親和性が強く、平田篤胤（あつたね）はもちろんのこと、幕末明治期の敷田年治（しきだとしはる）などの影響や同時期の物集高見（もずめたかみ）や宮地厳夫（みやじいずお）との思想的な近似性が認められる。彼らもまた霊魂の行方の研究をし、神界や神仙界などを呼ばれる異界を想定していた。この流れは**柳田國男***や折口信夫（おりくちしのぶ）をはじめとする民俗学的な妖怪研究にも受け継がれていった。

脱亜入欧の時代、欧米列強の新しい科学思想として、様々な分野の知識人がこれに接した。たとえば写真技術と融合した心霊写真についてみると、工学博士下村孝太郎（しもむらこうたろう）はその著書『霊魂不滅観』（一九二二年）の中で、欧州では第一世界大戦以降に幽霊の写真を撮ることが盛んになっていったが、「現今の場合は尚ほ真偽実詐混合して研究の材料を取捨するの困難、尋常にあらず」という状況であるという。工学博士の中にも、心霊写真そのものを否定してはいない人物がいたのである。

さて、日本における心霊学の発展に寄与した人物として挙げるべきは、浅野和三郎（一八七四〜一九三七）・福来友吉（ふくらいともきち）（一八六九〜一九五二）・**岡田建文***・下村孝太郎であり、戦後では宇佐美景堂（うさみけいどう）であろう。関係組織としては心霊科学研究会・東京心霊科学協会などが著名である。ちなみに福来の念写実験は鈴木光司の小説『リング』（一九九一年）のモデルとなり、これによって、今日広く知られるようになった。

これらの心霊学者は、何

浅野和三郎『霊界通信　小桜姫物語』（潮文社、2003年） 初版は1937年に心霊科学研究会出版部から刊行された。日本の霊界通信（霊媒の口や筆記を通して現世の人間と交流した記録）の白眉とも言われ、それゆえ、復刻されて今でも比較的容易に読むことができる。幽界には龍神界や天狗界、妖精界などがある。小桜姫（室町末の武将の娘）はそれらを探検し、各地の様子を我々に伝えている。ちなみに妖精は透明な羽の生えた小人という、現代に通じる西洋的な姿かたちをしたものが多い。

らかの新興宗教や神道組織と繋がりをもった者も少なくない。浅野は大本教から出発し、『霊界消息神秘の扉』（一九二一年）の編者伊藤元治郎も同じである。岡田建文もまた大本教の流れを汲む天行居と関係をもつ。宇佐美景堂は皇学館を卒業後に伊勢神宮に奉職し、その中で霊学の修行や研究に目覚め、神職を辞して在野の研究者になったという（『霊通の原理と応用』一九二九年）。

霊魂の存在の実証する学問としての心霊学という基盤があり、その上でそれぞれの新しい教義が成り立っていった。その意味で、心霊学は近代に勃興した多様な思想にあって、超自然的なものを捉える共通基盤であったといえよう。「大本の目的は、神界現界の立替、立直を断行し、理想の天国を建設することになるのであつて、決して単なる霊魂研究に限られたものではありません。只世人をしてこの大神業に奉仕せしむる第一歩として、先づ神霊の実在を認めさせねばなりませんから、この挙に出でたのです。」（『神秘の扉』「大本霊学一夕話」）。

妖怪

心霊学は一見科学を装っているけれども、基本的に唯物的、科学的には解明できない宇宙の摂理の存在を認め、その上で科学的に解明できないことを肯定的に受け入れる態度を採る。霊魂などの霊的存在はその関心の最たるものであり、それに親和する妖怪に対しても自然に許容してきた。とはいえ、近世の戯作に登場する戯画的な妖怪はリアリティがないために対象にはならないが、狐狸や天狗、龍蛇などは盛んに取り上げられた。たとえば大本教では守護神には本守護神と副守護神とがあり、後者に狐狸などの動物霊や天狗・亡霊が含まれる。これらを悪霊や堕落霊なども称するが、一般的にみて、妖怪はこの中に組み込まれているといえよう。してみると、怪奇現象とは彼ら妖怪の仕業であると解釈されるわけだ。妖怪譚は解釈されることで、教義を補強する具体的事例という意味をもつことになる。

また、たとえば岡田建文『霊怪真話』（一九三六年）は実話集として編まれたもので、次の内容から成っている。「透視された怪火災」「神仙の音（実例二）」「位牌に来た四足の怪蝶」「日本一の化物屋敷」「水神は赤蛙」「群馬県の怪人（実例二）」「学者の降参（実例二）」「ナメクヂの空中渡り」「三宝寺池の怪小蛇」「大鰻の祟り」「射のかと叫んだ怪鳥」「鬼のおかみさん」「天狗の弟子」「関屋沢の怪異」「黒鼬の妖」「蛇に支配される温泉（実例二）」「指先から出た怪物」「蛇の妖（実例八）」「闇夜の赤火輪」「狐の怪（実例二）」「粥を似た幽霊」「首無し亡霊の踊り」「三十余個の人魂の行列」「隠形の動物（実例五）」「河童（実例三）」「鞍馬谷の怪異（実例三）」以上。こうした実話の中に、しばしば登場するのが狐や狸といった動物妖怪であり、また天狗や幽霊であった。これらはいずれも近世以来、広く社会に浸透し、当時にあっても実際に見聞されるものであったから取り上げられる機会も多いわけであるが、それらは平田篤胤一派に代表される幕末明治期の幽冥論の述作中にしばしば出てくるものである。それゆえ、今日の妖怪のカテゴリー認識で、ぬらりひょんや唐傘お化けのような他の妖怪と一括しては、彼らの妖怪観を理解できないだろう。

とはいえ、中には牛鬼や河童、火車、人魚、山童のような前時代的な妖怪の話が紹介されることもある。しかし、それらは近時の見聞ではなく、近世の怪談集や随筆などに収録されているものを口語訳することが多い。

こうした本の中に示される妖怪譚は、前近代の文献からの口語訳や伝聞系の話を事例として紹介して解釈するものが少なくないが、中には自身の体験談や霊媒師を通しての交流の記録という体裁を採るものも見られ、それらはあたかも平田篤胤の『仙郷異聞』における天狗との応答を髣髴とさせるものである。要するに超自然的な存在との交流の実体験を記述することで実在性を高めているわけだ。実体験ということを否定されてしまえばそれまでだが、これを信じるならば非常に現実感のあるエピソードとして認識される。様々な伝承妖怪もそうした文脈で実話として蘇るのだ。

このように、心霊学は、その性質上、神秘体験や不思議な現象を事例として収集し、それに解釈、すなわち意味付けを行う作業を行う。心霊学書の中にはそうした不思議な話を集めただけのアンソロジーのようなものが少なくないのはそのためである。

（伊藤慎吾）

参考文献

・一柳廣孝　二〇二一　『〈こっくりさん〉と〈千里眼〉　日本近代と心霊学・増補版』青弓社　＊初版は一九九四年
・伊藤元治郎（編）　一九二一　『霊界消息　神秘の扉』龍吟社
・宇佐美景堂　一九二九　『霊通の原理と応用』神霊学会本部
・岡田建文　一九九八　『霊怪真話』八幡書店　＊初版は一九三六年
・下村孝太郎　一九九八　志村有弘（編）『霊魂不滅観（庶民宗教民俗学叢書4）』勉誠出版　＊初版は一九二二年
・中沢信午　一九八六　『超心理学者福来友吉の生涯』大陸書房
・物集高見　一九二一　『人界の奇異神界の幽事』広文庫刊行会

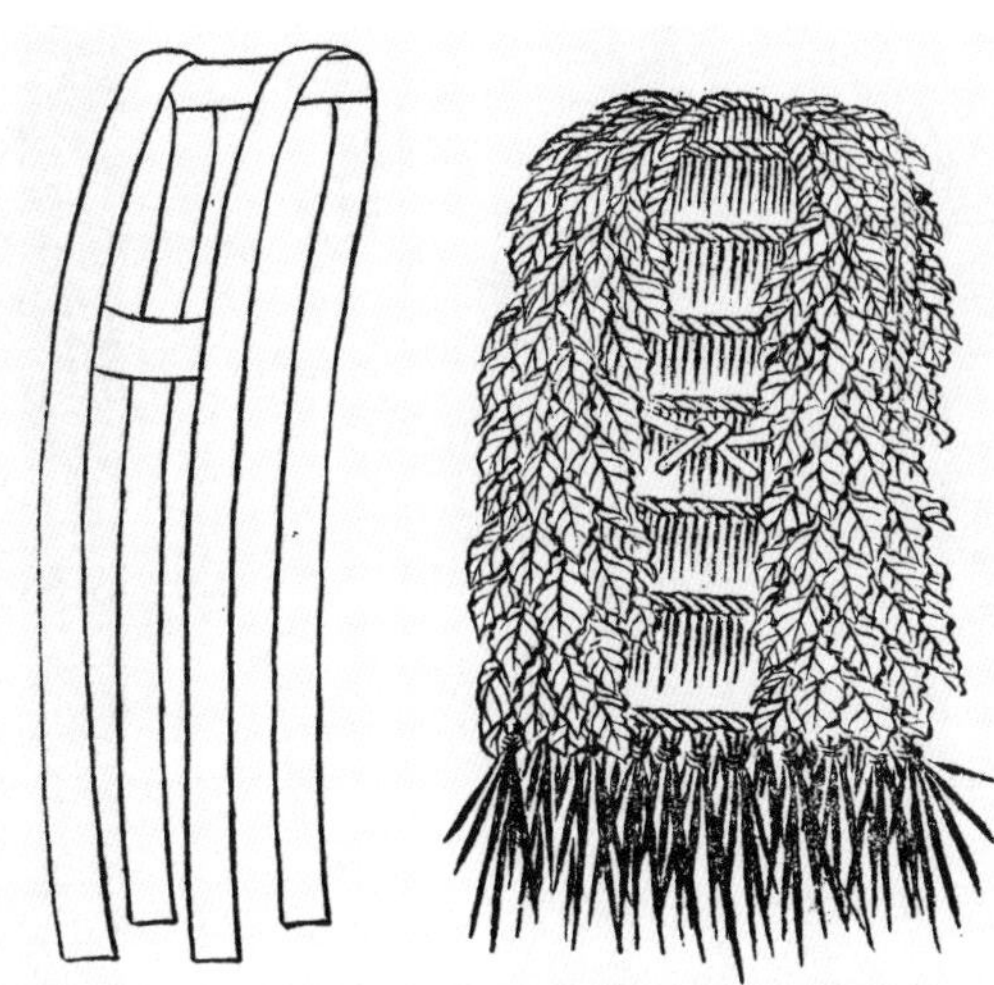

仙界使用の木の葉の蓑　天狗界使用のカナテイ（衣）

仙界・天狗界の衣食についての図

明治時代の仙人・国安普明によるもので、松井桂陰『神の実在と仙人の神秘』(1965年)に掲載されている。平田篤胤以後の幽冥界・仙界・天狗界の様子についての理論や設定は、神仙道・新宗教・心霊研究の場で拡大再生産されつづけており、妖怪のイメージにも地下水脈的に影響や進化を与えてもいる。【泉】

第一部　戦前編

〈妖怪学名彙〉

「妖怪名彙」

ようかいめいい

怖畏と信仰との関係を明かにして見たい

概要

柳田國男*が一九三八年から三九年にわたって雑誌『民間伝承』誌上に連載し、後に自著『妖怪談義』（一九五六年）に収録した各地の怪異妖怪伝承の事例集。全八〇項目。『妖怪談義』収録の「妖怪名彙」の配列は『民間伝承』掲載順になっている。

柳田は「妖怪名彙」の発端に、「怖畏と信仰との関係を明かにして見たいと思って、所謂オバケの名前を集め始めてから、もう大分の年数になる。まだ分類の方法が立たぬのも、原因は主として語彙の不足に在ると思うから、今少し諸君の記憶にあたって見たい。或は時期が既に遅いかもしれぬが」と述べている。妖怪が日本人の信仰意識とどうかかわってきたのかを解明したいと考えていた。後年、『妖怪談義』の「自序」にも「我々の畏怖というものの、最も原始的な形はどんなものだったろうか。何がいかなる経路を通って、複雑なる人間の誤りや戯れと、結合することになったのでしょうか」と述べている。このような問題意識から関連語彙を集めてきたが、その量が不十分であるから、広く事例を募るべく、日本各地の伝承を報告してもらうことになったのである。

各項目は、各地の採集事例（聞書き及び報告書）を中心にまとめているが、近世・近代の文献資料も用いられている。ただ、近世の文献は『真澄遊覧記』（秋田）、『利根川図志』（千葉）、『摂陽群談』（大阪）、『大和昔噺』（奈良）、『紀伊国続風土記』（和歌山）、『碌々雑話』（広島）、『芸藩通志』（広島）などわずかな例しかなく、近代の採集記録を重視する姿勢が明確に見える。なお、**井上円了***『妖怪学講義』（長野・ミノムシ）や**『芳賀郡土俗研究会報*』**（栃木・シズカモチ）も利用されている。

民間傳承　昭和十三年六月二十日發行　（12）

妖怪名彙

怖畏と信仰との關係を明かにして見たいと思つて、所謂オバケの名前を集め始めてから、もう大分の年數になる。まだ分類の方法が立たぬのも、原因は主として語彙の不足に在ると思ふから、今少し諸君の記憶にあたつて見たい。或は時期が既に遲いかも知れぬが。

分類には二つの計畫を私はもつて居る。その一つは出現の場所によるもの、是は行路・家屋・山中・水上の大よそ四つに分けられる。行路が最も多く、從つて又最も茫漠として居る。第二には信仰度の濃淡によるものだが、大體に今は確信するものが稀で、次第に昔話化する傾向を示して居る。化物が有るとは信じないが話を聽けば氣味が惡いといふものが其中間に居る。常の日は否認して居て、時あつて不思議を見、やゝ考へ方が後戻りをするものが是と境を接して居る。耳とか目とか觸感とか、又は其綜合とかにも分けられるが、それも直接實驗者には就けないのだから、結局は世間話の數多くを、大よそ二つの分類案の順序によつて排列して見るの他は無い。要するに是は資料であり、說明といふものからは遠いのだ

も謂ひ、此音を聽いた人は長者になるといふ話もあつた。攝陽群談、攝津打出の里の條にもある話で、古くから各地でいふことである。

タタミタタキ　夜中に疊を叩くやうな音を立てる怪物。土佐では是を狸の所爲として居る（土佐風俗と傳說）。和歌山附近では是をバタバタと謂ひ、冬の夜に限られ、續風土記には又宇治のこたまといふ話もある。廣島でも冬の夜多くは雨北風の吹出しに、此聲が六丁目七曲りの邊に起ると碌々雜話に見えて居る。そこには人が觸れると瘧になるといふ石があり、或は此石の精がなすわざとも傳へられ、仍て此石をバタバタ石と呼んで居た。

タヌキバヤシ　狸囃子、深夜にどこでとも無く太鼓が聞えて來るもの。東京では番町の七不思議の一つに數へられ（風俗四五八號）、今でもまだ之を聽いて不思議がる者がある。東京のは地神樂の馬鹿ばやしに近く、加賀金澤のは

「妖怪名彙（一）」冒頭部分

『民間伝承』と『妖怪談義』付録

『民間伝承』は一九三五年から一九八三年にかけて発行されていた民間伝承の会の機関誌である。本会は柳田國男が主宰していた会である。一九四九年には本会を母体

として日本民俗学会が設立された。ちなみに日本民俗学会設立時点で、本誌は一三一号（第一三巻第四号）発行されている。その後、『日本民俗学』を機関誌とし、『民間伝承』は一般向けの雑誌として一九八三年まで刊行が継続されたのだった。

「妖怪名彙」掲載当時は表紙なし四段組みで、一二〜一六頁のパンフレットであった。その最終頁に配され、会員からの投稿欄の体裁を採っていた。本誌において、「妖怪名彙」は〈採集要項〉として位置付けられている。採集要項には、この他、住居語彙や禁忌習俗語彙なども掲載されており、それらは個々に資料集として公刊され、最終的に『綜合日本民俗語彙』[*]として結実する。

「妖恠名彙（一）」第三四号　一九三八年六月二〇日
「妖恠名彙（二）」第三五号　一九三八年七月二〇日
「妖恠名彙（三）」第三六号　一九三八年八月二〇日
「妖恠名彙（四）」第三七号　一九三八年九月二〇日
「妖恠名彙（五）」第三八号　一九三八年一一月一日
「妖恠名彙（六）」第四二号　一九三九年三月一日

戦後、一九五六年に修道社から現代叢書の一冊として『妖怪談義』が刊行された。

後世への影響

「妖怪名彙」は『綜合日本民俗語彙』に取り入れられることで、民俗学の資料として活用されることとなった。一般向けの書籍としては千葉幹夫『全国妖怪事典』（小学館、一九九五年）が代表的なものといえよう。また、『妖怪談義』に収録されたことで、多くの読者に利用されることにもなった。

水木しげる[*]は鬼太郎のイメージの構築に「人間に近いけれども、妖怪や幽霊と同類か近所づきあいしていて、しかも、古くから日本に」いるものを求めた。その「古くから日本に」いるものが『妖怪談義』に記される「お化けたちの本家のようなモノ」であったという（『鬼太郎・河童の三平・悪魔くん』『ねぼけ人生』）。水木をはじめ、様々な分野の創作家が「妖怪名彙」を具体的にどのように利用してきたかは、今後明らかにしていくべき問題だろう。

項目一覧（五〇音順）

〈あ〉アシマガリ（足曲がり）・アズキトギ（小豆研ぎ）・アブラスマシ（油すまし）・アブラボウ（油坊）・イゲボ・イシナゲンジョ・イッタンモメン（一反木綿）・イネンビ（遺念火）・オイガカリ（負い掛かり）・オイテケボリ（置いてけ堀）・オクリイタチ（送り鼬）・オクリイヌ（送り犬）・オクリスズメ（送り雀）・オサビ（筬火）・オッパショイシ（おっぱしょ石）・オラビソウケ

〈か〉カイフキボウ（貝吹き坊）・カネノカミノヒ（金の神の火）・カワツヅミ（川鼓）・キカ（鬼火）・キシンボウ・キツネタイマツ（狐松明）・クビナシウマ（首無し馬）・ケチビ・コクウダイコ（虚空太鼓）・コソコソイワ（こそこそ岩）・ゴッタイビ（ごったい火）・コナキジジ（子泣き爺）・ゴンゴロウビ（権五郎火）

〈さ〉サガリ（下がり）・シズカモチ（静餅）・シダイダカ（次第高）・シバカキ・シャクシイワ（杓子岩）・ジャンジャンビ（じゃんじゃん火）・シロボウズ（白坊主）・スナカケババア（砂掛け婆）・スナマキダヌキ（砂撒き狸）・スネコスリ（脛擦り）・センダクギツネ（洗濯狐）・ソデヒキコゾウ（袖引き小僧）・ソラキガエシ（空木返し）・ソロバンボウズ（算盤坊主）

〈た〉タカボウズ（高坊主）・タクロウビ（たくろう火）・タケキリダヌキ（竹切り狸）・タタミタタキ（畳叩き）・タヌキバヤシ（狸囃し）・タンタンコロリン・ツチコロビ（つち転び）・ツトヘビ（苞蛇）・ツルベオトシ（釣瓶落とし）・テングナメシ（天狗なめし）・テンコロコロバシ（てんころ転ばし）・テンビ（天火）・トウジ・トビモノ（飛び物）

〈な〉ニュウドウボウズ（入道坊主）・ヌリカベ（塗り壁）・ノビアガリ（伸び上がり）・ノブスマ（野衾）・ノリコシ

〈は〉ビシャガツク・ヒトリマ（火取り魔）・ヒヲカセ（火を貸せ）・フクロサゲ（袋下げ）・フルソマ（古杣）・ベトベトサン・ボウズビ（坊主火）

〈ま〉ミアゲニュウドウ（見上げ入道）・ミノムシ（蓑虫）・ムカエイヌ（迎え犬）・ヤカンザカ（薬缶坂）・ヤカンヅル（薬缶吊る）・ヤギョウサン（夜行さん）・ヤマノコゾウ（山の小僧）・ヤマバヤシ（山囃し）・ヨコヅチヘビ（横槌蛇）・ヨブコ（呼ぶ子）

〈わ〉ワタリビシャク（渡り柄杓）

（伊藤慎吾）

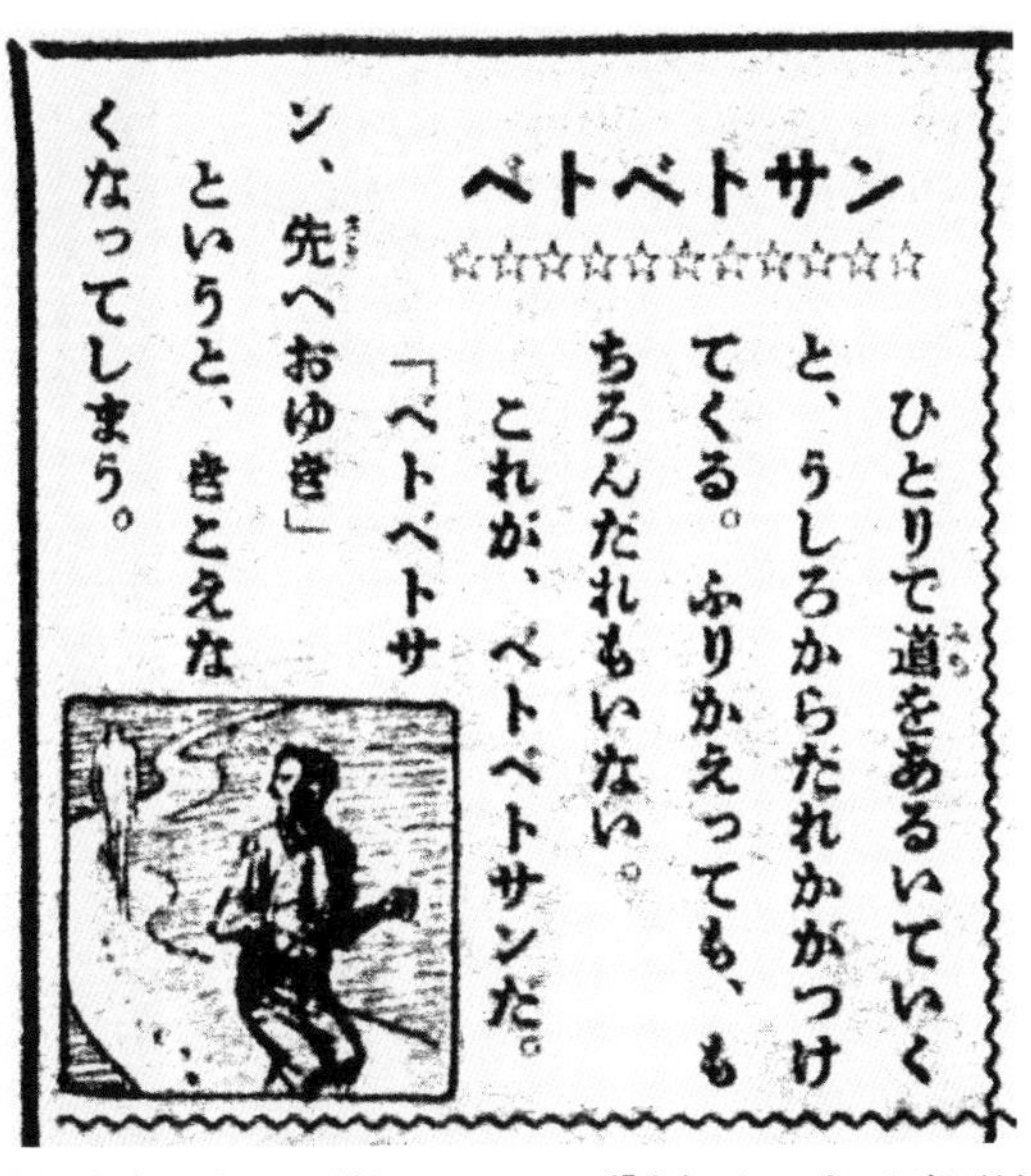

ベトベトサン

☆☆☆☆☆☆☆☆☆☆☆

ひとりで道をあるいていくと、うしろからだれかがつけてくる。ふりかえっても、もちろんだれもいない。

これが、ベトベトサンだ。

「ベトベトサン、先へおゆき」

というと、きこえなくなってしまう。


「世界の幽霊おばけ100選」ベトベトサン（『少年ブック』1965年8月号）構成は北川幸比古。この頃から『妖怪談義』（1956年）に収録された「妖怪名彙」の妖怪が、それまでの妖怪のなかに同質に紹介されるようになり、民俗学で採集された伝承たちが大衆・一般化していった。「北川幸比古」の項目も参照。【泉】

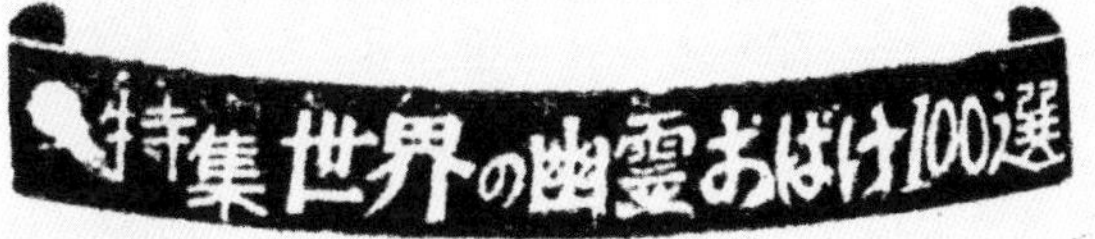

同記事の各ページに配置されているタイトル。左端には、ひのたま・ひとだまのデザインが添えられている。おばけと組み合わせて描かれるこのデザインも、錦絵やおもちゃ絵からの遺伝情報として、大正〜昭和の雑誌やイラストで用いられつづけ、令和の現代にも定着している。民俗的な伝承妖怪たちとは別ルートの画像要素である。【泉】

〈妖怪学名彙〉

『芳賀郡土俗研究会報』（はがぐんどぞくけんきゅうかいほう）

研究者のネットワークを形成した地方メディアの一つ

しかし、そうした人も、その典拠である『芳賀郡土俗研究会報』を読んだことのある人は少ないはずだ。これは『芳賀郡土俗研究会報』が七〇部程度のガリ版刷りの冊子だったためだ。是非現代に復刻し手に取りやすくなってほしいと願う。そうすれば「シズカモチ」の陰に隠れた「隠れ里の米搗き」も読むことが出来る。他にも「妖怪名彙」の「アズキトギ」の「あるいはこの怪を小豆磨ぎ婆様、または米磨ぎ婆様と呼ぶ例もある（芳賀）。」とあるのもこの『芳賀郡土俗研究会報』からだ。編者の高橋勝利（たかはしかつとし）

「妖怪名彙」と『芳賀郡土俗研究会報』

「**妖怪名彙**＊」は方言集や民俗誌などから多数の妖怪が採択された。その中の一つとして、あまり取り上げられてこなかった『芳賀郡土俗研究会報』を紹介する。

柳田国男＊の「妖怪名彙」の第一回目の一つ目の事例は「シズカモチ」である。「シズカモチ」を知っている人は平均的な日本人よりも妖怪に興味のある人だろう。

は「この婆さまは隠し神さまだと云はれるし、伝説としては山姥伝説に入るものであらうか」と言っているが当時の人の認識の一端が窺える。

高橋勝利という人

『芳賀郡土俗研究会報』を発行していたのは高橋勝利である。略歴を載せる。

高橋勝利（一九〇四～一九九六）。栃木県芳賀郡坂川村（現・茂木町）出身の在野の研究者である。青山学院中学校卒業後、油絵を学ぶ。一九二九年、家業の郵便局を継ぐ。同年『芳賀郡土俗研究会報』発行。同年『栗山の話』発行（昭和五〇年に『下野昔話集』岩崎美術社に収録）。一九九六年に没する。

芳賀郡土俗研究と人々

芳賀郡のことだけでなく、投稿者によって各地の情報が集められていく。佐々木喜善や柳田國男も書簡で感想などを送っている。

『芳賀郡土俗研究会報』には柳田國男・中山太郎・**南方熊楠***（和歌山）が寄稿したほか、橘正一（岩手）・島村知章（岡山）・村田鈴城（東京）・金城朝永（沖縄）・村山智順（京都）などの人々が寄稿している。

昭和四年（一九二九）一〇月の第一号から昭和六年一〇月の二巻第五号まで一七冊続いた。

俗信

芳賀郡土俗研究会において妖怪が記録されるのは基本的に俗信の報告である。

次の行事はいわゆる〈コト八日〉の習俗である。逆川村では「十二月八日と二月八日に屋根に目篭を立てる。八ツ目鬼が来ても自分より目が多いので恐れて家へ這入らないからだという。」という高橋勝利「俗信　かごに関するもの」の記事がある。ちなみに山本靖民という人から高橋に「カゴの俗信、礼は当玉川村でも約二〇年前迄は行はれてゐた事がわかりました。八ッ目ドウと云ひました。一月八日ニ之を行ひました。」という書簡が届いている。こうした高橋勝利への書簡は現在、一九九二年に出された『南方熊楠「芳賀郡土俗研究」』という本で確認ができる。

研究と生活

高橋は親の介護や、家業の郵便局の仕事などに追われるうちに雑誌を出すことが難しくなっていく。『粟山の話』、『性に関する説話集』『芳賀郡童謡集

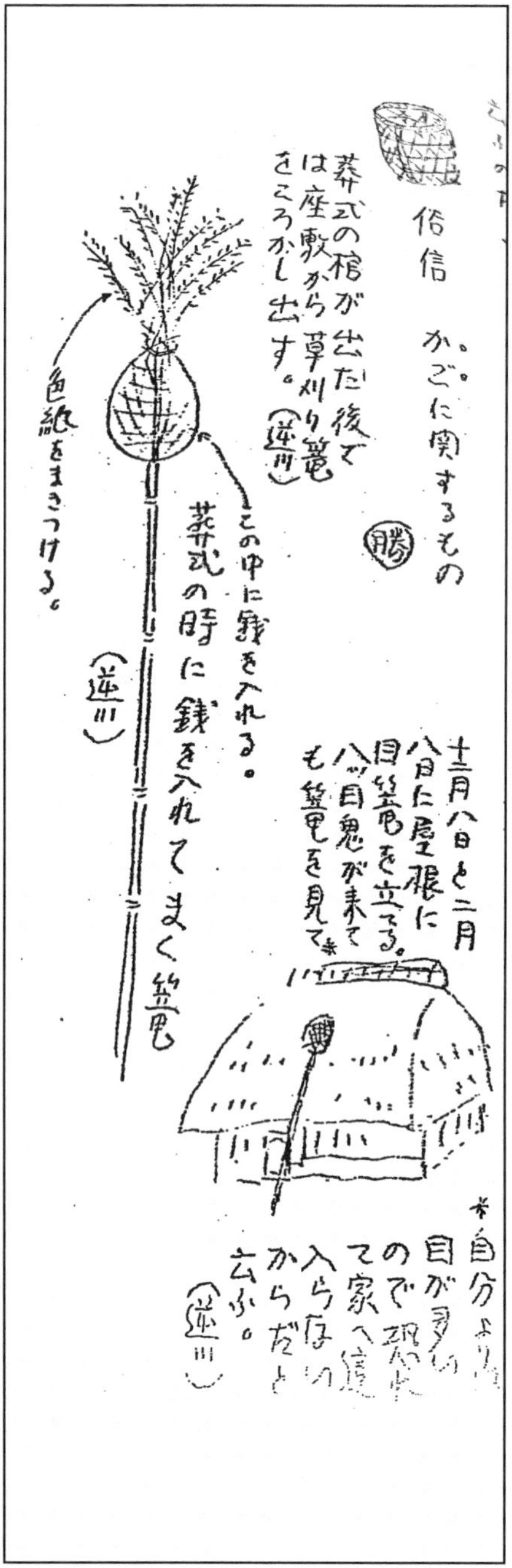

『芳賀郡土俗研究会報』2号、八ッ目鬼

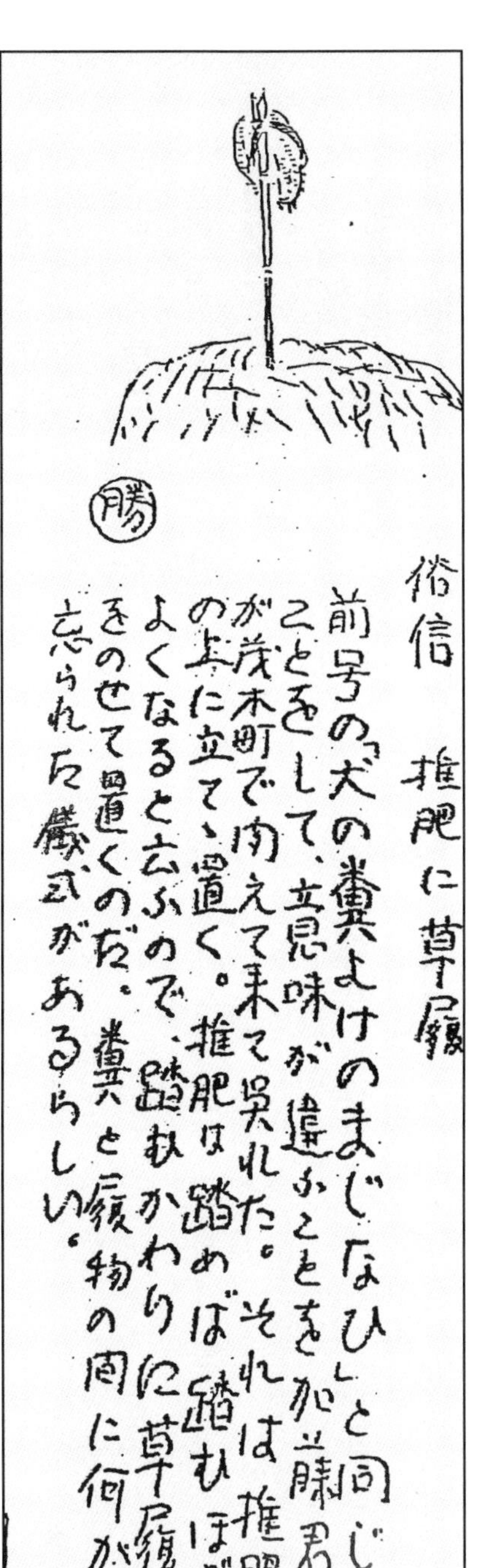

俗信　堆肥に草履

前号の「犬の糞よけのまじなひ」と同じことをして、意味が違ふことを加藤勝君が茂木町で聞えて来て呉れた。それは堆肥の上に立てゝ置く。堆肥は踏めば踏むほどよくなると云ふので、踏むかわりに草履をのせて置くのだ。糞と履物の間に何か忘られた儀式があるらしい。

『芳賀郡土俗研究会報』2号

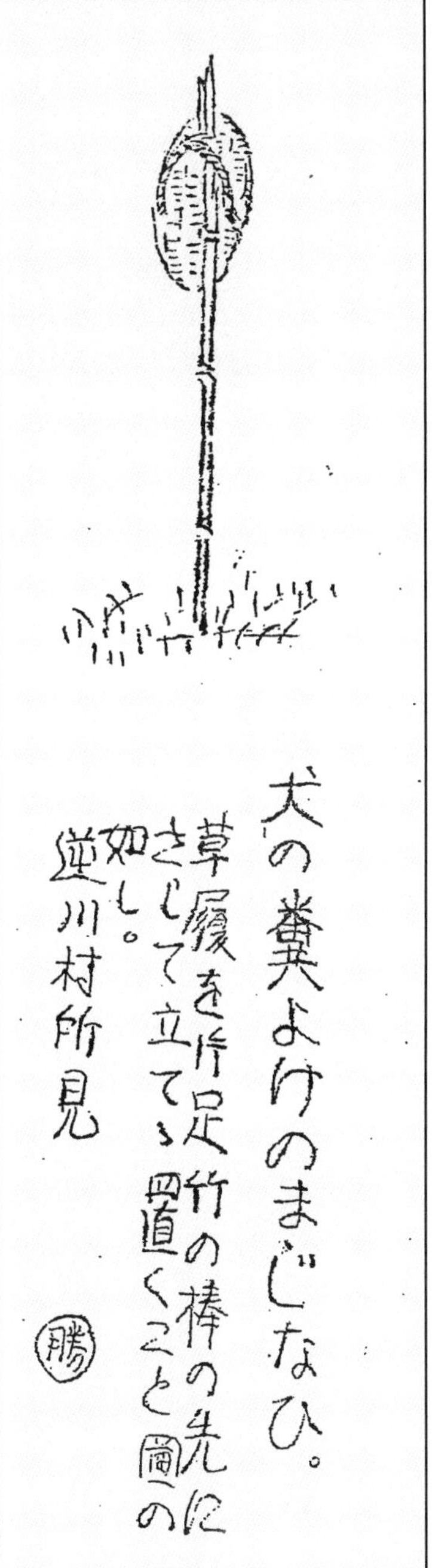

犬の糞よけのまじなひ。

草履を片足竹の棒の先にさして立てゝ置くこと圖の如し。

逆川村所見

『芳賀郡土俗研究会報』1号

第一集』が刊行されるが、このあと予定されていた俗信や年中行事などの本は出ることはなかった。そして目立った活動は減っていく。[1]

高橋は自分で発信できる雑誌を作った。今日の妖怪愛好者によるブログやホームページやSNSのアカウントのやり取り、同人誌発行に通ずるものがある。『芳賀郡土俗研究会報』に金城朝永が「琉球の猥談」を投稿する。橘正一が「尻馬に載る」として似た事例をあげる。村田鈴城が「尻馬の尻に乗る」南方熊楠がさらに「尻馬の尻馬のまた尻馬に乗る」を投稿するという有り様である。この人たち絶対楽しかったと思うのだ。そしてこの人たちのおかげで貴重な記録が遺されたのだ。

（永島大輝）

注

［1］　時折栃木県内の雑誌、例えば下野民俗研究会の会報『下野民俗』などに古代を地名から考える論文が投稿される。

参考文献

石井正己　一九九八「高橋勝利と昔話研究」『東京学芸大学紀要第二部門　人文科学』四九
石井正己　一九九八「柳田国男の高橋勝利あて書簡」『時の扉　東京学芸大学大学院伝承文芸研究レポート』創刊号
加藤嘉一・高橋勝利（編）　一九七五『全国昔話資料集成18　下野昔話集』岩崎美術社
高橋勝利（編）　一九二九〜一九三一『芳賀郡土俗研究会報』芳賀郡土俗研究会
高橋勝利　一九九二『南方熊楠「芳賀郡土俗研究」』日本図書刊行会
久野俊彦　二〇一二「1930年代の地方民俗学雑誌の実践——高橋勝利の『芳賀郡土俗研究会報』」『民博通信』一三八

第二部 戦後（前）編 1945-1965

奥山に棲むワイラは好んでモグラを掘り食ふ

藤澤衛彦『妖怪画談全集』日本篇上（1929年）

内容とは無関係に藤澤衛彦はコレクションから版本・錦絵資料を無作為多数同書に掲載。このキャプションは後に他者により勝手に民俗的な伝承妖怪の枠に収められてゆく。【泉】

第二部　戦後(前)編 1945-1965

戦後アプレゲール前半通史

氷厘亭氷泉

柳田國男*たちによる情報や採集の蓄積によって構築された《妖怪》が世間にハッキリ投影されていったのは、昭和三一年（一九五六）に公刊された『妖怪談義』による影響も大きいが、前後して出された民俗学研究所『**綜合日本民俗語彙***』（一九五五）あるいは、**今野圓輔***による迷信調査協議会での報告書（一九四九〜一九五五）や一般向け図書の数々が、その取り扱い方法を、さらに押しひろめる地盤のチカラになったと言える。

昔話や伝説の研究が再び盛んになると共に、富田狸通（とみたりつう）『たぬきざんまい』（狸のれん、一九六四年）[1]に代表されるような戦前からの趣味層による研究や蒐集も根づいていった。出版自体はやや後になるが知切光歳（ちぎりこうさい）[2]がこの時期に放送の仕事のかたわら出張先で天狗に関する調査・発表をはじめていたことなども特記しておくべきであろう。

画像妖怪の大きな普及

いっぽう、藤澤衛彦*『図説日本民俗学全集』（一九五九〜一九六一）に配された多種多様な図版も、のちに妖怪に関する記事を執筆していった大伴昌司（おおともしょうじ）や斎藤守弘*、山田野理夫*などは最大限に利用している。[3]また、全集本の予約出版が流行していた昭和初期に出版された本だが、おなじく『妖怪画談全集』日本篇（一九二九）[4]も同様な活用のされ方が見られ、藤澤衛彦によって紹介された画像妖怪たちが、現在の吾々のイメージする《妖怪》も同時に大きな種子となったことは揺るがすことの出来ない事実である。その規模は前述した民俗的なものとほとんど変わらないと言っても良いだろう。

藤澤衛彦による妖怪全般に関する理論は『変態伝説史』（一九二六）の前半部などで既に出来上がっているが、そこでは画像妖怪を広義に採り上げている一方、鳥山石燕（とりやませきえん）の描いた妖怪を伝承や物語を通じて親しまれていたもの・絵巻物や『百物語評判』などの先輩表現によるもの・創作されたものと三つに分析処理する眼なども同時に示されており[5]（この文は『図説日本民俗学全集』などでもリサイクルされつづけている）早い段階から緻密な観察も見られるのだが、一九六〇〜七〇年代以後、他者によるその著書からの厖大（ぼうだい）な引用のほとんどが、やや本文と距離のある《図版あるいはそのキャプションのみ》にかたより過ぎていった結果、その理解のされ方はやや捻転してゆくことにもなる。

《ほぼ同格》に近寄る妖怪たち

明治末期から昭和にかけ、広範囲に画像を用いて妖怪を取り扱うことを主眼とした流れにおける紹介や蓄積は、当時から大きな規模では無いものの、明確な変転を生み出していたと指摘出来る。

その変転とは、酒呑童子や玉藻前などのような歌舞伎・浮世絵・小説の《三角関係》の中で親しまれていた画像妖怪たちと、その三角形の内側に深く同居させられてこなかったうわん、ぬらりひょん、波山や付喪神などのような主に絵画として描かれた画像妖怪たちとが、少なくとも舞台にあげられる段においては、ほぼ同格に取扱われるようになったことである。これには《民俗学の妖怪》の流れが一般に知られてゆくよりも早い段階から、書籍や雑誌を通じて知識層や趣味層は触れていたと見られる。[6]

この《ほぼ同格に》という部分がポイントで、**江馬務***・藤澤衛彦・**吉川観方***などによって何度も妖怪の参考資料としてそのすがたが挙げられ、その存在感の差が薄れてゆくことで、絵巻物や鳥山石燕・勝川春英・竹原春泉斎などによって描かれた画像主体の妖怪たちが、はじめて一般に《妖怪》のイメージとして取り扱われる入口に立ってゆくことになったわけである。

ぬりかべ、やぎょうさん、いげぼ……といった伝承の方面にしろ、うわん、ぬらりひょん、波山……といった画像の方面にしろ、基本的に大多数は明治までの《妖怪》のイメージに看板すら立っていなかった存在である。ただ、求められる採集領域や研究材料の違いから言っても、交叉することの少ない両者の流れが、それぞれの研究結果や受容の過程で、[7] はじめから人々に「全く別々の要素からなる《妖怪たち》で構成されている」と区分けされていたかどうかとなると、そこには大きな疑問点がある。

これは現代においてもそうで、そのあたりも「直線に語られがち」な流れを形成させる目の前の霞のモトになっていったのではなかろうか。

実録雑誌と妖怪・奇談

また一九四〇～六〇年代にかけて、カストリ雑誌と称される一群や、実録系の雑誌『別冊実話特報』（双葉社）『現代読本』（日本文芸社）[8] あるいはそれにつづく『不思議な雑誌』（相互日本文芸社）では、やや虚実あいまいな国内外の奇談（たとえばゴリラのたたりで磐梯山が噴火し五色沼が出来たなど[9]）を中心とした記事も娯楽よみものとして広く展開されている。この流れも次章の変転を生む出版世界の土壌や雛型であったと言えよう。

注

[1] 富田狸通（一九〇一～一九七七）本名・寿久。狸の蒐集家として著名。伊予鉄道に勤務のかたわら俳句を通じ趣味人活動をしていた。「狸のれん」は富田狸通が道後温泉まえに開店したおみやげ店。

[2] 知切光歳（一九〇二～一九八二）劇作家、放送作家（『宇都宮黙霖』（一九四二年）の奥付などでは光歳とある）。戦後、NHKの専属作家となり各局への出張の折りなどに現地の天狗調査を進めていた。主な著書に『天狗の研究』（大陸書房、一九七〇年）『鬼の研究』（大陸書房、一九七八年）などがある。少年時代から天狗に興味があり、山を渡り歩いた箕づくりのおじさん

に弟子入りしようとしたという思い出なども含め、知切光歳「天狗に憑かれた六十五年」（『旅』一九七八年五月号）に委しい。

［3］　山田野理夫については同時に伝承についての自著や、宝文館出版を通じての高木敏雄・喜田貞吉・富岡直方・佐々木喜善の著書の復刻紹介も手掛けている。石上堅『火の伝説』（宝文館出版、一九六七年）の編集にも関わっており、《編集者》としての面も見逃してはならぬ点である。山田野理夫が編集やそれに近い立場として関わっている文芸書などは、宝文館出版から一九九〇年代まで、各著者の「あとがき」での言及などから確認出来る。

［4］　『妖怪画談全集』は中央美術社から全一〇巻の予定で予約出版が開始されたが四巻で終了してしまった。日本篇（上・下）は藤澤衛彦、ロシア・ドイツ篇はアレキサンダー・ワノフスキー（早稲田大学で教鞭を執っていた）支那篇は過耀良（明治大学文科での藤澤の直接の後輩にあたる。藤澤衛彦「文科・文学部五十年の思い出」『駿台史学』七号）発売予告のための「国際妖怪座談会」（『中央公論』一九二九年八月号）では比較妖怪学篇を担当予定だったエヴゲーニー・スパルヴィン（極東連邦大学日本語学科を設立、モスクワでの児童展覧会を通じ藤澤衛彦とも親しかった）やワノフスキーを招き妖怪について談笑している。

［5］　『変態伝説史』（文芸資料研究会、一九二六年）九〜一四頁。『日本民族伝説全集』別巻・日本伝説概論（一九五六年）二二六〜二三〇頁。『図説日本民俗学全集』民間信仰・妖怪編（あかね書房、一九六〇年）一七八〜一八四頁。また《創作》の点は「日本妖怪画のルネッサンス」（『美術手帖』一九六五年八月号）でも明示している。

［6］　高峰博『幽霊とおばけ』（洛陽堂、一九一九年）には、鍋田玉英『怪物画本』の「幽霊」と「ぶるぶる」の絵を同じページに並べて参考図版とする試みをしている。栗原清一『日本古文献の精神病学的考察』「変異憧憬」（精神衛生学会、一九三二年）では「濡女、ぬらりひょん、せうけら、ぬっぺらぼう、うわん。其の外世間とはあまり馴染のなさそうな妖怪を作った鳥山石燕」（二二四頁）など、藤澤衛彦などの研究を受けた上での石燕像の例が見られる。大正から昭和初期の雑誌も同様である。

［7］　『妖怪画談全集』日本篇下の口絵には、未発売におわった月岡芳年の錦絵組物『看虚百覧怪』の版下絵が用いられており、藤澤衛彦による素材あつめの先見性を示している。今野圓輔も『看虚百覧怪』をはじめ『妖怪画談全集』からいろいろな図版を《参考図版》として自著のあちこちへ転載利用している。これなどは早い時期の交叉である。『看虚百覧怪』の版下絵は別冊太陽『月岡芳年　幕末・明治を生きた奇才浮世絵師』（平凡社、二〇一二年）などで現在は確認出来る。

［8］　『現代読本』一九五七年三月号は「妖怪変化実録史」と銘打った特集号だが記事としては通常の号にも共通した実録奇談が多く、むしろコラムや口絵・挿絵に藤澤衛彦や梅原北明の資料からの影響が濃い。また口絵のなかの図版には『Japanisches Gespensterbuch』（一九二五年）からの転載も多数見られる。

［9］　衣笠桃雄「《日本の秘境》猫魔ヶ岳に現われた半獣人」（『別冊実話特報』25）。ゴリラのたたりで磐梯山が噴火し、五色沼が

出来たというはなしを載せている。同誌は秘境・奇談・妖怪などを広く扱っている。

参考文献

・氷厘亭氷泉　二〇一四「妖怪画談全集の編者」『大佐用』四三号

図1 富田狸通
富田狸通『狸のれん―俳画と句文―』1978年

図2　知切光歳
知切光歳「天狗にさらわれた65年」(『旅』1978年5月号)

藤澤衛彦

ふじさわ・もりひこ（一八八五～一九六七）

「妖怪」イメージの生みの親

略歴

明治大学教授。東京（埼玉とも）生まれ。風俗史学者・伝説研究者。日本伝説学会、日本風俗史学会、日本童話協会、日本児童文学者協会などの設立に関与。伝説に関する書籍のほか雑誌記事を別名義含め多数執筆、藤沢紫浪の名で小説も発表している。

伝説研究の第一人者

藤澤衛彦は十五・六歳の時に文学に興味を示し、『地獄世界』という雑誌（部数一部）を自作し評判になるほどだった。[1] そんな藤澤が伝説を集めるようになったのは、大学時代に大島に旅行に行った際、台風のため滞留を余儀なくされ、現地の民話や民謡を集めたのがきっかけだという。[2] その後藤澤は、戦前から戦後にかけての長きにわたり、『日本伝説叢書』（一九一七～一九二〇年）、『日本伝説研究』（一九三二～一九三二年）、『変態伝説史』（一九二六年）、『日本民族伝説全集』（一九五五～一九五六年）、『図説日本民俗学全集』（一九五九～一九六一年）をはじめ、伝説に関する多数の著書や雑誌記事を執筆してきた。さらに平凡社の『大百科事典』（一九三一～一九三五年）では、民俗に関する記事の多くを藤澤が記述しており、その中には妖怪に関するものも多い。また交流も広く、大学時代は夏目漱石から一対一で英文学の講義を受けており、芥川龍之介とは鳥山石燕の話で盛り上がって長い手紙をやり取りした事もあった[3]。これらの事から藤澤は、まさに伝説研究の第一人者であると世間的には認識されていた［関根 二〇一〇］。

しかし、知名度の一方、残念ながら藤澤への学問的な評価はあまり高くなかった。**柳田國男***は『日本伝説叢書』の地方別分類の手法について「少なくとも読者に対して不適切」と批判したのがほぼ唯一の言及であり、上笙一郎は「残念ながら読み物としてはおもしろいが研究としての深味には欠けたと評さなくてはならない」と称し、教鞭をとる明治大学内でのほかの教授や学生からの評価も芳しくなかった［関根 二〇一〇］[4]。藤澤のいう「伝説」が民俗学の分野で使用されているそれとは定義自体も分析手法も異なる点や［関根 二〇一六］、藤澤が雑誌などに好んで書くようなエロ・グロ方面へと風俗学が傾倒する風潮自体を柳田國男が憂いていた［坂本 一九九八］という側面もある。だが、藤澤が大衆の娯楽読物としての側面を重視してか、後述のように時に大胆な、言い換えると突飛な考察を行うことも原因の一つだろう。

現代的「妖怪」イメージへの影響

そのような評価とは裏腹に、藤澤衛彦の著作は妖怪という側面においては今なお多大な影響を残している。『日本民族伝説全集』や『図説日本民俗学全集』などの書籍は、大ボリュームでありながら学術的すぎず読みやすい文章で、一般家庭でも気軽に手に取りやすい書籍であった。そして特筆すべき点は、『妖怪画談全集』日本篇上（一九二九年）などで特に顕著な通り、伝承上の妖怪について記述しているページの途中にしばしば伝承とは無関係な図版が多く掲載され、それに対して一行程度のこちらもしばしば伝承とは無関係な解説が書かれるといった構成である。『変態伝説史』などで書かれる通り藤澤自身は区分としてそれらが伝承とは異なる性質のものであることは認識しており、これら図版はあくまで紙面の賑やかし程度の扱いで挿入したものだろう。しかし、藤澤の書籍では、本来無関係であったはずの伝承と画像が、どちらも「妖怪」というテーマのもと、並列であるかのように受け取られかねない構成となっていた。そして、これらの書籍は**水木しげる***、**佐藤有文***、**山田野理夫***らにわたり、早い段階から多数の妖怪画や紹介文の参考資料となった[5]。すなわち藤澤は、現代の妖怪図鑑では当然のように行われている、「妖怪」の名のもとに伝承・画像の両者が混合する構成、さらに言えば、現在我々が使っている「妖怪」という言葉（京極夏彦は「通俗的妖怪」としている）あるいは妖怪図鑑というもののイメージの根源を作り上げた人物と言えよう［京極 二〇〇七］。

さらに藤澤の著作は、個々の妖怪それぞれのイメージについても大きな影響を与えている場合がある。最も有名な所では、鳥山石燕『**画図百鬼夜行***』の「ぬらりひょん」について『妖怪画談全集』日本篇上でつけられたキャプション「まだ宵の口の燈影にぬらりひょんと訪問する怪物の親玉」という一文（図1）は、現代でも「妖怪の総大将」あるいは

「人の家に上がり込む」といったぬらりひょんの説明文としてしばしば登場している。さらに俯瞰すると、そもそも現代の我々が、江戸期には他に多数の妖怪本が存在するにもかかわらず鳥山石燕『画図百鬼夜行』や竹原春泉斎『絵本百物語』の著作を妖怪本の代表格のように扱っていること自体、「藤澤が自身の所持しているそれらの書籍をいち早く紹介し、それに追随する者たちも同様に紹介してきたから」という側面が非常に大きい。

なお、先に藤澤への学問的な評価はあまり高くなかったと述べたが、妖怪に関する著作においてもその記述の正確性は疑問視されることが多く、先のぬらりひょんの説明についても絵からの想像に過ぎないといわれている［村上 二〇〇〇］。あるいは他の著作でみられるように、大胆な考察を行ったもののそれを省略して結論のみを書いている、といった可能性も考えられるだろうか。[6]

まだ宵の口の燈影にぬらりひょんと訪問する怪物の親玉

図1 『妖怪画談全集』日本篇上のぬらりひょんとキャプション

総括

藤澤衛彦は、その学術的スタンスのせいもあってか、近年では他の有名人の陰に隠れあまり顧みられることはなかった。しかし、現代広まっている「妖怪」像に貢献した人物としては間違いなく上位に入る人物であり、「妖怪」を語る上では決して避けて通る事はできない人物である。しかし、藤澤の記述の意図を正確に知ろうとすると、彼の別名義を含めた膨大な著作や参考文献について網羅的な把握が必要となる。[7] 中には現在でも多大な影響を及ぼしている記述も多いだけに、藤澤衛彦についての調査研究は、今後の妖怪研究の大きな課題の一つといえるだろう。

（御田鍬）

注

［1］藤沢主江「思い出の記」（『日本児童文学』一三―七、一九六七年）より。

［2］小出正吾「藤沢衛彦先生を悼む」（『日本児童文学』一三―七、一九六七年）より。一九〇六年一一月の大学の修学旅行のことであろう［関根 二〇一〇］。

［3］藤澤衛彦「日本妖怪画のルネッサンス」（『美術手帖』一九五六年八月号）に書かれたエピソード。手紙は戦災で焼失したという。

［4］民俗学界隈からの藤澤批判は他にもある。水木直箭(みずきなおや)は柳田と同じく手法の面から「笑止の心が起らぬ訳にはゆかない」「学問の為に許しがたい罪悪」「興味を中心とするものだからとて言い抜けさせることはできない」（『國學院雑誌』二七―三、一九二一年）と厳しく批判し、池田弥三郎(いけだやさぶろう)は「採訪に出かけない自称民俗学的研究者が多すぎると思うんですね。藤沢衛彦氏のが、『図説日本民俗学全集』などと名告ると、まさに半世紀の後退ですね、日本民俗学が。」（『民俗文学講座Ⅰ日本文学と民俗』一九六〇年）と座談会で述べている。

［5］水木しげるは『日本民族伝説全集』第六巻北陸篇、『妖怪画談全集』、『図説日本民俗学全集』民間信仰・妖怪編を初期は主に参考にしている。余談だが、水木しげるは『週刊少年サンデー』での連載（「ふしぎなふしぎな話」）のネタに詰まった際、編集者とともに藤澤の自宅を訪ねたこともある（水木しげる『SF新鬼太郎』一九八〇年、水木しげる『妖怪　水木しげる画集』二〇一九年）。その際、藤澤は「妖怪の話をしている間だけ笑顔だったが、実用的な段階に入るとトタンに機嫌が悪くなられ」たという（水木しげる『妖怪天国』一九九二年）。

［6］一例として、『日本民族伝説全集』第二巻関東篇や『図説日本民俗学全集』神話・伝説編では、赤松宗旦(あかまつそうたん)『利根川図志』の撞舞(つくまい)（蛙の面をかぶって柱に上り軽業を披露する神事）の絵（図2）を「アマノジャクの仮面」と一見全く関係のないキャプションで紹介している。これは本文を読むと、沖縄のアマンチュー説話（昔、天と地が近かったので人々は蛙のように這(は)っ

ていたがアマンチューという巨人が天を持ち上げたという話）から、「アマノジャクはアマンチューが語源であり、撞舞は柱と蛙の関連からまさにアマンチュー＝アマノジャクである」と藤澤が解釈していることが伺える。

［7］ 藤澤の蔵書を「藤澤衛彦文庫」として整理し目録を作る計画については『武蔵野』七〇―二、一九九三年に書かれているが、著作についての一覧はいまだ存在しない。

図2　赤松宗旦『利根川図志』の撞舞

参考文献

・京極夏彦　二〇〇七　『妖怪の理 妖怪の檻』角川書店
・坂本要　一九八八　「変態と風俗研究　日本民俗学前史」『日本民俗の伝統と創造』弘文堂
・関根綾子　二〇一〇　「伝説研究史再考――藤沢衛彦の伝説研究の背景」『昔話伝説研究』三〇
・関根綾子　二〇一六　「藤澤衛彦の伝説観考――『日本伝説叢書』を中心として」『口承文芸研究』三九
・村上健司　二〇〇〇　『妖怪事典』毎日新聞社

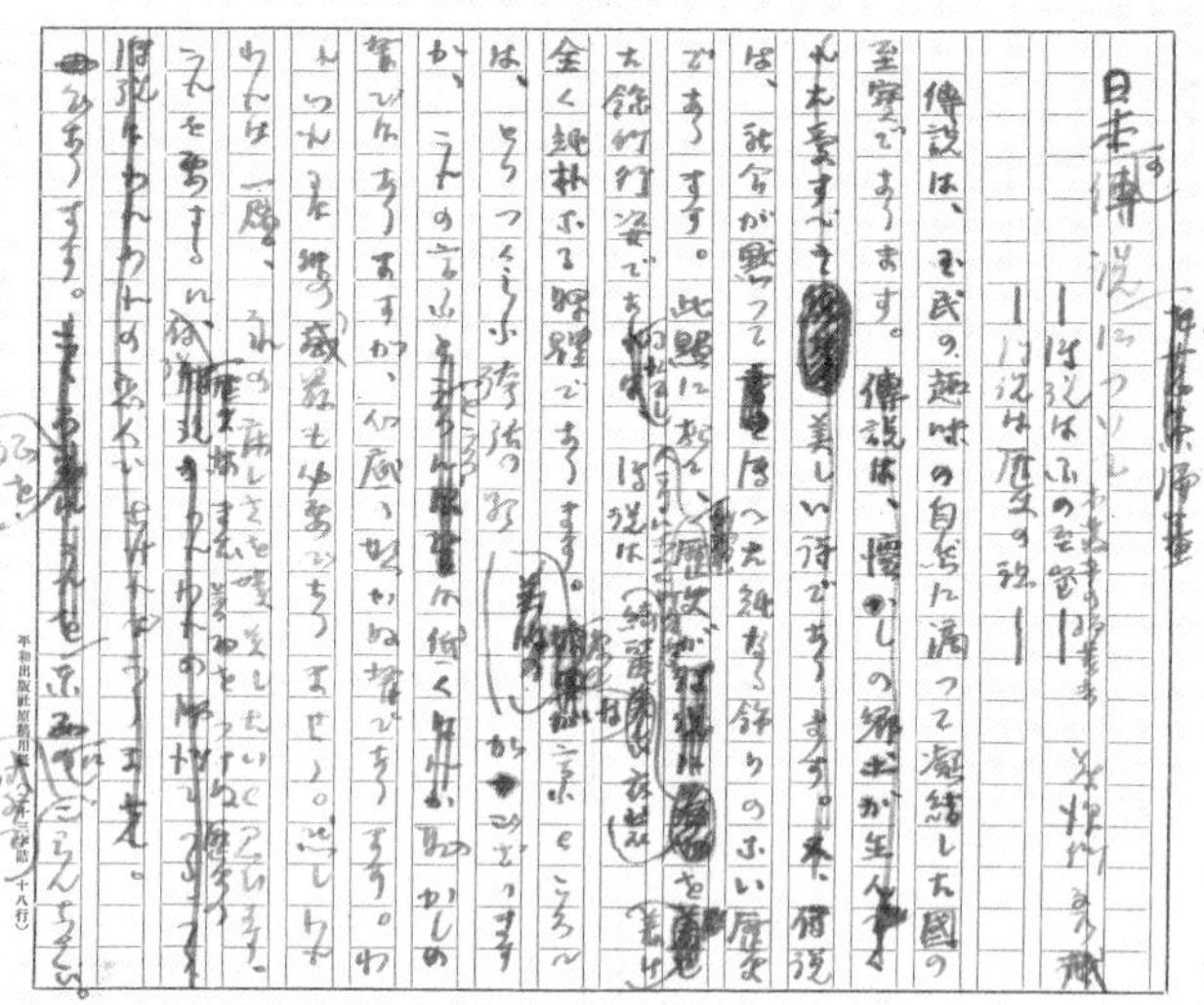

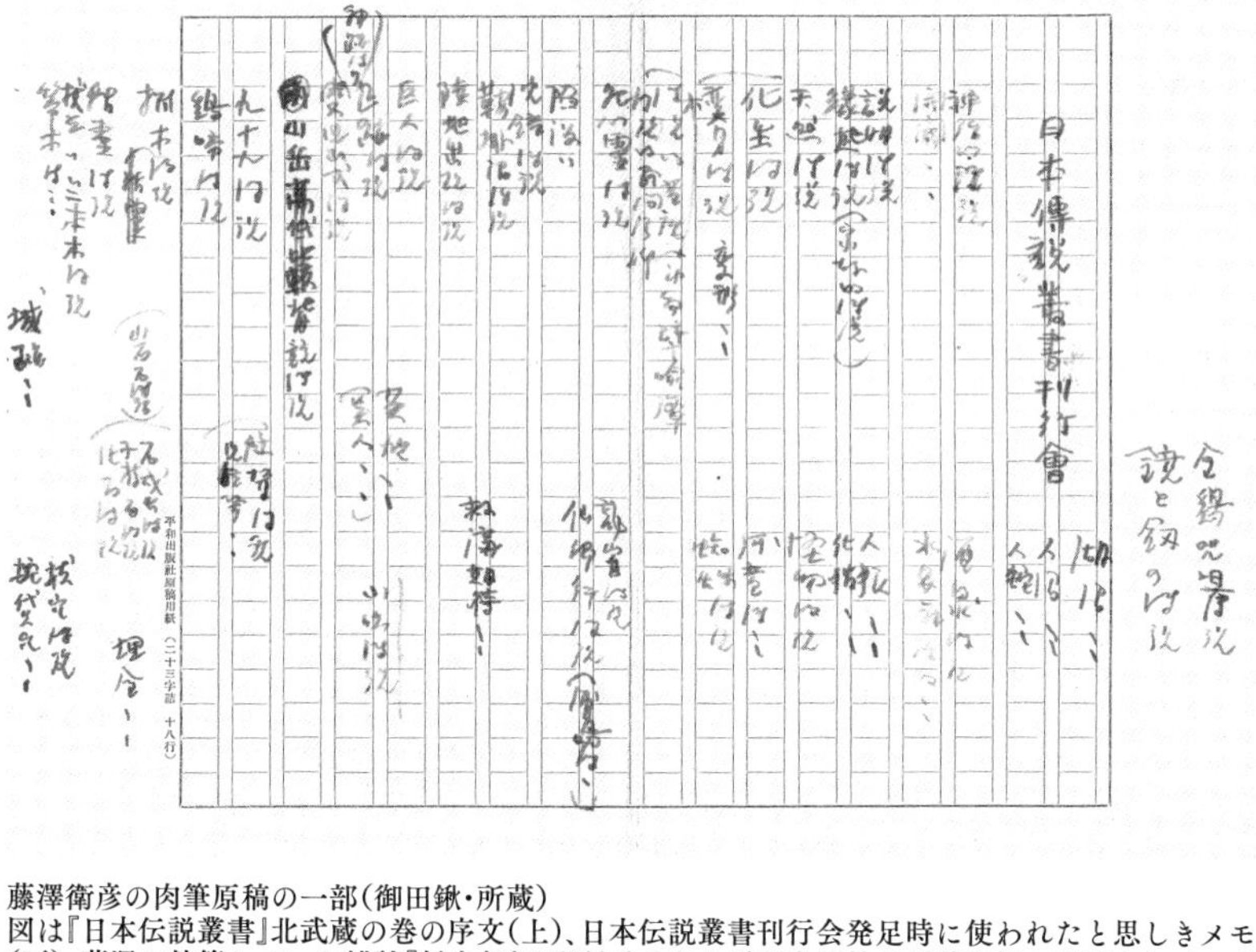

藤澤衛彦の肉筆原稿の一部（御田鍬・所蔵）
図は『日本伝説叢書』北武蔵の巻の序文（上）、日本伝説叢書刊行会発足時に使われたと思しきメモ（下）。藤澤が執筆していた雑誌『新少年』の発行元である平和出版社の原稿用紙が使用されている。一括されていた束の中には刊行会発足に際して書かれた富岡鼓川（とみおかこせん・藤澤の同級生で平和出版社を設立）の文や、藤澤が参考にしたと思われる高木敏雄（たかぎとしお）『日本伝説集』の肉筆原稿も。【御】

豆腐小僧
藤澤衛彦『図説日本民俗学全集』民間信仰・妖怪編（1960年）に掲載されたもの。アダム・カバット『江戸化物草紙』（1999年）が発行され各種の黄表紙作品での画像が紹介されるまで豆腐小僧のイメージと情報は、この図版とただ『狂歌百物語』に載っているという出典を示したキャプションしか存在していなかった。水木しげるなどもこれのみを資料として豆腐小僧を画報などに描いており、解説は創作にもとづいた内容を用いている。宮尾しげをが黄表紙を模して『譚海別冊読本 漫画小説傑作集』（1929年）の表紙絵に豆腐小僧を描いている例なども見られるが、豆腐小僧という存在そのものについては、この藤澤衛彦によるものの他に紹介される機会が存在しなかったことにより、1940年代から1990年代末まで、完全な〈過去の情報の断絶〉が存在していたわけである。無論、藤澤衛彦は原資料を各種所有していたので、豆腐小僧が近世から近代にかけて、どのような存在であったかについては熟知していたはずである。しかし、それが文章として書かれたことはなかったために、断絶が起こってしまったわけである。【泉】

こさめんぼう
「あなたのそばにいる日本の妖怪特集」（『別冊少女フレンド』1966年11月号）に書かれたもの。斎藤守弘による「小雨坊」を素材とした妖怪の解説である。この記事は藤澤衛彦『図説日本民俗学全集』民間信仰・妖怪編（1960年）から幅広く画像要素を摂取しているが、解説文は独自の内容が加味されている（人間をカビだらけにするという属性は、もちろん藤澤衛彦が説いているものではない）。斎藤守弘が「こさめんぼう」に添加したカビ属性は、水木しげるの豆腐小僧の豆腐を食べると体にカビが生えてしまう、佐藤有文の雨ふり小僧の着物をびしょぬれにし青カビをうつす、といった解説文に流用されていった。斎藤守弘の項目も参照。【泉】

柴田宵曲

しばた・しょうきょく（一八九七〜一九六六）

「書物」を読みたくて読んでいた仙人のような人

略歴

東京生まれ。俳人、俳句研究者。中学校を中退し、上野図書館に通う。ホトトギス社で編集者を務め『正岡子規全集』編集。三田村鳶魚の下に出入りし、柴田が編集名義人の『彗星』が創刊、四年続ける。『日本及日本人』の記者、編集として一九三一年から終戦まで従事。

代表的な著作には『古句を観る』『評伝正岡子規』『団扇の画』や森銑三との共著『書物』などが岩波文庫で入手できる。

奇人と呼ばれる研究者

柴田 宵曲、本名は柴田泰助。この他多数の筆名がある。[1]

六才の冬に父親に連れられて行った家で初めてのオムレツを食べる。同時に初めての洋食であった。その家にはミカンの木もあったが、甘くなくそれ以降果物を食べないというように食べ物の好き嫌いが激しく、食パンや塩せんべいも嫌いだった。[2]

学歴としては中学を中退。しかし、図書館通いで知識を蓄えた。そして三田村鳶魚ら民間の知識人とつながり、近世文学の研究をした。

ここで当時の近世文学の研究について触れる。伊藤慎吾は「近世文学は、正風俳諧を別格として、西鶴作品や馬琴、京伝らの作品は大学所属の研究者ではなく三田村鳶魚や水谷不倒、森銑三といった近代の在野の近世文学考証家らによって戦前に古典化されていった。彼らの著作や『江戸文学研究』『彗星』といった一般向けの近世文学専門誌により、次々に新たな情報が発信されてもきた」[3]という（また伊藤は在野が活躍した妖怪研究と近世文学の類似を指摘している）。

その近世文学の研究者の真っただ中におり、同時に後の妖怪研究者に影響を及ぼしたのが、柴田であった。森銑三曰く、奇人であったと言ってもいいくらいな人だったそうだ。[4]どのような奇人かと言えば、暮らしにくい時も職に就いて収入を増やそうなどは考えず、古本を懐にして神田街頭を闊歩するということらしい。著作をするために読書をせず、ただ読みたくて読んだ。また、森は「現代にも柴田氏のような人があって、柴田氏らしい生き方をしているということは、それだけでも私等には力強いものがあった」という。

柴田宵曲の生き方に元気づけられるのは、今日の「研究者」だってそうではないだろうか。[4]

学問をすることは奇人と呼ばれる業を背負うということかもしれない。

随筆辞典

『随筆辞典』は五巻本（柴田宵曲「衣食住編」、朝倉治彦「雑芸娯楽編」、鈴木棠三「風土民俗編」、柴

田宵曲「奇談異聞編」、森銑三「解題編」で一九六〇～一九六一年に東京堂から出た。

これにより、入手しにくい古典作品にアクセスできるようになった。なお、奇談異聞編は二〇〇八年に『奇談異聞辞典』としてちくま学芸文庫で文庫化された。

在野の妖怪研究者多田克己（ただかつみ）は***今野圓輔**（こんのえんすけ）の本の書評［多田　二〇〇四］で「これ（今野圓輔『日本怪談集　妖怪篇』――引用者注）に匹敵する妖怪集成は、東京堂出版発行の『随筆辞典・奇談異聞編』ぐらいしかなかった。しかも随筆事典は江戸時代に書かれた随筆に載る怪異、妖怪であり、妖怪篇は江戸時代から現代に至る期間の、記録された妖怪伝承の総集編なので、両書を持っていると江戸時代初期から現代に至る、妖怪伝承全体をカバーしてしまうという、とんでもなくありがたい参考書であった」という。村上健司（むらかみけんじ）も『日本妖怪大事典』でよく引用元にこの随筆辞典を挙げている。

柴田は「随筆というものが作品化されておらず、淡々として事実を平叙している点に重きを置かなければならないと思う」[5]という。それが資料として貴重な点だと考えたのだろう。そして原文をそのまま載せるという変わった方法が採用されている。こうした方法は民俗学者などにとっても利用しやすいものであったと考えられる。柴田宵曲『随筆辞典』①衣食住編にも「鰻鱺（うなぎ）奇談」「豫言（よげん）と餅」「逆木柱」「鍋島屋敷」などなど奇談・異聞編に入れられてもおかしくないようなものがたくさん立項されている。柴田は衣食住編のはしがきで「編者自身まずその興味に引かれたものといわなければならない」といっているからには、こうしたことに興味があったのだろう。

その他**水木しげる***の図鑑の説明には多く使われている。

『随筆辞典』の中から一つ例を挙げれば、「石妖」という妖怪は水木しげるが妖怪画にしているが、話の内容は『随筆辞典』からの引用と考えられる。

『妖異博物館』『続妖異博物館』

他にも売れた作品に『妖異博物館』がある。

一九六三年一月二五日に出版、続の方は同年七月二五日に出版されている。原稿依頼から一月程で飄然と姿を現し、書き下ろし六〇〇枚だという逸話が残っているが、[6]自身の『随筆辞典』を元に書いたのであろう。

『妖異博物館』の「はしがき」には「三田村翁は妖怪変化と幽霊中心の怪談とを時代的に区別し、文化度までは猶両者が入交じっているが、文政以降は完全に幽霊の独占に帰するという説であった。幽霊中心の怪談は、演劇、読本、講談、浮世絵その他の作者の協力に成るもので、先ず幽霊の発生しそうな事件を作り、然る後本物が登場する順序に及ぶ。その前提の事件なるものは、例外なしに不愉快な葛藤である。これらの怪談は如何に夏向きであっても、所詮我々の趣味の外に在ると云わなければならぬ」とある。

やはり例によって民俗学者にも使いやすい。というのは民俗学者、とくに**柳田國男***の流れの研究は妖怪と幽霊を区別し、幽霊は創作が多いとして退けるものであったからだ。[7]

柳田とも交流をしていたのであるから、そうした考えもあったのかもしれない。

さて、『妖異博物館』は売れたので二冊目が出たわけだが、お化けにも一度だけでなく二度あらわれるものがある。『妖異博物館』の作中にある、会津の朱の盤という化け物を挙げよう。

若侍が同じ年頃の侍に出会う。ここら辺に朱の盤という化け物が出ると聞いていたのでその話をすると、「その化け物と申すはかようのものか」と相手の顔が変わる。目は皿の如く、額に角が一つあり、朱の如き顔で、頭には針のような髪が生えている。口は耳まで裂け、歯がみをする音が雷のようであった。これをみて侍は気を失う。目を覚まし道端の家に入り、出てきた女房に水を貰おうと事情を説明すると、「その朱の盤とはかようのものでございますか」と女房も同じ顔になったという話だ。

こうしたよくあるパターンの話に同じ化け物に再び驚かされるから「再度の怪」という名前を付けたのが『妖異博物館』だ。こうした話型、つまりは話の型に関して柴田の感覚は優れていた。柴田は小*

泉八雲や岡本綺堂など作家のネタ元などもよく調べエッセイにしている。柴田の著作は現代の研究や原稿執筆にも役に立つ。しかし、まずはただ宵曲のごとく読みたくて読むことが肝要だろう。

（永島大輝）

注

[1] 棠毬子、羅漢柏、天野古日、雨森孤屋、大井泰介、大森多介、片野亨、国栖融、告天子、坂上冬樹、志実牟婁、関守人、南山廬、秦寒泉、浜野省吾、比野智雄、藤野長房、満天星、深山滋などなど。森銑三との共著も多く、そのどちらの筆名なのか本人もわからないものもあるという（佐伯彰一「細部の感覚、持ちの良さ：伝記作家としての宵曲居士」柴田宵曲『評伝　正岡子規』岩波文庫、一九八六年）。

[2] 小出昌洋「柴田宵曲さんの食」（柴田宵曲著・小出昌洋編『随筆集　団扇の画』岩波文庫、二〇〇〇年）。

[3] 伊藤慎吾「ライトノベルと近世怪談資料――『画図百鬼夜行』の受容をめぐって」（『学習院女子大学紀要』一九、二〇一七年）。

[4] 荒木優太『これからのエリックホッファーのために：在野研究者の生と心得』（東京書籍、二〇一六年）にはこうした在

野研究者の生きざまが書かれ、読み手の立場によっては、なかなか勇気づけられるものである。同書には森銑三も取り上げてある。余談だが本書も在野研究者の書いた本として読むことが可能かもしれない。

［5］　柴田宵曲『随筆辞典①衣食住編』（東京堂出版、一九六〇年）。

［6］　青蛙房主人「編集後記」（柴田宵曲『柴田宵曲文集　6』小沢書店、一九九一年）。

［7］　柳田國男著・小松和彦校注『新訂　妖怪談義』（角川学芸出版、二〇一三年）。

参考文献

・木村新・森銑三・高橋邦太郎・大沢侃次郎・岡本経一・八木福次郎　一九六六「柴田宵曲氏を偲ぶ　座談会」「日本古書通信」二七〇号、一〇月一五日

・柴田宵曲　一九六〇『随筆辞典①　衣食住編』東京堂出版

・多田克己「解説　妖の民間伝承」二〇〇四『日本怪談集　妖怪篇』下　中央公論新社

阿部主計

あべ・かずえ（一九〇九～二〇〇六）

半世紀前から出版され続けた入門書

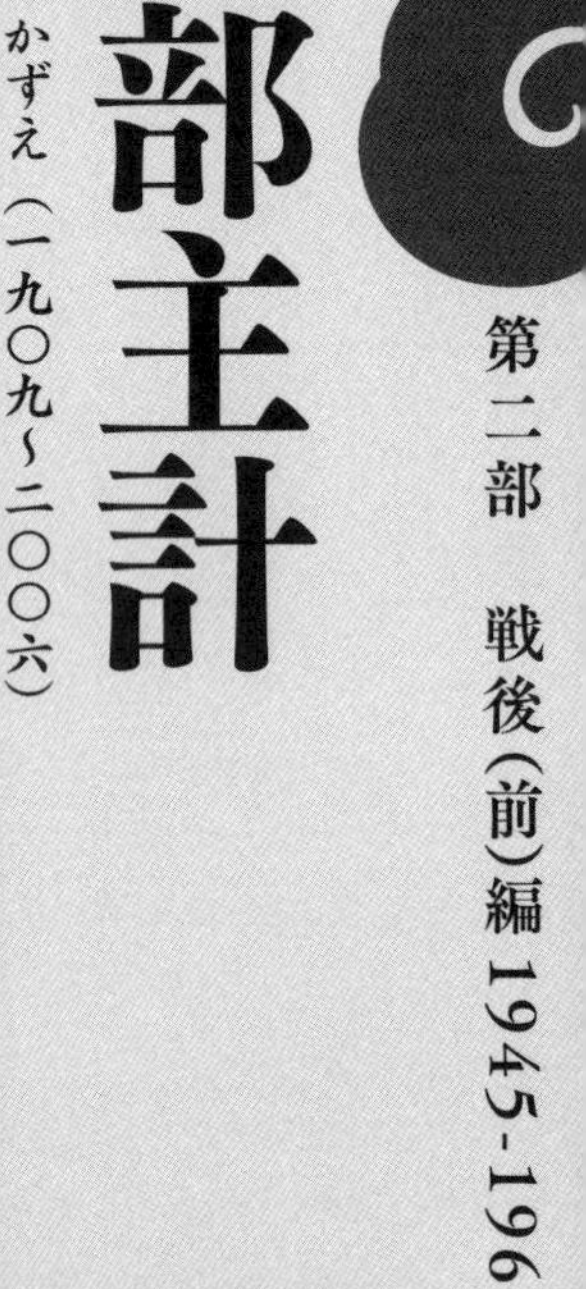

略歴

随筆家・翻訳家。日本推理作家協会会員。東京生まれ。慶應義塾大学文学部卒。推理作家協会の前身である「探偵作家クラブ」創立当時から参加し、翻訳・随筆を手掛ける。代表著作は『妖怪学入門』『伝統話芸・講談のすべて』、訳書に『カナリヤの爪』など。

人物像

阿部主計は、少年時代に祖母と無声映画や雑誌『新青年』に育てられたと自称している。またその後は歌舞伎座の客席に通いながら慶応大学国文科を卒業。卒論「だんまり考」は戦前ではもっとも短い卒論であったという。以降転職を繰り返し、「終始、他人様の親切に甘えて生き延びた、大正ヒューマニズム育ちの、怠け者の典型」と称し、あだ名は毒舌家であることから「青酸カリ」。これらは週刊文春

図1　『妖怪学入門』で掲載された十返舎一九『化皮太鼓伝』(1833年)の図版。
尾崎久弥『怪奇草双紙画譜』(1930年)より引用されている。

での大宅壮一との対談において書かれたプロフィールである。[1]

同記事では「幽霊・妖怪研究家」という肩書になっているが、どちらかといえば彼の著作は翻訳や随筆が多く、妖怪に関する著作はあまり多くはない。『妖怪学入門』を除けば、芸能や小説での幽霊の扱われ方について随筆の中で触れたり[2]『講座日本風俗史 別巻7 妖異風俗』(一九五九年)で探偵作家クラブ会員らしく「妖術・忍術・魔術」と「心霊術・読心術・催眠術」の項を執筆している程度である。

しかし、その主要著作である『妖怪学入門』については、妖怪好きであれば誰しも見かけたこと・聞いたこと程度はあるのではなかろうか。同書は一九六八年に初版が発行されて以降、一九七一年に増補改訂、一九七四年に第三版、一九九六年雄山閣ブックスとして復刻、二〇〇四年に新装版発行、二〇一六年に雄山閣アーカイブスとして復刻と、常に本屋に並んでいるような状態となっており、今なお入手しやすい本の一つである。したがって本項については、『妖怪学入門』を一番の主題として見る必要があるだろう。

代表作『妖怪学入門』

『妖怪学入門』は「あとがき」にもある通り、**江馬務***『日本妖怪変化史』(一九二三年)と尾崎久弥(おざききゅうや)『怪奇草双紙画譜』(一九三〇年)を参考としている。尾崎久弥の著書からの引用は主に図版であるため(図1)、本書は『日本妖怪変化史』の流れを汲んだ、民俗的な側面からではなく風俗史の側面から妖怪事例についてまとめた書籍であると位置づけられる。事実、『妖怪学入門』では、百鬼夜行絵巻や鳥山石燕(とりやませきえん)(→「**画図百鬼夜行**」*)あるいは歌舞伎などといった歴史上での妖怪の描かれ方に焦点を置いた記述が多い。『伝統話芸・講談のすべて』の解説によると阿部は「ほとんど東西古今の芸能に暁通している」との事で、実際に芸能に関する雑誌記事もいくつも書いているので、これは当然だろう。

しかし、『妖怪学入門』には『日本妖怪変化史』とは異なる重要な点がいくつか存在する。まず一点目は、『日本妖怪変化史』の中で江馬は「妖怪」「変化」をそれぞれ異なるものとして定義しているが、阿部はそれに「幽霊」を追加し、「妖怪」「変化」「幽霊」の三概念の複合を「おばけ」と定義している点である。そのためか本書では『妖怪学入門』というタイトルでありながら幽霊に関する章もかなり多い。

二点目は、章立てがおおよそ時代順に並べられている点である。『日本妖怪変化史』においても第二章は時代ごとの妖怪の特徴が述べられているが、全体の構成は容姿や能力といった個々の要素に重きが置かれている。一方、『妖怪学入門』では第二章の構成を主として引き継いだ形となっている。なお、一般的に民俗学的な立場から書かれた妖怪書籍の場合であれば、そもそも時代という考え方はあまりない。

石燕の白粉婆　映画の白粉婆

石燕の ぬっぺらぼう　映画の ぬっぺらぼう

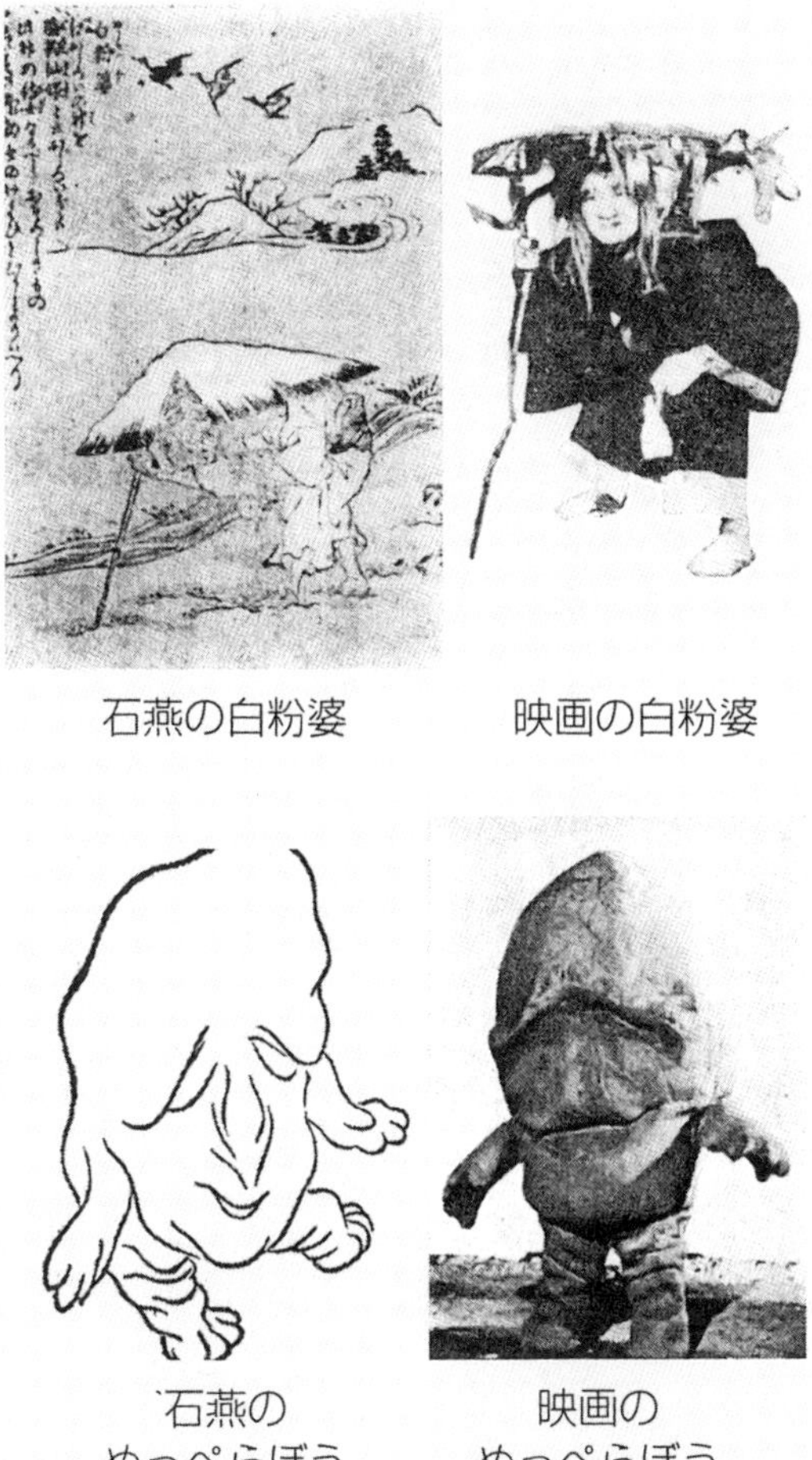

図2 『妖怪学入門』で掲載された、映画『怪談百物語』(1968年)と鳥山石燕の絵の比較。

三点目は、これはある意味で当然ともいえるが、『日本妖怪変化史』出版以降の映画『怪談百物語』(一九六八年)などでの「妖怪」の扱われ方についても触れられている点である(図2)。『妖怪学入門』が出版された一九六八年は、時代的には**水木しげる**[*]の「ゲゲゲの鬼太郎」がアニメ化され妖怪という存在がまさに周知された時期である。この時代は漫画雑誌などがこぞって妖怪特集を行ってはいたが、体系だってまとめた本は少なかった。その中で『妖怪学入門』は、風俗史の面から「妖怪学」を冠して出版した、すなわち専門書に近い体裁である一方で現代のわれわれの感覚に近い「妖怪」を示した本であり、さらに江馬務・**藤澤衛彦**[*]以降かつ水木しげるの妖怪系主要著作以前の出版という、時代の空白を埋める妖怪本でもあった。言い換えれば、本書は現代での「妖怪」感覚上において、専門書あるいは妖怪研究の古典として手軽に読みやすい資料となっている。現在に至るまで何度も再販されることは必然だったのかもしれない。

（御田鍬）

注

［1］「菅原道真が幽霊ナンバーワン」（『週刊文春』一九六九年七月一四日号）。

［2］「ゆうれい談義の究極」（『経済往来』四五―九、一九九三年）など。

尾崎久弥『草双紙選』（改造文庫、1932年）

「合巻類と諸動物」という章で、土蜘蛛の妖怪・術として紹介されている合巻からの図版のひとつ。山東京伝・歌川豊国『絵看板子持山姥』の一場面で、源頼光を滅ぼそうと黒雲皇子が出した術の様子と女官すがたの土蜘蛛たちが描かれている。この合巻は月岡芳年『美勇水滸伝』の画題にもなっているのだが、この図版の紹介機会や1960年代以後の作家たちからの再利用の度合いは乏しく、定番な〈妖怪〉として膾炙されているとはいえない。【泉】

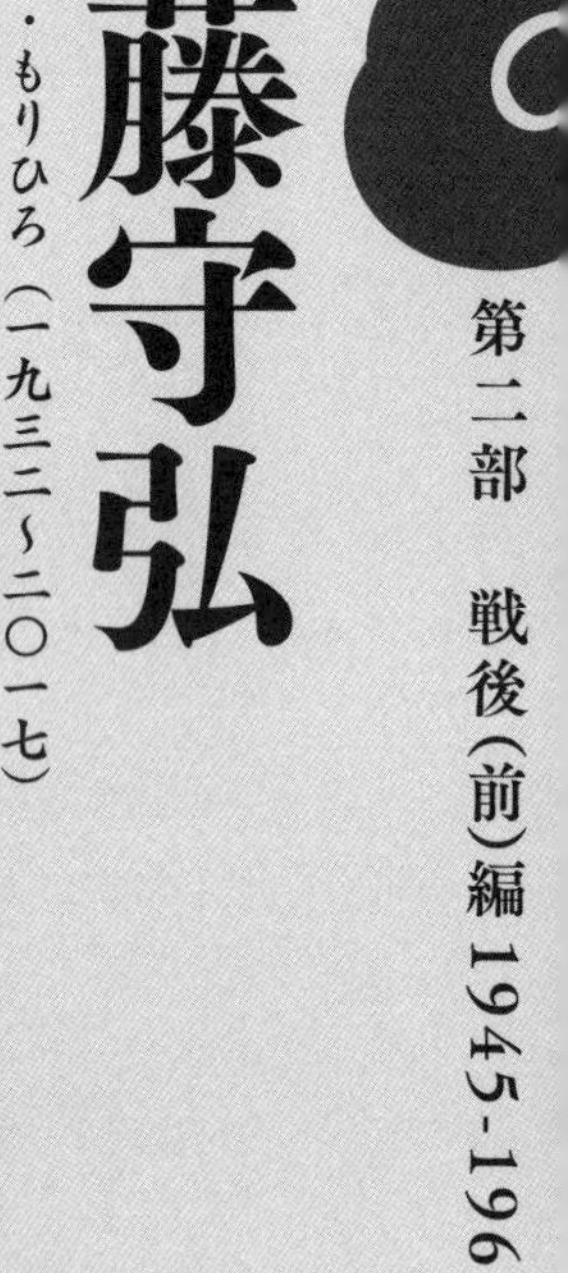

斎藤守弘

さいとう・もりひろ（一九三二～二〇一七）

再評価が望まれる妖怪ブーム影の立役者

略歴

怪奇作家、古代史研究家。本人は前衛科学評論家と称した。東京教育大学卒業。日本初のSF同人誌『宇宙塵』（主催・柴野拓美）に参加。膨大な蔵書から得た知識と海外雑誌記事再構成を基にした古代文明や宇宙人、世界の謎に関する文章を昭和三十年代から平成初期までに多数執筆。その活動範囲は科学雑誌、週刊誌、少年少女雑誌と広い。中でも大伴昌司と組んで『週刊少年マガジン』（講談社）に連載した「決定版シリーズ」は人気を博した。同シリーズは絵や写真を構成し、要点を簡潔にした文章を添えた視覚的読み物（情報パッケージ）として企画されたが、その後各社から出版された児童書に多大なる影響を与えた。晩年は神奈川で超（新）歴史研究会に参加し、古代文明研究に専念。

雑誌の怖い妖怪記事で水木しげるに影響

斎藤が書いた単行本『サイエンス・ノンフィクション』（早川書房、一九六四年）、『惑星動物の謎』（大陸書房、一九七五年）を読めば彼が幻想動物や妖怪に関して豊富な知識を有していたことは理解できる。その場（単行本）が与えられればユ

齋藤守弘

超（新）歴史学研究会

理事長　齋藤守弘

斎藤守弘署名　幕張本郷猛所蔵　斎藤守弘名刺（幕張本郷猛所蔵）

『惑星動物の謎』（大陸書房）

『サイエンス・ノンフィクション』（早川書房）

『ぼくら』 1965.5
「日本のおばけ世界のおばけ」

ニークな妖怪本を残したことだろう。だが残念なことだが、斎藤は妖怪を単独で扱った単行本は残さなかった。そこでここで述べる対象は自ずから雑誌に掲載された妖怪記事となる。以下、その実績を見てみよう。

◆「日本のおばけ・世界のおばけ」『ぼくら』（講談社、一九六五年五月号）

斎藤初の妖怪記事であると考えられるが、記事の目的とするところは妖怪＝錯覚という啓蒙である。（ただし「がしゃどくろ」の元となった「グラミス城の黒い騎士」が紹介されていることに注目。）

この時期、あるいはこの時期以前の妖怪関連記事と言えば、雑誌『少年』（光文社）・雑誌『少年画報』（少年画報社）における**北川幸比古***の記事が目を引くくらいであった。

◆「世界のおばけコンクール」『別冊少女フレンド』（講談社、一九六五年秋号）

妖怪史的に重要なのがこの記事。楳図かずおの挿絵で「首なし騎士」「歯ぬきがいこつ」などが紹介されている。実は同誌の前号で科学評論家・佐伯誠一のおばけ記事が掲載されていたが、もう一つ迫力に欠けた……というのは個人的な見解だが、同誌で妖怪関連記事が増えた契機となったのは間違いない。

次は以降『別冊少女フレンド』に掲載された妖怪

記事を追ってみよう。

◆「世界のおばけコンクール」（一九六六年一月号）

ねこ女、ふくろう姫、とらむすめなどが恐怖性を強調して紹介されている。編集部からの「怖い記事」という要請に答えた内容であると思われる。斎藤は一方で退治方法も紹介するなど怖さを中和させる要素も取り入れている。ふくろう姫は後にホウホウとして紹介される妖怪だが、和名を独自で付ける特徴が現れ始めた。

◆「ほんとうにでた日本のおばけコンクール」（一九六六年四月号）

のっぺらぼう、かたわ車などを紹介しているが、「ほんとうにでた」怖さが記事の目的なのであろう。

◆「ほんとうにでた世界のおばけコンクール」（一九六六年九月号）

とりかえっ子、野ぶす女、影くらい、胃ぶらりんなどが紹介された。「世界のおばけゆうれい勢揃い」『世界のモンスター』（山内重昭著、秋田書店、一九六八年）に掲載された妖怪たちが初登場。斎藤の妖怪記事の特徴＝独自の和名で紹介するため元ネタが判別し辛い傾向が強くなっている。胃ぶらりん＝ササボンサム[1]と当時気づいた人間はいなかったのではないか。そのため現在でもまったく調べず捏造扱いする人間がネット上に散見する要因となっている。

◆「わたしはおばけを見た！」（一九六六年九月号）

最新の妖怪事件情報という形式の記事で、少女たちの怖いもの見たさに応えたものとなっている。

◆「ほんとうにでた世界の妖怪大特集」（一九六六年十月号）

モズマ（内臓魔）、こうもり男爵、バララなどが登場。「ほんとうにでた」という形で紹介されていたのは少し驚く。本当にでたのなら間違いなく怖い。

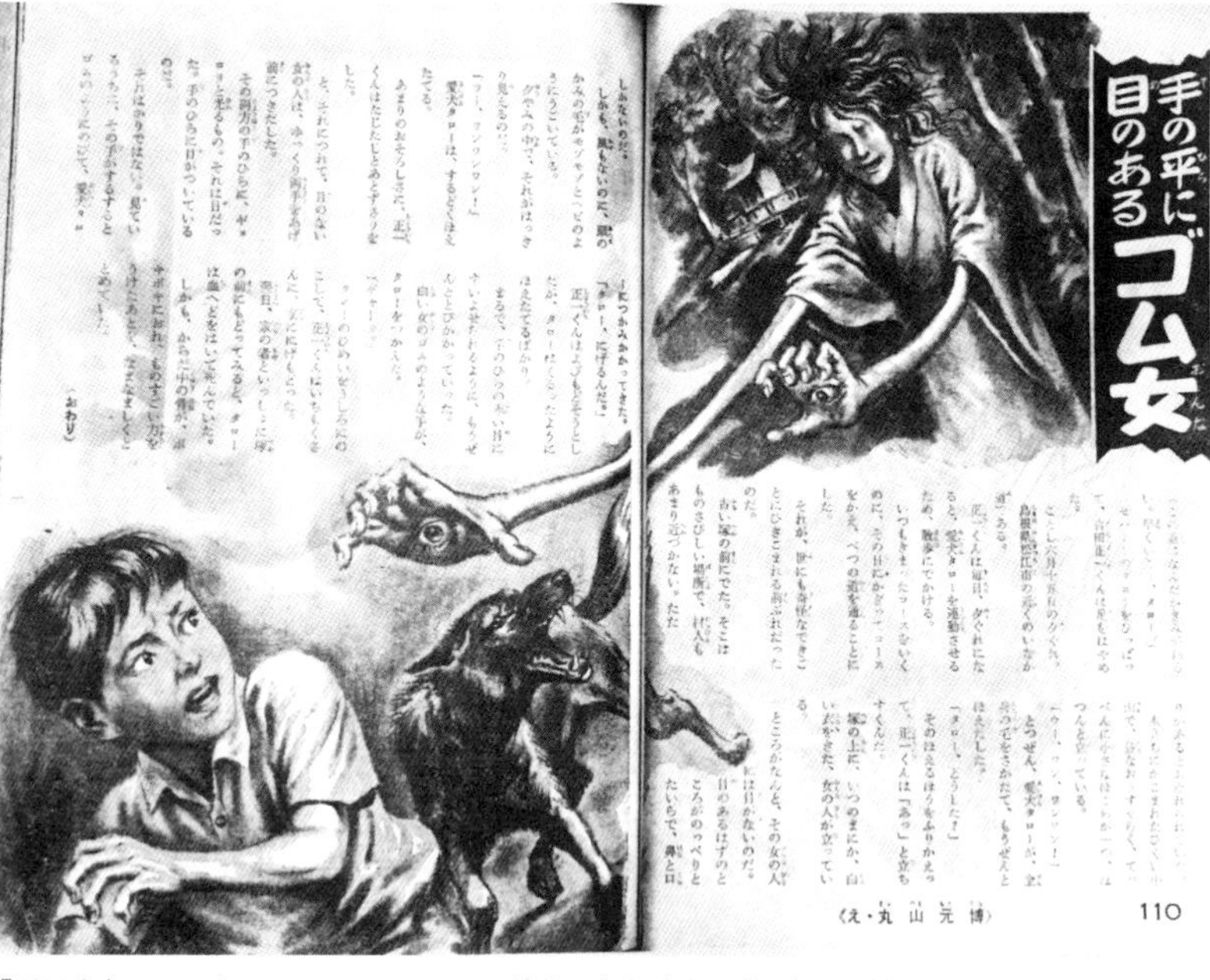

『別冊少年キング』1966.9　ショッキング特集　妖怪変化　絵・丸山元博他

◆「あなたのそばにいる日本の妖怪特集」（一九六六年十一月号）

（記事は無記名、絵師もクレジットがない）

斎藤から**佐藤有文***に引き継がれ、**水木しげる***を通じて現在も知名度が高いがしゃどくろ、はたおんりょう、首かじり、じゅぼっこの初出。講談社と付き合いがあった水木がこの号を参考にした可能性は限りなく高い。

『少女フレンド』は本誌・別冊を合わせると、斎藤・**中岡俊哉***・楳図かずお・石原豪人（いしはらごうじん）（挿絵画家）が揃っていたため、『週刊読売』（読売新聞社、一九六八年七月二六日号、文／現代女性リサーチセンター）の記事「幽霊より女の子のゾーッ!」のなかにおいて怖いものとしてその名が挙げられたことからすると編集部の意図は成功していたと言える。

「世界の魔神」（週刊少年サンデー　1966.11.20
「世界の魔神」文・斎藤、大伴昌司　絵・ムロタニツネ象他）

別冊少年キング　1967.9　世界のおばけ勢揃い
絵・木村正志他

当然、少年雑誌の読者にもその要求はあったであろう。

◆**「ショッキング特集　妖怪変化」『別冊少年キング』（少年画報社、一九六六年九月号）**

現実に起きた妖怪事件という記事。「手の平に目のあるゴム女」が島根県に出現し、正一君の愛犬を殺したという話の信憑性はともかく、読者の怖い記事を読みたいという要求に応える内容となっている。

なお、スーダンのさかさ魔（さかさ男）が紹介されているが、後の記事では削除されることが多かった「猫そっくりの声でなき人を誘い出す」という記述があり、これがさかさ男の起源を辿る上で重要なキーワードとなった。[2]

◆**「世界の魔神」『週刊少年サンデー』（小学館、一九六六年十一月二日）**

妖怪記事発展のもう一方の雄・大伴昌司との記事。

木の鬼ピクラス、アシャンティ、チョンチョニィ、カボ・マンダラット。水木の単行本『妖怪世界編入門』（小学館、一九七八年）等の参考になったと考えられる。

◆「世界のお化け勢ぞろい」『別冊少年キング』（少年画報社、一九六七年九月号）

挿絵の一部を変更して前述の『世界のモンスター』に収録されたため、この妖怪記事が一般に最もよく知られた斎藤の妖怪記事であろう。

なかなか振り返られない妖怪に関する記事

斎藤の妖怪記事を振り返ってみたが、妖怪関連の単行本を残さなかったためそのインパクトは単発的なものであった。四次元や心霊現象の単行本は残したので、その分野においては一定の評価は得ていると思われる。一方、漫画ファンも狙っている雑誌古書は競争率が高いため入手は簡単ではなく、妖怪の面から斎藤を評価する声はまだまだ少ない。そのため斎藤の妖怪記事における業績を振り返る総集編の発売による再評価が望まれる。

テレビでも妖怪

一九六八年一〇月七日の『11PM』（日本テレビ）は「妖怪学入門」として放送されたが、ゲストは水木しげる、椹図かずお、斎藤守弘であった（筆者は斎藤守弘の所有物だった台本を入手）。妖怪とおばけの違い、妖怪の種類・系図、日本と外国の妖怪の差（パネル使用）といった中身。一九六〇年代の少年少女雑誌妖怪特集の集大成のような番組だ。斎藤の全盛期から既に五十年を経過している。当時同番組を見た方の思い出なども重要な証言となろう。

（幕張本郷猛）

注

［1］詳細は同人誌『空亡』所載の「アササボンサン、オバイホ、ラテイム」（文・廣田龍平）を参照のこと。

［2］二〇一八年四月二十八日のｔｏｒｏｉａ氏（妖怪研究家）のツイートに拠れば『黒いアフリカの宗教』（白水社、一九六四年、ユベール・デシャン著、山口昌男訳）に同様の記述があり、参考にした可能性が示された。

少年少女雑誌の怪奇記事とネタ元

コラム

妖怪研究において漫画雑誌は難関の一つだ。調査を考えてはみても雑誌の種類・号数の多さ、付録等の入手困難さ、手間や費用の課題がある。必要性を感じてはいても、なかなか本格的には踏み切れなかったという方も多かろう。

筆者は***中岡俊哉**・***佐藤有文**・***斎藤守弘**を中心にほとんどの少年・少女雑誌記事を調査したが、その過程のなかでの発見により、通説とされてきたことが覆ったことが数多く在った。

バックベアード

そのなかで最もインパクトが大きいのは「バックベアード（昆虫の目）」ではないだろうか。***北川幸比古**の項で紹介しているので、詳細は省くが、この『少年ブック』の記事発掘により、水木創作説の可能性は低くなった。しかし「バックベアード」の正体は今もってまったく不明である。藤倉珊氏（「新説　バックベアードの正体」『と学会誌四十二』）でのバグアイド・モンスター＝バックベアード説なども存在するが、北川本人が鬼籍に入った現在、証明は出来ない。挿絵の元ネタとなった画像や、同じ特徴の妖怪伝承などが発掘されない限りこの状況は続くであろう。

がしゃどくろ

斎藤守弘の「自分で頭を抱えて出て来る英国の

幽霊譚から作った」[1]という証言は重要だ。「幽霊のがしゃがしゃという音（鎧の音か）」ががしゃどくろの元ネタということになる。「科学であかすおばけの正体　日本のおばけ　世界のおばけ」『ぼくら』（講談社、昭和四十年五月号）の記事で紹介されたグラミス城の黒い騎士なる幽霊がそれだ。[2]　がしゃどくろそのものは「あなたのそばにいる日本の妖怪特集」『別冊少女フレンド』（講談社、一九六六年十一月号）で初登場（無記名だが、斎藤守弘の記事）。その後、『別冊少年キング』（少年画報社）一九六七年九月号の「世界のおばけ勢ぞろい（文／斎藤守弘）」にも掲載され、『世界のモンスター』（秋田書

少年ブック　1965年8月号

「がしゃどくろ」（別冊少女フレンド1966.11（2巻9号）「あなたのそばにいる日本の妖怪特集」）

「じゅぼっこ」（別冊少女フレンド1966.11（2巻9号）「あなたのそばにいる日本の妖怪特集」）

店、山内重昭・著）に転載された。一九六七年に水木しげるが自分の記事に取り入れたため、水木オリジナルであると思っている人が多い。なお、歌川国芳の「相馬の古内裏」は一切関係がないので注意されたい。

いま名前が出た『別冊少女フレンド』一九六六年一一月号「あなたのそばにいる日本の妖怪特集」が重要なので三つまとめて紹介しよう。

じゅぼっこ

同誌で初登場。この時点では「戦場」の妖怪ではなく、血ではなく養分を吸い取る（養分＝血とも考えられるが）。水木しげるが週刊少年マガジンの増刊『日本妖怪大全』（一九六八年）で使用、その後も再使用され続けたため、水木創作説がいまだに根強い。

首かじり

同誌で初登場。詩人の宗左近氏（当時法政大学教授）も『少年サンデー』一九六七年九月十日号掲載の記事「君もオバケが見える?!」のなかで「妖怪首かじり」を紹介するなど強い浸透力を誇った。佐藤有文に引き継がれ、『日本妖怪図鑑』の記事も知名度が高い。水木しげるの使用も多い。

なお、斎藤守弘は「大学の教授の本棚に少年マガジンがあった」という意味の文章を『四次元の科学』（大陸書房、一九七二年）に書いたが、このケースでは大学教授の本棚に別冊少女フレンドがあったことになるのだろうか?・（水木しげるの記事で知った可能性もあるだろうが）

「はたおんりょう」（別冊少女フレンド1966.11（2巻9号）「あなたのそばにいる日本の妖怪特集」）

はたおんりょう

同誌で初登場。その後、『別冊少年キング』一九六七年九月号の「世界のおばけ勢ぞろい（文／斎藤守弘）」にも収録された。水木しげるの紹介の方が有名であろう。佐藤有文にも引き継がれた。斎藤は霊の一種として『恐怖！幽霊スリラー』（学研、一九七四年）でも紹介している。

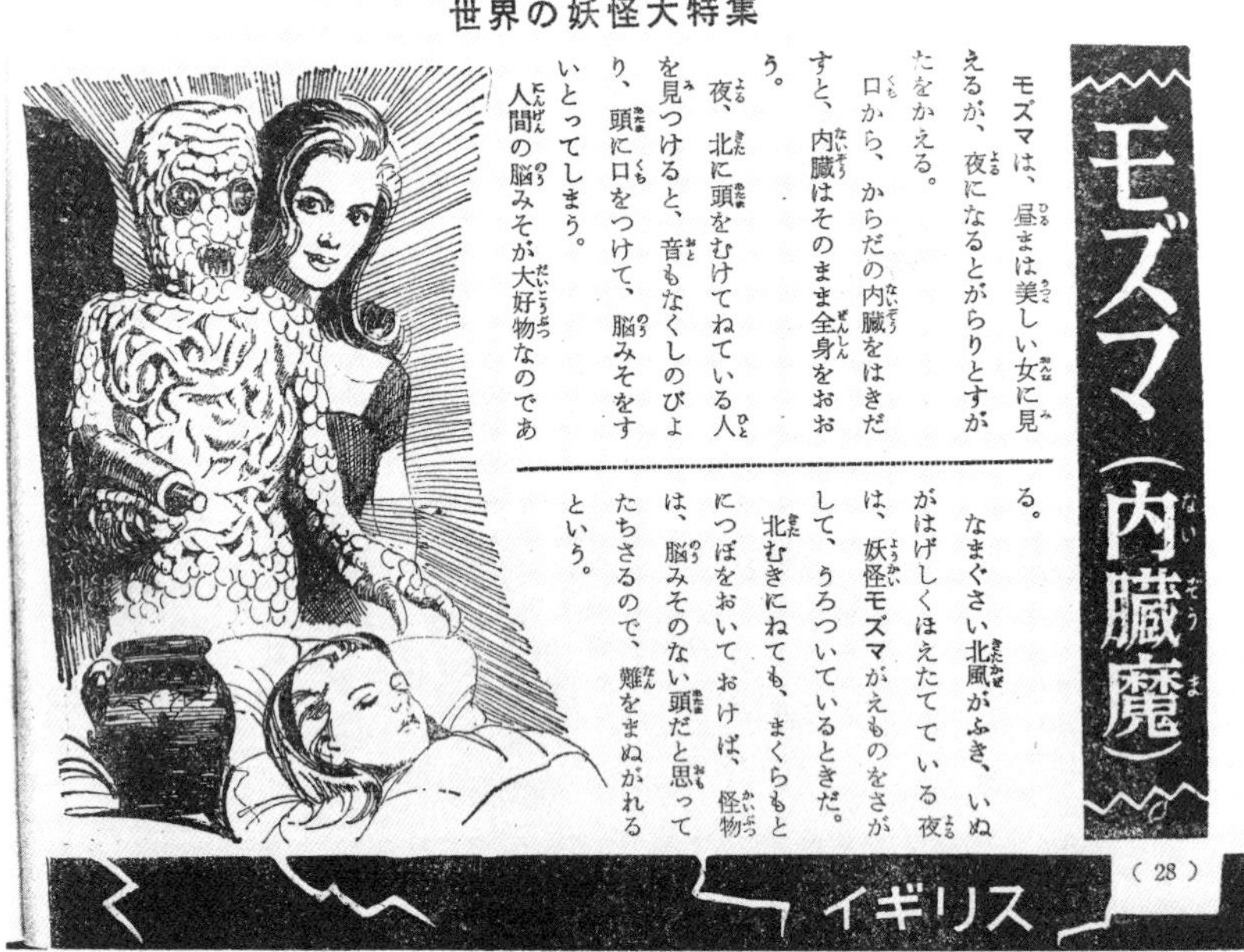

世界の妖怪大特集

モズマ（内臓魔）

モズマは、昼まは美しい女に見えるが、夜になるとがらりとすがたをかえる。

口から、からだの内臓をはきだすと、内臓はそのまま全身をおおう。

夜、北に頭をむけてねている人を見つけると、音もなくしのびより、頭に口をつけて、脳みそをすいとってしまう。

人間の脳みそが大好物なのである。

なまぐさい北風がふき、いぬがはげしくほえたてている夜は、妖怪モズマがえものをさがして、うろついているときだ。

北むきにねても、まくらもとにつぼをおいておけば、怪物は、脳みそのない頭だと思ってたちさるので、難をまぬがれるという。

（28）

イギリス

「モズマ」（別冊少女フレンド「ほんとうにでた世界の妖怪大特集」1966.10（2巻8号）絵・石原豪人（いしはらごうじん））

◉［その他の妖怪］

食人鬼

ゴヤの絵に「食人鬼（ゴール）」のキャプションを付けたのは佐藤有文。それより早く荒俣宏（あらまたひろし）と竹上明（たけがみあきら）の記事「吸血鬼」『中学二年コース』（学研、一九六九年二月号）のなかで、やはりゴヤの絵に「食人鬼（じきにんき）」のキャプションが使用されている。[3]

モズマ

斎藤守弘「ほんとうにでた世界の妖怪大特集」『別冊少女フレンド』（講談社、一九六六年月号）で内蔵魔モズマとして初登場。モツの妖魔＝モズマ、なのだろう。モズマの対処法はこの初出の記事にしか含まれていない。その後、『別冊少年キング』一九六七年九月号の「世界のおばけ勢ぞろい（文／

さかさっ子

われては、

「ニャオー、ニャオー。」

と、ねこそっくりの声でなく。

「うるさいねこだなあ。しっ、しっ。」

とおっぱらおうとすると、やみの中から、ぼうっと光る白いものが見える。

ミイラのようにやせた女だ。

その顔を見た人は、

「あっ。」

と、こしをぬかす。


のだ。さんばら髪がひげのようにたれ、ひたいのあたりで口がぱくぱくうごいている。

頭でっかちで寸づまり。長い足もあべこべについていて、手は毛むくじゃら。

このおばけにしつもんされたら、なんでもあべこべに答えなければならない。そうしないと、手足をばらばらにされ、さかさ首や、あべこべ足にされてしまう。


さかさっ子（別冊少女フレンド　1966.5（2巻3号）「世界のおばけコンクール」　絵・石井勝利）

斎藤守弘）」にも掲載され、秋田書店の単行本『世界のモンスター』に転載された。これも佐藤有文の『世界妖怪図鑑』（立風書房）での柳柊二による挿絵が印象深い。中岡俊哉も『モンスター大図鑑』（二見書房）のなかで紹介している。

さかさ男

佐藤有文の『世界妖怪図鑑』での紹介（画・柳柊二）が印象深いが、斎藤守弘の記事「ほんとうにでた世界のおばけコンクール」『別冊少女フレンド』（講談社、一九六六年五月号）にアフリカの妖怪さかさっ子として初登場。斎藤と大伴昌司が執筆した「世界の魔神」『週刊少年サンデー』（小学館、一九六六年一一月二〇日号）ではアシャンティとして紹介された。その後、斎藤の紹介も「さかさ」となり、神保史郎の妖怪記事（少女フレンド増刊。資料

中学一年コース　1970.9 これが妖怪のすべてだ!! 一本腕の亡霊(妖女)
絵・南村喬之(クレジットなし)

は斎藤提供と思われる）では、さかさっこに。記事によって男の妖怪だったり女の妖怪だったりと変貌も遂げ、学研の学年誌の記事では「アペラーナ」と紹介された。

一本腕の妖女

「これが妖怪のすべてだ」『中学一年コース』（学研、一九七〇年九月号、無記名記事）で、「一本腕の亡霊」として初登場。記事の書き手は佐藤有文であると思われる（先に紹介したアペラーナもこの号）。その後、佐藤の『世界妖怪図鑑』で柳柊二の挿絵で紹介された。殆どこちらのものしか知られていないであろう。

他にもまだ色々あるが、アササボンサン、オバイホ、ラテイムは同人誌『空亡』第二号で廣田龍平氏が書いているのでそちらを参照されたい。

紙数が尽きたが、調査のなかで出会った久米みのる、永山秀雄、木島和雄、武田武彦、ホシ・サブローなどが書き上げた初出だけで終わった妖怪達はまだまだ存在するのだ。

（幕張本郷猛）

注

［1］ https://togetter.com/li/817234【斎藤守弘先生に聞いてきた】まとめ内の羽仁礼氏と小山田浩史氏の取材より。

［2］ このグラミス城には他にも逸話があって「グラミス古城の怪異」という記事が大正十二年に雑誌『雄弁』十四巻七号で紹介された（文／草村礙也）。ただし地下に幽閉された半人半蛙の人間のお話。

［3］ なお、「幽霊より女の子のゾッー！」（文／現代女性リサーチセンター、『週刊読売』昭和四三年七月二六日号）のなかで「知っている妖怪／男の子」の記事で「食人鬼」の名は見ることが出来る。小泉八雲の特集で取り上げられたのだろうか。それ以前があったのかは定かではない。

山内重昭

やまうち・しげあき（一九二九～？）

子供向け妖怪百科の先達

略歴

一九二九年生まれ。[1] フリー・ライター、会社員。戦時中は測量の仕事に従事。戦後、建設関連PR誌の編集、国鉄で通信関係の仕事に就いた（品川電務区など）。国鉄では労働組合運動に参加、組合が発行した『文芸年度賞作品集』に応募した戯曲が入賞。国鉄退職後、フリー・ライターとなり、集英社などで執筆。秋田書店から声が掛かり、世界怪奇スリラー全集『世界のモンスター』（一九六八年）を執筆。その後、広告代理店に勤務（長崎屋の仕事などをしたという。『世界のモンスター』を持参して面接に挑んだエピソードも）。カメラ撮影や建築など多趣味で、それを生かして執筆した『医院建築の基礎知識』（金原出版、一九七一年）での写真画像はすべて山内本人が撮影したもの。山内によると、自由国民社から妖怪本の執筆の依頼があったが、断ったとのこと（『妖怪魔神精霊の世界』らしい）。一九八九年、広告代理店退職後、日本各地を旅行し、趣味の俳句に取り組んだ。

妖怪単行本の先達

世界怪奇スリラー全集第二巻として世にでた『世界のモンスター』（秋田書店）は、子ども向け妖怪本としては、先駆けの一冊だ。

左記を見て欲しい。

◆主要妖怪関連怪奇児童書

一九六四年八月　少年文庫『スリラー・ブック』
（少年画報社、著・**北川幸比古***）
一九六五年一〇月　少年文庫『怪談』
（少年画報社、著・北川幸比古）
一九六六年三月「日本のおばけ世界のおばけ」
（講談社『ぼくら』付録　文・**斎藤守弘***他）
一九六六年一二月『妖怪大図鑑』
（朝日ソノラマ、構成解説・大伴昌司（おおともしょうじ））
一九六七年八月「妖怪怪獣大行進」
（集英社、少年ブック付録）
一九六七年八月『世界スリラー画報』
（ふらんす書房、執筆・長尾唯一）
一九六八年一月「世界妖怪大辞典」
（少年画報付録　文・大伴昌司）
一九六八年一月　世界怪奇スリラー全集
『世界の魔術妖術』（秋田書店、著・**中岡俊哉***）
一九六八年二月　世界怪奇スリラー全集
『世界のモンスター』（秋田書店、著・山内重昭）

北川幸比古の存在が大きいが、少年画報社の少年文庫は現在、語られることも少なく、影響は小さい。また、北川の著作は妖怪を扱ってはいるものの、「妖怪図鑑」とまでは言えない。

斎藤守弘、大伴昌司はまさに先駆者だ。

単行本として発売された『妖怪大図鑑』（朝日ソノラマ）が子ども向け妖怪本の先駆けということに

『怪獣妖怪大行進』（少年ブック付録）1968.8　文・山本次郎他　絵・石原豪人他

なるが、内容はテレビ番組『悪魔くん』（東映）の登場妖怪を紹介、加えてグレムリンや吸血鬼などが掲載されてはいるが、怪獣図鑑の変種という要素が強い。絵の迫力で見せる部分が多く、文章は少なめで、絵本の一種であるとも言える。また、発売当時以降入手するのは簡単ではなかったため、時期が合わなかった子供たちには知名度は高くないのではないだろうか。『世界スリラー画報』にも同じことが言える。フォノシート付属の絵本とも言える仕上がりであった（ただし事典と題する項目や地図があるなど注目に値する部分はある）。

　少年少女雑誌の怪奇記事が好まれ、大きく発展したのは、大伴昌司・斎藤守弘・中岡俊哉・北川幸比古・小山内宏（軍事評論家）・佐伯誠一（科学評論家）らの功績だが、怪奇系単行本がシリーズ化され[2]たなかで妖怪を単独で扱った山内の一冊は存在感が大きい。一九七〇年代中期まで版を重ね（一九八〇年頃でも書店で買えた）、一九八四年には新装版も発売された。つまり長期間現役で書店で買えた「妖怪の本」だったのだ。

　ただ、情報パッケージ（→「斎藤守弘」）が発明（！）される以前の本であったため、視覚インパク

『世界妖怪大事典』（少年画報付録）1968.1
文・大伴昌司　絵・南村喬之他

『世界スリラー画報』

トがやや弱く（当時としては挿絵・写真とも多い意欲作であるが）、佐藤有文*や水木しげる*の妖怪本程には取り上げられる機会が少ない。

『世界のモンスター』

山内唯一の妖怪本となった『世界のモンスター』[3]だが、表紙の吸血ゾンビの迫力からして、怖がらせようという編集意図が強く感じられる。まえがきで山内はユーモアを交えつつ、妖怪を三種類に分類してみせる。「科学派」「吸血派」「変異派」だ。

「科学派」では怪物フランケンシュタイン、ドクター・モローの怪物、ジキルとハイド、透明人間の小説の世界を語る。果ては土偶＝宇宙人説まで。勿論、実際に科学者が怪物を作り上げた例はないので、文学や映画に登場した妖怪の記事となっているが、三つの分類の一大勢力にまで加えるのは文学や映画が生んだモンスターも語るに値する妖怪たちということなのだろう。

続く「吸血派」ではB・ストーカーのドラキュラや、史実に残された吸血鬼実話（エピソードの多くはK・セリグマンの『魔法』（平凡社世界教養全集）からと思われる）、耳なし芳一の元に訪れた亡霊＝吸血鬼という新説、リチャード・マシスンの「吸血鬼」から吸血バチルス、C・L・ムーアの「大宇宙の魔女」のシャンブロウが登場。丁寧によく調べている。「吸血鬼はニンニクに弱い＝一人で留守番をする夜はギョーザを食べよう！」という文がユーモアたっぷりで楽しい。狼男の例として、フランスのベルトラン事件も紹介されている。[4] ただし吸血鬼記事の最後の部分で「宇宙からの来訪者」の話が突然登場するなどやや脱線気味の部分もある。

「変異派」の紹介が読物としては一番充実している。変異派はさらに、バケシチ型・アニマル型・ヒュードロ型に分類される。バケシチは人間三割化物七割の意味で、アニマル型は動物の妖怪（カメ妖怪・クモ妖怪など）、ヒュードロ型は幽霊のことである。日本の妖怪は、鬼・天狗・河童や竜などを紹介。特に「羅生門の鬼」の記事で見せるユーモアが楽しい。打ちひしがれて帰った茨木童子（羅生門で腕を渡辺綱に切られた鬼）が酒呑童子に一喝されるくだり――「まさに鬼のような仕打ち、いや、鬼なのだからしかたあるまい」――はこの本全体を支配するユーモア感覚がよくわかる部分だ。

海外の妖怪はギリシャ神話などに加え、豪州のナマラカイン、[5] ウィンディゴなどが紹介されている。テュテュオーラの小説『ジャングル放浪記』から悪臭幽鬼が紹介されているのも貴重だ（この妖怪は後に佐藤有文が幽鬼ゴモラーとして紹介した）。

山内重昭

『世界のモンスター』(秋田書店　1968年)右は改訂版。

また、「みンな」「まびきバンバ」「金ン縛り」など出典が明らかではないとされる妖怪がひらがな・カタカナ混合で紹介されていたり、「たがらし」は佐藤有文にも引き継がれているなど何かと注目したくなる要素も見逃せない。

化け猫の話も豊富に紹介されており、最後を飾る九尾の狐の記事では、趣味の俳句も登場し見事にラストをしめる。かなりの力量を持つ書き手だったこ

『魔法—その歴史と正体』(平凡社　1961年)

とがわかる。当時の価格三八〇円でこれだけ豊富な妖怪情報を手軽に入手できる児童書はなかったのではないか。

勿論、結果として単行本一冊しか残さなかったため、佐藤や水木と比べると山内の存在は地味だ。しかし版数を重ねたことからすると、潜在的なファンの存在は多いはずだ。

再度、『世界のモンスター』が妖怪ファンに注目される値は充分にある。

なお余談だが、斎藤守弘の記事は編集部が追加したもので、山内本人は関与していないとのこと。やたらアライド・アーチスツ映画『フランケンシュタインの逆襲』や二十世紀フォックス『猿の惑星』のスチールが収録されているなど、独特の編集が楽しい。

（幕張本郷猛）

注

［1］今回の記事執筆にあたり、筆者は二〇一九年三月、山内宛に手紙を送ったが、宛先不明で戻って来てしまった。

［2］日本初の怪奇スリラー全集と宣伝された。他の巻の著者は中岡、真樹日佐夫、南山宏。

［3］編集担当は秋田君夫だったが、後に黒崎出版を創業した人物。

［4］C・ウィルソンの『殺人百科』（弥生書房）で有名な事件だが、「深夜の墓地を荒らすパリの狼男」（文／久原辰巳）『不思議な雑誌』相互文芸社、一九六四年三月号（二巻三号）を参照した可能性もあるだろう。

［5］『図説世界文化史体系』（角川書店）によれば、三人の女の悪霊だという。中岡俊哉は『モンスター大図鑑』（二見書房）のなかで「カマキリ男」として紹介していたが、実際は「カマキリ女」だったわけだ。

参考文献

K・セリグマン（著）平田寛（訳）一九六一『世界教養全集二十　魔法』平凡社
竹内博（編）一九八八『OHの肖像　大伴昌司とその時代』飛鳥新社
山内重昭　二〇〇四『浮世絵・街道・時空旅行』驢馬出版
山内重昭　二〇〇七『鶏肋句集　車旅』私家版

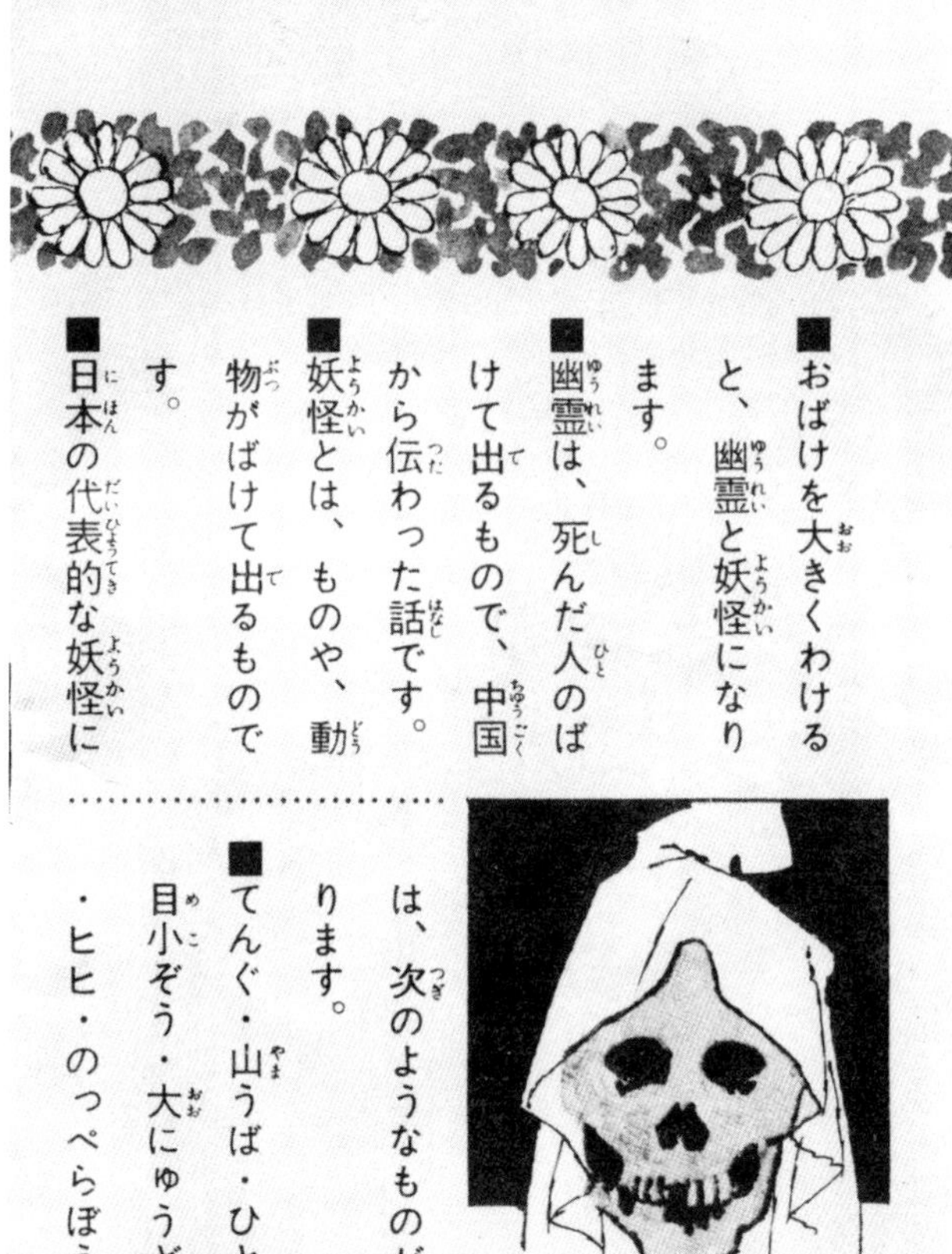

■おばけを大きくわけると、幽霊と妖怪になります。

■幽霊は、死んだ人のばけて出るもので、中国から伝わった話です。

■妖怪とは、ものや、動物がばけて出るものです。

■日本の代表的な妖怪には、次のようなものがあります。

■てんぐ・山うば・ひとつ目小ぞう・大にゅうどう・ヒヒ・のっぺらぼう

『日本怪奇名作集』(小学六年生1962年11月号・付録)

執筆は蓮本修。表紙の裏に記載されている妖怪についてのアレコレだが、その定義の書き方は当時の目・現在の目どちらから見ても何やらいい加減な点に興味深さがある。「代表的な妖怪」は、いわゆるところの都会的なおばけたちの品揃えである。【泉】

第二部　戦後（前）編 1945-1965

北川幸比古

きたがわ・さちひこ（一九三〇～二〇〇四）

子供たちに真摯に向き合うおばけ探検家

略歴

児童文学作家、翻訳家。豊多摩郡大久保町（現・東京都新宿区大久保）生まれ。早稲田大学国文科を卒業。学習雑誌『ぎんのすず』や個人出版社的場書房などで編集者として働いた後、児童向けのSF作品を多く執筆し、少年文芸作家クラブを発足する。前述の通りSF作品が多いが『怪談』、『おばけを探検する』、『おばけはどこにいる?・』などおばけに関する著作もある。

北川おじさんの軌跡を探検する

〈こわいもの見たさ、好奇心を力のもとにして、科学的に、歴史的に、しらべ、考えていくのがいい。そう思って、少年雑誌に長いあいだ、ゆうれいやおばけの話を書きつづけてきました。読む人をおどかしてやろう、こわがらせてやろうというようなつもりはないのですから、その場所へでかけていき、しらべ、考え、ノンフィクションを書くようにしました。[1]〉

『おばけを探検する』の序文に記載された一節である。この短い文章に北川幸比古の執筆に対する姿勢がよく表れている。このスタイルがどのように生まれ、おばけに繋がっていくのか見ていきたいと思う。[2]

北川幸比古は商業美術家の父の第七子として生まれ、児童文学作家の北川千代を叔母に持つ。父は早くに亡くなり、貧窮の中、都立豊多摩高校を卒業した。高校時代からの親友には詩人の谷川俊太郎がいた。この頃から、詩や児童文学に傾倒し始めており、童話を『こどもペン』に投稿している。

早稲田大学では「文学散歩」と言うジャンルを確立したことで知られる野田宇太郎について学んだ。早稲田大学卒業後は、編集者を経て、児童文学作家の道を歩むが、在学中に学んだ「文学散歩」の手法は、「その場所へでかけていき、しらべ、考え、ノンフィクションを書く」というその後のおばけを探検する系統の記事に結実していく。

おばけを探検する

おばけを探検する系統の記事としては、一九六四年の『少年』（四～一〇月号）の「スリラー・ルポ」というシリーズ連載では、幽霊の足あと・化けねこ・姫路城の怪談などを紹介し、続く一九六五年の同誌（一～四月号）では「日本伝説めぐり」というタイトルで全国のおばけなどの伝説を取り扱った。[3] 同年『週刊少年サンデー』（三七～四二号）では「日本の伝説」というシリーズ（挿絵は石原豪人。例えば四一号では「カッパの大戦争」という目を引くタイトル付けのものも見られた。）も掲載された。一九七二年にはそれらの集大成と言える『おばけを探検する』、一九八九年には『おばけはどこにいる?』が刊行された。

図1　大中寺七不思議のひとつ根なしの藤
（永島大輝「とある地域の妖怪事典blog」より）

これらで紹介されているものは、播州皿屋敷・東海道四谷怪談・真景累ヶ淵・鍋島の化け猫騒動・阿波狸合戦などのようなおばけの登場する演芸（怪談芝居・映画など）に関連するもの、栃木県の大中寺や本所などの七不思議といった地方観光と共に固定化していった伝説地に関連するものに大別される。

日本全国に伝わるおばけの話と場所、その場所に残るおばけの遺物・足跡を探検・探訪するというスタイルは、今でこそネット上で調べ、当たり前のように探訪することもできるが、北川幸比古の時代におばけの話が残る土地を幅広く網羅していたことは時代を感じさせない特筆すべき仕事である。

妖怪図鑑で世界を探検する

おばけの遺物・足跡を探検・探訪する記事以外に少年雑誌に掲載されていた記事には一九六五年『少年ブック』（八月号）「世界の幽霊おばけ１００選」のように図鑑の形式でおばけを紹介したものもある。

この記事では日本と世界のおばけが、各五〇体ずつ紹介されており、日本のものは**柴田宵曲***が編集した『随筆辞典　奇談異聞篇』（根岸鎮衛『耳嚢』、松浦静山『甲子夜話』などの随筆）と**柳田國男***『妖怪談義』（主に「**妖怪名彙***」）を主に参考している。カッパ・テング・雪女・ろくろ首といった多くの人が知っているもの、コナキジジ・スナカケババ・ヌリカベ・ベトベトサンなど、今では**水木しげる**[*]の漫画を通してお馴染みになったもの、通り悪魔・黒手・墓石みがき・おめでたざしきなど、紹介されるのも珍しいものも含まれており、妖怪図鑑として選別のバランスが良い。世界のものは多くを日夏耿之介（ひなつこうのすけ）／訳『吸血妖魅考』から採用しており、アササボンサン・オバイホ・ペナンガランなどその後、水木しげるが世界の妖怪として紹介したものも多く、昆虫の目として紹介されたおばけは別名としてバックベアードと表記されており、「その目をまともにみていると、しらずにガケからおちたり、めくらになるといわれて、おそれられている」と言う解説文は、翌年一九六六年の『週刊少年マガジン』（一七号）で水木しげるが描いたバックベアードでも参照されていると思われる。[4]

これほどの膨大な情報量を持ち、選別のバランスも良いので、北川幸比古の妖怪図鑑が刊行されなかったことは残念でならない。

北川おじさんの視点を探検する

北川幸比古は、おばけを探検するものにしてもおばけを紹介する図鑑にしても、子供が読むものだからと面白ければ良いというような無責任なものではなく、子供相手にもきちんとしたものを提供する姿勢で、執筆されている。[5]

大人が読むような専門書をしっかりと調べ、民俗学者の**今野圓輔**[*]のような専門家を訪ねて話を聞くなど、手間を惜しまずに丁寧に分かりやすく書かれたおばけの記事は、現在でも色褪せずに世のおばけ好きたちを魅了し続けている。[6]

（式水下流）

注

［1］この『おばけを探検する』の序文では、当項目の冒頭写真が添えられ「ある日の北川おじさん」と記載がある。子供の目線に立ち、数々の児童書を出した北川幸比古らしい親しみやすい呼名である。同書の巻末には感想を聞かせてもらいたいと住所と電話番号を読者に開示している。対象読者である子供たちに真摯に向き合っていたことが感じられる。

［2］北川幸比古は統括して、「おばけ」という表記をしているので、本項はそれに倣って「おばけ」と表記する。一九六四年の『スリラー・ブック』では、**江馬務***の説を参考に妖怪・変化・幽霊を分類し、おばけは変化に該当することを明示している。

［3］「日本伝説めぐり」では伝説地図が掲載された。北海道・東北伝説地図では、雪女（東北各地）や安達ガ原の鬼婆（福島）などの有名どころに加えて、パウチ（北海道）も紹介している。知里真志保（ちりしまほ）が『えぞおばけ列伝』でパウチを紹介したのが、一九六一年で幕張本郷猛（まくはりほんごうたけし）によると一九六二年『少年』増刊スリラーブックの「日本の怪談地図」や一九六三年『小学五年生』「夏の夜におくる世界のおばけコンクール」でも取り上げられ、後に**佐藤有文***『日本妖怪図鑑』でも採用されていることから、情報が受け継がれていることが分かる事例と言える。

［4］バックベアードを含む少年雑誌の記事に関しては、二〇一八年三月三一日異類の会発表　幕張本郷猛「少年少女雑誌・児童書における妖怪記事の基礎知識」より、多く参照させていただいた。北川幸比古は児童SF作家として活躍もしていたので、SF的な方向性で解析してみよう。「昆虫の目」という名称・「まるで巨大なこん虫の目だけのようなばけ物」…bug eyed monsterを直訳。「やみにひかる巨大な目。ニューとはえた、ふといひげ」…五〇年代のSF映画にもみられる要素。ふといひげという表現は触手や視神経に通じる。一九六二年のJ.Hunter Holly "THE FLYING EYES" でも "It was the back of an eye: bloody membrane and nerves—skinless, unprotected, horror." と目玉の裏側は、神経が剥き出しになっている描写がある。「バックベアードという」…神経を髭のように見立て、目の背面（バック）の髭（ベアード）。「その目を、まともにみている

図2　昆虫の目
（「世界の幽霊おばけ100選」『少年ブック』（1965年8月号より）

と、しらずにガケからおちたり、めくらになるといわれて、おそれられている怪物だ。」…“THE FLYING EYES”や映像作品の巨大目玉でもよく見られる人を操る要素。「イギリス・アメリカ」…SF作品（文学・映像）が多く発表された地域。これはあくまで、仮説であるが、五〇年代以前に発表されたSF作品の要素を北川幸比古が拾い、昆虫の目（バックベアード）という妖怪を完成させ、水木しげるが、その他の海外の妖怪たちと並べて紹介したことで、実際に伝承されている妖怪のような圧倒的な存在感を示したと考えるとそれはそれでワクワクできる。二〇二一年九月現在これ以上辿れていないので、想像するしかないが、何らかの出典が存在することを期待して、今後も調査していきたい。

［5］一九六五年の『怪談』のあとがきで、おもしろければそれでいいという少年読み物の風潮を嘆いている。子供向けの怪奇・怪談・妖怪ものはそうして拡散、発展していった側面もあるとは思うが、北川幸比古の姿勢は、そう言った風潮に一石を投じている。

［6］今野圓輔の本は三〇代から著書に触れていることが『おばけを探検する』には記載されており、発刊に当たっては何度も話を聞き、巻末には対談も行っている。今野も同時期以降におばけについての児童書の執筆や監修などをしており、相互的な影響を感じる。

参考文献

・J.Hunter Holly　一九六二　“THE FLYING EYES”Wildside Press LLC. 一九七〇年に南山宏の訳で邦題『光る目の宇宙人』偕成社のSF名作シリーズとして刊行。

・北川幸比古　一九六三　『小学五年生』「夏の夜におくる世界のおばけコンクール」小学館

・北川幸比古　一九六四　『スリラー・ブック』少年画報社

・北川幸比古　一九六四　「スリラー・ルポ　幽霊の足あと」『少年』（五月号）光文社

・北川幸比古　一九六四　「スリラー・ルポ　化けねこはいた！」『少年』（八月号）光文社

・北川幸比古　一九六四　「スリラー・ルポ　怪談　姫路城」『少年』（九月号）光文社

・北川幸比古　一九六五　「日本伝説めぐり」『少年』（一月号）光文社

・北川幸比古　一九六五　「カッパの大戦争」『週刊少年サンデー第四一号』小学館

・北川幸比古　一九六五　「世界の幽霊おばけ100選」『少年ブック』（8月号）集英社

・北川幸比古　一九六五　『怪談』少年画報社

・北川幸比古　一九七二　『おばけを探検する』講談社

・北川幸比古　一九八九　『おばけはどこにいる?』童心社

・柴田宵曲（編）　二〇〇八　『奇談異聞辞典』筑摩書房（ちくま学芸文庫）　初版は一九六一『随筆辞典　奇談異聞篇』

・モンタギュー・サマーズ／作・日夏耿之介／訳　一九三一『吸血妖魅考』武俠社

・柳田國男　一九五六　『妖怪談義』修道社

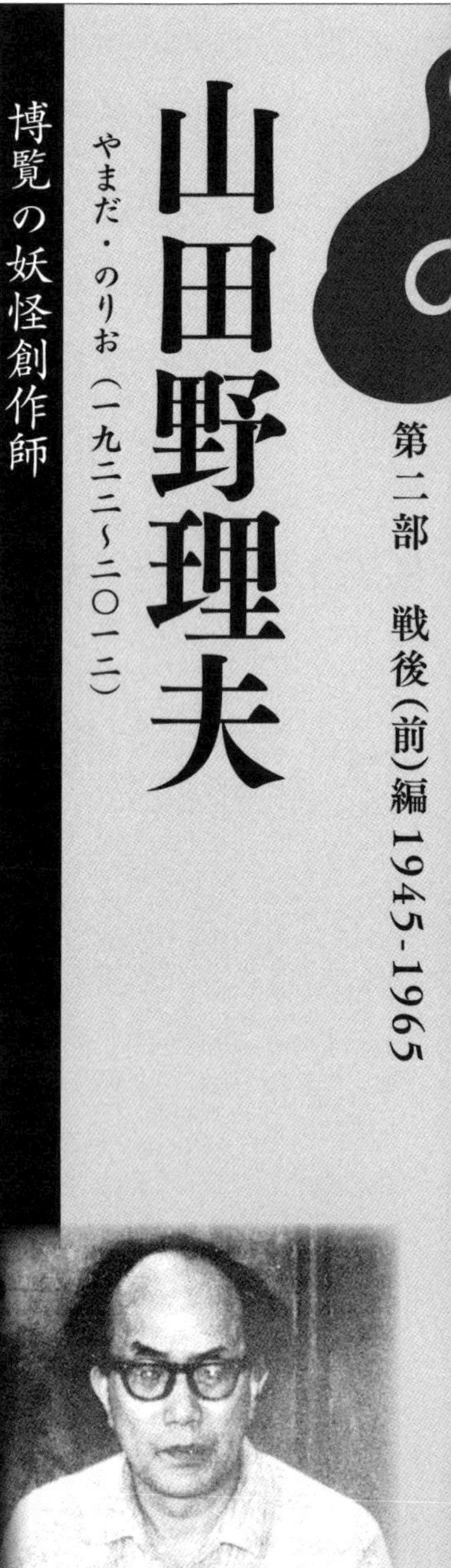

山田野理夫

やまだ・のりお（一九二二〜二〇一二）

博覧の妖怪創作師

略歴

作家、詩人、歴史家、編集者。宮城県仙台市生まれ。本名は徳郎（のりお）。東北帝国大学（現・東北大学）文学部で日本史を専攻し、農林省調査局で調査員、宮城県史編纂委員、東北大学付属農学研究所員を歴任した。怪談・民話の蒐集、研究も行い、その情報を元に執筆された著書には『日本妖怪集』（一九六九年）、『東北怪談の旅』（一九七四年）、『おばけ文庫（全一二巻）』（一九七六年）、共著に『妖怪魔神精霊の世界』（一九七四年）などがある。

その創作活動のルーツ

山田野理夫は一九四四年から怪談収集に着手したという（『怪談の世界』「あとがき」）[1]。大学卒業後に農林省の調査局で生まれが東北だったこともあり、東北担当の調査員として配属され、「官費で旅行ができた」（『怪　第一一号』）ので、東北の伝承を中心に聞書きを行った。聞書（ききがき）をするにあたり、出身のことばがわかることから『東北怪談の旅』・『みちのく伝説集』・『宮城の民話』など東北の怪談・伝説・民話を集めた著作が多く見られる。[2]

　また、東北以外の日本全国の怪談や妖怪の本にも東北についての怪談が収録されることも多い。他にも、東北に関係する仕事としては、宮城県史の編纂委員としても活動をしている。[3]

　第六回農民文学賞を『南部牛追唄』で受賞した

図1　『おばけ文庫1』より序文

一九六二年には『アルプスの民話』や『海と湖の民話』を刊行し、民話の紹介を積極的にし始める。この時点では、怪談や妖怪という細かい括りはなく、民話という大きな括りで聞書きした話を紹介していた。

　実際に山田野理夫が、聞書きを行っている記述は『みちのく伝説集』などに見られるが、土地の古文書や『諸国里人談』・『甲子夜話』・『兎園小説』などの江戸時代の随筆や怪談からも話を集め（『おばけ文庫12』「参考文献」）、自ら「怪談収拾ノート」なるものを作成すると実際に話を聞いたものや読んだものを素材として、怪談としてより怖いものに脚色した話や鳥山石燕の妖怪を関連付けた話が多く登場するようになる。[4]

わいらに関しては、藤澤衛彦が『妖怪画談全集』日本篇上で「奥山に棲むワイラは好んでモグラを掘り食ふ」と記載。そこから山田野理夫が『おばけ文庫2　ぬらりひょん』で体色は雄が土色で雌は赤色であり、現在の茨城県の野田玄斎という医者がモグラを食べているわいらを見たと話を膨らませている。水木しげるは雌雄の色や野田元斎(のだげんさい)がモグラを捕食しているわいらを見たという話を採用しつつ、犀に似た妖怪や今は絶滅している不思議な動物を見間違えたのではないかとも書いている。

赤舌(あかした)に関しては、藤澤衛彦は『妖怪画談全集』日本篇上で「何物か至りて関口を開き悪業の田を流す其主怪こそ赤舌なり」と記載している。[6] 山田野理夫はそれを受けて上流域に住む人と下流域に住む人の水争い(上流域で水門を閉じられてしまい、下流域に水が回らなくなった)を赤舌が水門を開けること

その活動の功罪

聞書きした伝承や文献からの引用と山田野理夫の創作が一冊の本に混在することで、伝承されていない、書かれていない要素が付与された妖怪も多く存在する。それらを**水木しげる**[*]が妖怪解説に採用し、現在そのような妖怪だと思われているものもあり、その功罪が議論になることも多い。[5]

山田野理夫の影響が見られる例として、わいら・赤舌などという妖怪が挙げられる。これらは、鳥山(とりやま)石燕(せきえん)の説明のない妖怪画に風俗史学者の**藤澤衛彦**[*]が『妖怪画談全集』日本篇上の挿絵として利用し、キャプションをつけたものである。

そこから山田野理夫が話を膨らまし、更に水木しげるが自分で描いた絵を添えて藤澤衛彦・山田野理夫の文に自説を追加して紹介した。

でそれを諌めた話を『東北怪談の旅』に書いている。山田野理夫は農林省調査局で調査員をしていたので、土木・農業・治水に関しての調査を行い、用水分配慣行の例として上流より分配するものもあり、水利に不備があっても慣行の旧弊により阻止される問題などの水利慣行の実態を『国土』『土木技術』といった専門誌に書いている。藤澤衛彦の「悪業の田」と赤舌の水門の絵が山田野理夫の実務の知識と繋がったとみて間違いのない話である。水争いに関しては、相模女子大学名誉教授の志村有弘監修の『図説 地図とあらすじで読む 日本の妖怪伝説』で、水争いが起こる可能性のある水利の図まで紹介されており、山田野理夫の創作部分の背景が理解しやすい。

山田野理夫や水木しげるは本物っぽい話としての取捨とプレゼンの仕方が上手かった。そこが現代に流布されてしまった妖怪解説をややこしくしてしまっていることは間違いない。水木しげるが紹介したあの妖怪解説は別の妖怪の本（山田野理夫）にも書いてあるし、児童書のようなものだけでなく、もっと昔の本（藤澤衛彦）にも書いてあるとその説が市民権を得るに至ったような気がする。水木しげるを通して児童書・少年雑誌・特撮番組（『行け！牛若小太郎』）などへの影響も見られ、幼少期からの刷り込みで認識している情報も本来語られ、描かれた経緯と異なる可能性がある点も意識したい。[7]

一方、山田野理夫が関わる全ての仕事に創作が含まれているという訳ではない。宝文館出版では、富岡直方『日本怪奇集成』・喜田貞吉『憑物』・『福神』・佐々木喜善『遠野のザシキワラシとオシラサマ』・高木敏雄『日本伝説集』『人身御供論』・石上堅『火の伝説』などを編集者として刊行した。

これらから、先人の功績を刊行した。これらから、先人の功績をしっかりと同時代から後世に向けて、知識として共有した丁寧かつ有意義な仕事も成していたこともわかる。

その取扱いと美

確かに山田野理夫が書いた妖怪の情報は創作も含まれているので、民俗資料として取り扱うことは危険性があり、資料として見る場合は、山田野理夫が実際に収集した元の話があるのかないのか、創作された部分とを切り分けることが必要になる。

然しながら、怪談・文芸として捉えて見た場合、『怪談の世界』の「あとがき」で「私は怪談の本質は美でなければならぬ、と信じている」と記載のある通り、山田野理夫の作品は情景が浮かび、流麗で読みやすいとても素晴らしい文章であるという点も覚えておいていただきたい。

（式水下流）

注

[1]　山田野理夫の編著書で妖怪や怪談に触れているものは一九五九年の『宮城の民話』になるので、聞書きされた話が発表されるのは一五年の歳月を待つことになる。

[2]　『宮城の民話』では父・政治郎（まさじろう）、母・はるを原話者としてあげていることから幼少期から地域の伝承に触れて育ったことも分かる。

[3]　宮城県史の編纂委員としては『宮城県史9（産業 第1）』の「宮城県養蚕史要」に郷土史家という肩書で参加している。妖怪に関しての『宮城県史21（民俗3）』「妖怪変化・幽霊」の項目は、三島短期大学事務局の茂木徳郎（もぎとくろう）が執筆している。山田野理夫の本名も徳郎なので、徳郎違いであるが、山田野理夫の仕事ではない。『怪談の世界』では茂木徳郎の『NHK調査資料』も参考資料としていることから相互の影響も否定はできない。

[4]　山田野理夫は作家の京極夏彦（きょうごくなつひこ）との対談で「中には創作もあるでしょうな（半々くらい）。膨らみをもたせる。妖怪を訪ねて話を聞くでしょ。それを膨らます。話を聞いてもね、さっぱり怪談にならない。さっき言ったように、読者に衝撃を与えないといけないから」と語っている（『怪 第一一号』）。

[5]　山田野理夫と水木しげるは、一九七一年に『週刊少年サン

デー第二九号』の妖怪記事や『近代怪談集』で著者の桝井寿郎（ますいとしろう）との鼎談・『水木しげるの奇妙な世界　妖怪百物語』へ帯にコメントを寄せるなど、幾つか接点が見られる。

［6］　妖怪探訪家の村上健司（むらかみけんじ）『妖怪事典』で鳥山石燕の絵解きから赤舌とは一種の羅刹神であり、口が開いている限りは吉事に恵まれないことを意味した妖怪ではないかと書いている。水木しげる『日本妖怪大全』では山田野理夫の水争いの話をベースに解説がされているが、その改訂版である『日本妖怪大全～決定版』では村上説を採用している。

［7］　紙舞妖怪など妖怪の表記として、「妖怪名＋妖怪」と表現することも多く、放映時期と登場妖怪の傾向から『行け！　牛若小太郎』では紙舞妖怪をはじめ『妖怪魔神精霊の世界』を参考にしていると考えられる。また、妖怪の出没地域に関して、ぬらりひょんが和歌山県の妖怪、わいらが茨城県の妖怪とされる等（わいらは茨城県の医者が見た妖怪と解説はあるが、茨城県に出没したとは書いていない）山田野理夫の影響が見られる本も幾つもある。

参考文献

・『怪　第一一号』二〇〇一　角川書店（カドカワムック）　山田野理夫の対談は京極夏彦『妖怪大談義』に収録。
・志村有弘（監修）二〇〇八『図説　地図とあらすじで読む　日本の妖怪伝説』青春出版社
・桝井寿郎　一九七四『近代怪談集』宝文館出版
・村上健司　二〇〇〇『妖怪事典』毎日新聞社
・茂木徳郎　一九七三「妖怪変化・幽霊」『宮城県史21（民俗3）』宮城県史刊行会
・水木しげる　一九七四『水木しげるの奇妙な世界　妖怪百物語』宝文館出版
・水木しげる　一九九五『日本妖怪大全』講談社　増補・改訂版である二〇一四年『決定版　日本妖怪大全　妖怪・あの世・神様』も参考にした。
・山田野理夫　一九五三「治水慣行宮城県における事例」『国土』国土計画協会
・山田野理夫　一九五三「農業災害と土木」『土木技術　一二月号』土木技術社
・山田野理夫　一九五九『宮城の民話』未来社
・山田野理夫　一九六七『日本怪談集：その愛と死と美』潮文社
・山田野理夫　一九六九『日本妖怪集』潮文社
・山田野理夫（資料）一九七一『週刊少年サンデー　第二九号』「新日本の妖怪」小学館　おいあがり・天井くだり・目くらべの三体の絵と文を水木しげるが提供
・山田野理夫　一九七四『東北怪談の旅』自由国民社　二〇一〇『山田野理夫東北怪談全集』荒蝦夷に全収録。
・山田野理夫　一九七四『みちのく伝説集』創樹社
・山室静・山田野理夫　他　一九七四『妖怪魔神精霊の世界：四次元の幻境にキミを誘う』自由国民社
・山田野理夫　一九七六『おばけ文庫（全一二巻）』太平出版社
・山田野理夫　一九七八『怪談の世界』時事通信社

コラム

山田野理夫の怪談収拾ノート

山田野理夫の著作で「怪談収拾ノート」について記されていることがよくある。

二十数年に渡り集めたのが、二四冊にもなるという。その作風から実際に文献調査や聞書を行っていたのか、そのようなノートが実在するのか疑問視されることが多い。ここでは著作を確認することで、ノートの存在・記録方法・利用方法について検証を行いたいと思う。

先ず、もっとも古い記載としては『宮城の民話』「はしがき」にノートのことに触れている。戦後、農林省調査局の農業調査のために訪れた土地で古老や小母さんたちから、昔話を聞き、その後も農林省の出先機関として宮城県史編纂の調査でも、同じく村々を回り、聞いた話をノートに書き写し、増えていったという。

また、『近代怪談集』の巻末の付録として、著者である桝井寿郎と**水木しげる***を交えて、鼎談を行っているが、その合間に「怪談収拾ノート」から朗読を行っている。

著作での記録に関しては参考文献が表記されていないことや聞書したものは古老と表記されていたりするが、父である山田政治郎、母である山田はる(両親からの話は『宮城の民話』で多く採用。母からの話は『おばけ文庫7　たたみたたき』で雪女郎とさがりの話などでも名前が登場)や作家の長田幹彦、長谷川伸(バタバタの話)、詩人の真壁仁や教育庁に勤めていた目黒美津英（めぐろみつひで）など名前が表記されているものもある。参考文献に関しても『諸国里人談（しょこくりじんだん）』や『南島説話（なんとうせつわ）』など本文に記載されていることもあるが、『おばけ文庫12　花ざかりおばけ長屋』では巻末に参考文献が上げられている。これらの聞書・文献の記録がノートの中心になっていることが分かる。

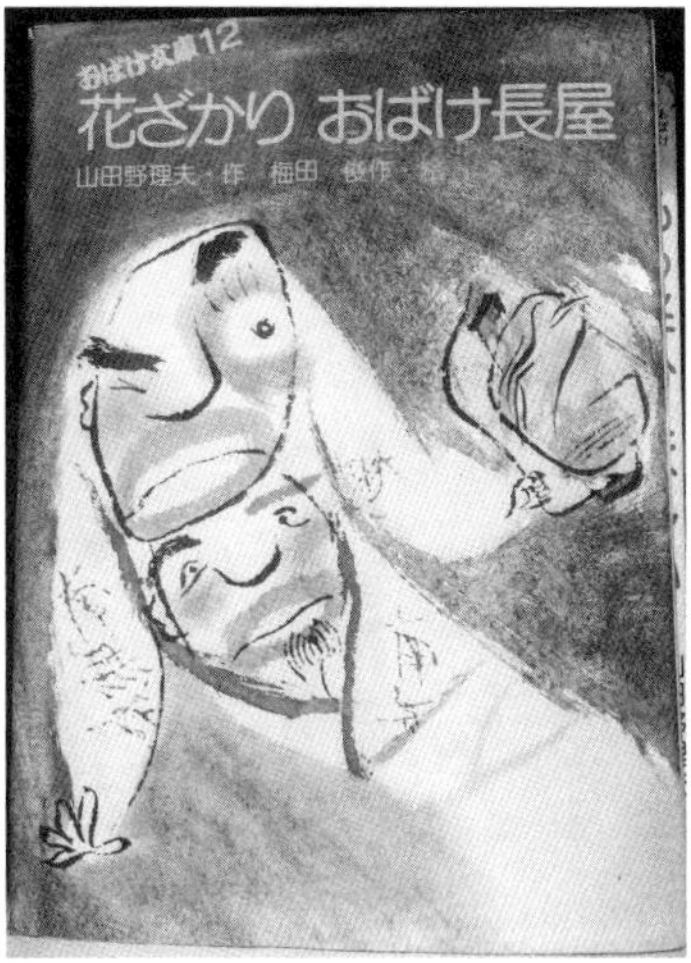

図1　『おばけ文庫12』
巻末掲載の参考文献一覧から山田野理夫が多くの文献に当たりおばけの話を創作していたかが分かる。一覧に「怪談収拾」稿本と記載があり、これが所謂「怪談収拾ノート」のことと考えられる。

収拾した原話は「一番適切な表現を考え、原話を深く頭の中に刻み込み、一人でしゃべりながら書いて、原話と比較し、朱筆を入れて、土地土地の個性を崩さないように歴史的郷土的抒情を意識した」旨、『宮城の民話』「はしがき」には書かれている。

山田野理夫の作品に創作が含まれていることは本人も否定していない。「怪談収拾ノート」は確かに存在し、そこから創作された怪談や妖怪話は山田野理夫の軌跡の全てと言っても過言ではないであろう。今後発見が期待される資料である。

（式水下流）

【参考文献】
・桝井寿郎　一九七四　『近代怪談集』宝文館出版
・山田野理夫　一九五九　『宮城の民話』未来社
・山田野理夫　一九七六　『おばけ文庫（全一二巻）』太平出版社

〈妖怪学名彙〉

『綜合日本民俗語彙』

そうごうにほんみんぞくごい

戦後の妖怪研究の基礎資料

概要

民俗学研究所が**柳田國男***の主導によって編集した民俗語彙の集成である。一九五五年に平凡社から刊行された。五〇音順に配列され、全五巻から成っている（第一巻ア～キ、第二巻ク～チ、第三巻ツ～ヘ、第四巻ホ～ン、第五巻総索引）。各語彙は居住／服装／食料・食品等／村制／農耕／林業・狩等／漁業／労働／交通・交易等／族制／婚姻／出産・育児／葬送・墓制／誕生以後の年祝・同齢感覚／児童／年中行事／命名／謎／諺／民謡／昔話／伝説／祭・祈願等／妖怪・憑物／舞・踊／競技／予兆／夢／卜占／禁忌／呪法／民間療法の三二部門に分類され、そのうち、妖怪は「霊妖怪・憑物」として扱われている。この部門は大藤時彦が担当している。

「民俗語彙」とは日本民俗学の中で使い始めた術語である。一九三〇年代に民俗学研究所の前進である郷土生活研究所の同人が全国の山村海村を行った。その時の報告に用いられた見出しが「民俗語」の起りである。「民俗を採集し、記述する場合に土地で行われている生活用語を標目索引として採用する、そうした言葉を民俗語と名づけ」たのだった（「編纂の趣旨」）。編纂の当初の目的は、民俗採集した成果が様々な雑誌に掲載されたものを容易に検索できるようにするためであった（柳田國男「序」）。

現在、国立歴史民俗博物館が他の民俗語彙も加えて「民俗語彙データベース」として公開している。

項目

先行する「**妖怪名彙**[*]」に比して収録される妖怪項目は圧倒的に多い。「妖怪名彙」が八〇項目なのに対し、『綜合日本民俗語彙』は六〇〇項目余りに及ぶ。ア行を示すと、次のようになる（太字は「妖怪名彙」未記載の項目を示す）。

アカアシ・アカゴ・アカシャグマ・アクボウズ・アクマガカゼ・アシマガリ・アズキトギ・アブラスマシ・**アブラボウ・アマザケババ・アマビト・アマンジャク・アモレオナグ・アヤカシ・イガラボシ・イキアイ・イキウセ・イキニュウドウ**・イゲボ・イシナゲンジョ・**イジャロコロガシ・イズナ・イソオナゴ・イソガキ・イソテング・イソヒメ・イタカボトケ・イッシャ**・イッタンモメン・**イッポンアシ・イッポンダタラ・イデモチ・イトトリムジナ・イドヌキ・イトヒキムスメ・イナダカセ・イヌガミ・イヌガミツレ・イヌガミネズミ・イヌゲドウ・イヌメ**・イネンビ・**イマノヒト・インガメ・インノモウレイ・インマホ・ウキモノ・ウシオニ・ウシタマ・ウチワタダノキ・ウブメ・ウミアマ・ウミオンナ・ウミカブロ・ウミコゾウ・ウミナリコボウズ・ウミニョウボウ・ウミヒメ・ウワヤ・エナガクレ・エンコウ**・オイガカ

リ・オイテケボリ・**オウエドリ・オウバコ・オギャアナキ・オキユウレイ・オクラボサズ**・オクリイタチ・オクリイヌ・オクリスズメ・**オクリビ・オケツ・オゴメ・オサキ・オサキガミ**・オサビ・**オジョモ・オシロイバアサン・オッタテギトウ**・オッパショイシ・**オフレ・オボ・オボウジカラ・オボラビ・オモアンドキ・オモカゲ・アラバオ・アラバデイ**・オラビソウケ

雑誌『郷土研究』『旅と伝説』『民間伝承』『民族と歴史』『東京人類学雑誌』『民俗芸術』など民俗学・人類学系の雑誌や採訪記録を含めた単行本などを渉猟し、数多くの妖怪名彙を抽出したのである。

記述内容は基本的に「妖怪名彙」を受け継いでいるが、必ずしも同一ではない。特に、近世の文献資料は極力排しているように窺われる。また項目名も「アブラスマシ」（妖怪名彙）／「アブラズマシ」（綜合日本民俗語彙）など、清濁など微細な異同がみられる。たとえば「キシンボウ」について、「妖怪名彙」では次のように記されている。

　肥後では椿の木を擂木に用いると、後に木心坊になるというそうである（民族と歴史六巻五号）。古椿が化けて火の玉になったという話は、記録にも二三見えている。以前京都でもいったことである。おそらくこの木は擂木にしなかったのであろう。

一方、『綜合日本民俗語彙』では次の通りである。

　木心坊。椿の木を擂木に用いると、その木がこの名の怪物になると熊本県でいう（民歴六ノ五）。

傍線部の推測部分を省略し、出典の明らかな熊本の事例に限定して記していることが分かる。しかしその一方で「ミノムシ」のように『利根川図志』の類例（カワボタル）を引いて記述を膨らませる「妖怪名彙」の文章をほぼ引き写している項目もある。

後世への影響

最大の影響は千葉幹夫『全国妖怪事典』（小学館）への継承だろう。本事典はもともと一九八八年刊行の谷川健一編『日本民俗文化資料集成　8』（三一書房）に「全国妖怪語辞典」として収録された。そして、増補して単行本として一九九五年に刊行されたのである。**今野圓輔***『日本怪談集　妖怪篇』（現代教養文庫、一九八一年）、石川純一郎『河童の世界』（時事通信社、一九七四年）などとともに、主に民俗調査で採集された妖怪を県別に分類、種別、出現場所を記述していて、『綜合日本民俗語彙』の影響が強いものとなっている。

二〇一〇年、国立歴史民俗博物館の作成したデータベース「民俗語彙データベース」が一般公開され、

活用されている。研究者や学生はこれらを利用する機会が多いが、漫画や小説などの創作にこれを利用するクリエイターはあまり多くないのが現状のようである。

（伊藤慎吾）

〈妖怪学名彙〉『綜合日本民俗語彙』

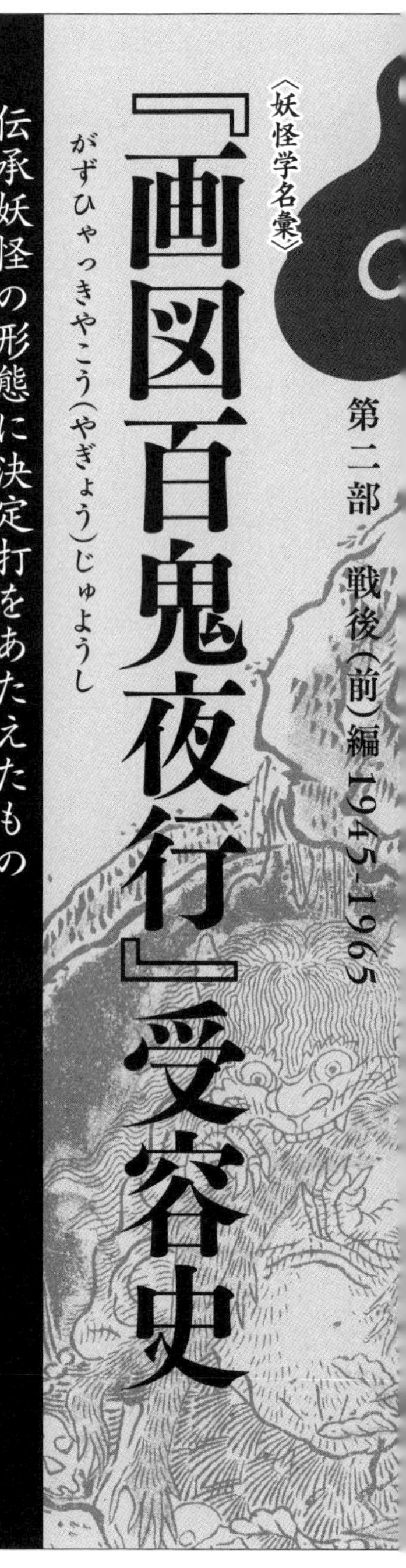

〈妖怪学名彙〉

『画図百鬼夜行』受容史

がずひゃっきやこう（やぎょう）じゅようし

伝承妖怪の形態に決定打をあたえたもの

『画図百鬼夜行』

『画図百鬼夜行』とは、狩野派の絵師鳥山石燕（一七一二～一七八八）が著した妖怪画集である。『画図百鬼夜行（陰・陽・風）』（一七七六刊）、『今昔画図続百鬼（雨・晦・明）』（一七七九刊）、『今昔百鬼拾遺（雲・霧・雨）』（一七八一刊）、『百器徒然袋（上・中・下）』（一七八四刊）の四編から成るシリーズで、今日まで妖怪の造形に多大な影響を与えている。

石燕は浮世絵師として名高い喜多川歌麿や黄表紙の開祖恋川春町の絵画の師としても知られている。画集『鳥山彦』によって在世中から名のある絵師として知られており、『画図百鬼夜行』の序文にも「さきに鳥山彦を著し、世人しる処なり」と見える。その後も絵師としての評価はしばしば行われてきた。その一方で、妖怪関係での評価はほとんど行われてこなかった。

とはいえ、『夷歌百鬼夜狂』（一八二〇刊）や明治期の『怪物画本』（一八八一刊）、河鍋暁斎『百鬼画談』（一八八九刊）など、その後の妖怪画には本作品の妖怪画に影響を受けたものが散見される。またはは石燕の妖怪画をふんだんに取り入れた作品もある。このように、石燕の妖怪画は後続の絵師たちに参照されていたことがうかがえる。その意味で、木場貴俊が「石燕は、当初から化物絵のオーソリティーだったのだ」と評していることは首肯できる［木場 二〇二〇］。ただし、絵画的に影響を与えたというだけであって、歴史的に位置づけられ、評価される段階には至っていなかった。

妖怪資料としての価値

近代に下っても基本的には変わらない。石燕に対しては、美術的評価は見られるものの、妖怪画の創作に対するものは管見では見出せない。『画図百鬼夜行』に対しても、やはり美術的な側面に対するものであった。漆山又四郎（一八七三〜一九四八）は「余の好きな絵入本」というエッセイで「これは続、拾遺、いろ〳〵あるが、いずれも好い。石燕の絵本と言ったら、世人は『鳥山彦』をほめるだろう。なるほど『鳥山彦』は本は大きく併も極彩色だ。世間で好くわけだ。極彩色で大きくて好ければ、春章と重政の『美人合』でも三百金も出して買うさ。百鬼夜行はそんなものではない。市価は安くも、天才の画だ。腕は鳥羽僧正に劣るけれども、頭脳は覚融以上だ」と本作品を称賛している［漆山 一九一六］。つまり妖怪そのものではなく、石燕の画風を高く評価しているわけだ。

学術的な妖怪資料として本作品を積極的に扱ったのは**江馬務***である。江馬は「妖怪の史的研究」（『風俗研究』二〇、一九一九年。『時代風俗綜覧』一九三五年に再録）や『日本妖怪変化史』（一九二三年）

などの重要な論著において論述に使用したり、表紙、カット画としてしばしば用いたりしている。

また、江馬と同様に妖怪資料としての価値を見出した研究者に**藤澤衛彦***がいる。藤澤は石燕の絵に妖怪画としての歴史的意義の見出した先駆者として、江馬以上に重要な存在といえよう。一九二六年の著書『変態伝説史』（文芸資料研究会）において、石燕の妖怪画を高く評価している。そして、その絵を分析し、「伝承や物語を通じて親しまれていたもの」「絵巻物や『百物語評判』などの先輩表現によるもの」「創作されたもの」の三種に分類した。この分類はその後の著作においても受け継がれた。後に「これによって日本妖怪のすべてを網羅したとはいえないであろうが、その集大成にたいする努力は、たたえられるべきである」と評している［藤澤　一九六〇］。また別に独創的な妖怪の創造を多く行ったことで妖怪画に新たなステージをもたらしたと評している［藤澤　一九六五］。

創作の材料

ところで、石燕は本作品において、先行する妖怪画に基づき、そこに新たな設定と物語性を付会することで、新たな妖怪キャラクターを創造することを好んで行った。そうした石燕の創造性を創作家の立場から評価したのが**水木しげる***であった。その水木は石燕の画業について、「伝承妖怪の形態に決定打をあたえたもの」であり、「伝承妖怪画の開祖とみてさしつかえない。その功績は非常に大きい」と評している［水木　一九九二］。立場は違うものの、藤澤と同じく、石燕画の革新性を認めている。

重要なことは、水木は石燕の作品を評価するだけでなく、自身の創作にも取り入れた点にある。御田鍬によると、『妖怪画談全集』日本篇、『日本民族伝説全集』、『図説日本民俗学全集』民間信仰・妖怪編といった藤澤の著作や田中初夫編『画図百鬼夜行』（一九六七年）に拠るところが大きいようだ［御田鍬 二〇一六］。水木は「ぼくは石燕の二百に近い妖怪の絵を見て、なぜかそれの実在を感じた」と述べているように［水木 一九九一］、創作のための材料という以上に石燕画に思い入れがあったようだ。石燕と同じように、従来の妖怪をそのまま採用するのではなく、自身の創作をまじえ、新たな妖怪に再創造することが少なくなかった。陰摩羅鬼を、石燕画と全く違うものとして描いているのも［京極他 二〇〇二］、その一例である。

水木が協力している**佐藤有文***『日本妖怪図鑑』（一九七二年）にも『画図百鬼夜行』が主要資料として用いられている。本書は江馬務『日本妖怪変化史』、**吉川観方***『絵画に見えたる妖怪』、同『続・絵画に見えたる妖怪』、藤澤衛彦『妖怪画談全集』、同『図説日本民俗学全集』、同『日本民族伝説全集』、**阿部主計***『妖怪学入門』などを参照して作られたものだ［氷厘亭］。そうした先行する妖怪研究書の内容を平易化し、あわせて『画図百鬼夜行』の妖怪画を転載、模写、改作して自由に創作し、主として子ども向けの妖怪図鑑が出はじめるのが一九七〇年代であった［伊藤 二〇二〇］。

その後

さて、一九六五年以来、渡辺書店から大部の『家政学文献集成』を随時刊行していた田中初夫は、六七年、『画図百鬼夜行』の翻刻本を出した。ただし、『百器徒然袋』は収録していない。先駆的な資料であるが、しかし石燕画を受け入れる社会的素地が醸成されるには時期尚早であったのだろう。

　小松和彦が新しい妖怪学を提唱する一九八〇年代以降、近世の妖怪資料に対する一般的な関心が深まり、研究も掘り下げられていった。九〇年代には学術、創作の両面で広く利用されるようになった。京極夏彦の小説がその最たるものであるが、畠中恵（はたけなか）の『しゃばけ』シリーズや漫画の『地獄先生ぬ～べ～』なども代表例といえよう［伊藤 二〇一九］。こうした活用の背景には一九九二年に刊行された稲田篤信・田中直日編『鳥山石燕　画図百鬼夜行』（国書刊行会）の存在が大きい。その後、角川ソフィア文庫版やウィキペディア版によってより広く認知されるようになった［伊藤 二〇一七］。しかし、渡辺書店版以来、いずれの翻刻本にも誤りが散見される。

鳥山石燕百鬼夜行
所收山彦

妖怪の史的研究（風俗研究二十）

文學士　江馬務　著

島田武彦
小早川景若丸　模寫

一　總説

妖怪變化を以て主觀的には存在するが、客觀的には存在しないなどいふ論議は屢聞く哲人の口吻である。わが風俗史の見地からこれを觀ずれば、

『風俗研究』第20号（1919年11月）所収の江馬務「妖怪の史的研究」巻頭
　タイトルの上に「鳥山石燕百鬼夜行／所収山彦」が掲載されている。

鳥山石燕画　田中初夫編

画図百鬼夜行

鳥山石燕は歌麿の師であり、その代表的な画集である本書は、日本の妖怪画の源流をなすものであり、この百鬼たちは目下、漫画に、テレビに、映画に大活躍中である。"百鬼夜行を見ずして怪異を語るなかれ"一見すればたちまち頤を解き、再び巻をひもとくとき、汲めどもつきない古典のよさを発見するであろう。　A5判上製／一五〇〇円

田中ちた子・田中初夫編

家政学文献集成　全八冊

江戸から明治初期までに刊行された家政学関係の主要な未翻刻本を選び編集並びに解説を加え原本を複製。　定価二四、〇〇〇円

『伝統と現代』妖怪特集号（1968年9月）に掲載された渡辺書店の広告（部分）
　「鳥山石燕は歌麿の師であり、その代表的な画集である本書は、日本の妖怪画の源流をなすものであり、この百鬼たちは目下、漫画に、テレビに、映画に大活躍中である。（下略）」と記されている。

中には沓頬（くつつら）や山颪（やまおろし）など内容を曲解しているものもあり［伊藤　二〇一八］、注意が必要である。

（伊藤慎吾）

参考文献

・伊藤慎吾　二〇一七「ライトノベルと近世怪談資料――『画図百鬼夜行』の受容をめぐって」『学習院女子大学紀要』一九

・伊藤慎吾　二〇一八「Adapted versions of the Gazu hyakki yakou: Technical errata and Memorandum」『The Gakushuin Journal of International Studies』Vol.5

・伊藤慎吾　二〇一九「ぬ～べ～先生と石燕先生」『たわらがた』一

・伊藤慎吾　二〇二〇「以津真天の変容――〈創作的解説〉の時代を中心に」荒木浩編『古典の未来学――Projecting Classicism』文学通信

・漆山又四郎　一九一六「余の好きな絵入本」『浮世絵』一一

・木場貴俊　二〇二〇「化物絵　描かれる怪異」『怪異をつくる　日本近世怪異文化史』文学通信

・京極夏彦・多田克己・村上健司　二〇〇一『妖怪馬鹿』新潮OH!文庫

・氷厘亭氷泉「佐藤有文情報まとめメモ」『妖怪仝友会』https://yokaidoyukai.ho-zuki.com/arihumimotoe-memo.htm
＊二〇二一年二月一九日閲覧

・藤澤衛彦　一九六〇『図説日本民俗学全集4　民間信仰・妖怪編』あかね書房

・藤澤衛彦　一九六五「日本妖怪画のルネッサンス」『美術手帖』一九六五年八月号

・水木しげる　一九九一『日本妖怪大全』講談社

・水木しげる　一九九二「妖怪の〝かたち〟今昔」『妖怪天国』ちくま文庫　＊初出は一九八四年

・御田鍬　二〇一六『水木絵のモトエ総集編』私家版

山田野理夫『アルプス妖怪秘禄』

藤澤衛彦『妖怪画談全集』日本篇上(1929年)のキャプションをもとに、山田野理夫は作品中で『画図百鬼夜行』の「おとろし」を人間をしりぞける「鬼」の一種として還元・設定しており、絵すがたは全く絵巻物や鳥山石燕の「おとろし」とは離れている。この「山オトロシ」も、その例の派生型であり、霊山に語られる鬼の伝説に「おとろし」を当てはめたようである。この本は奥付が無いため正確な発行年代は不明、年表末尾の「年代未詳」も参照。【式水】

第三部 戦後（後）編 1966-1996

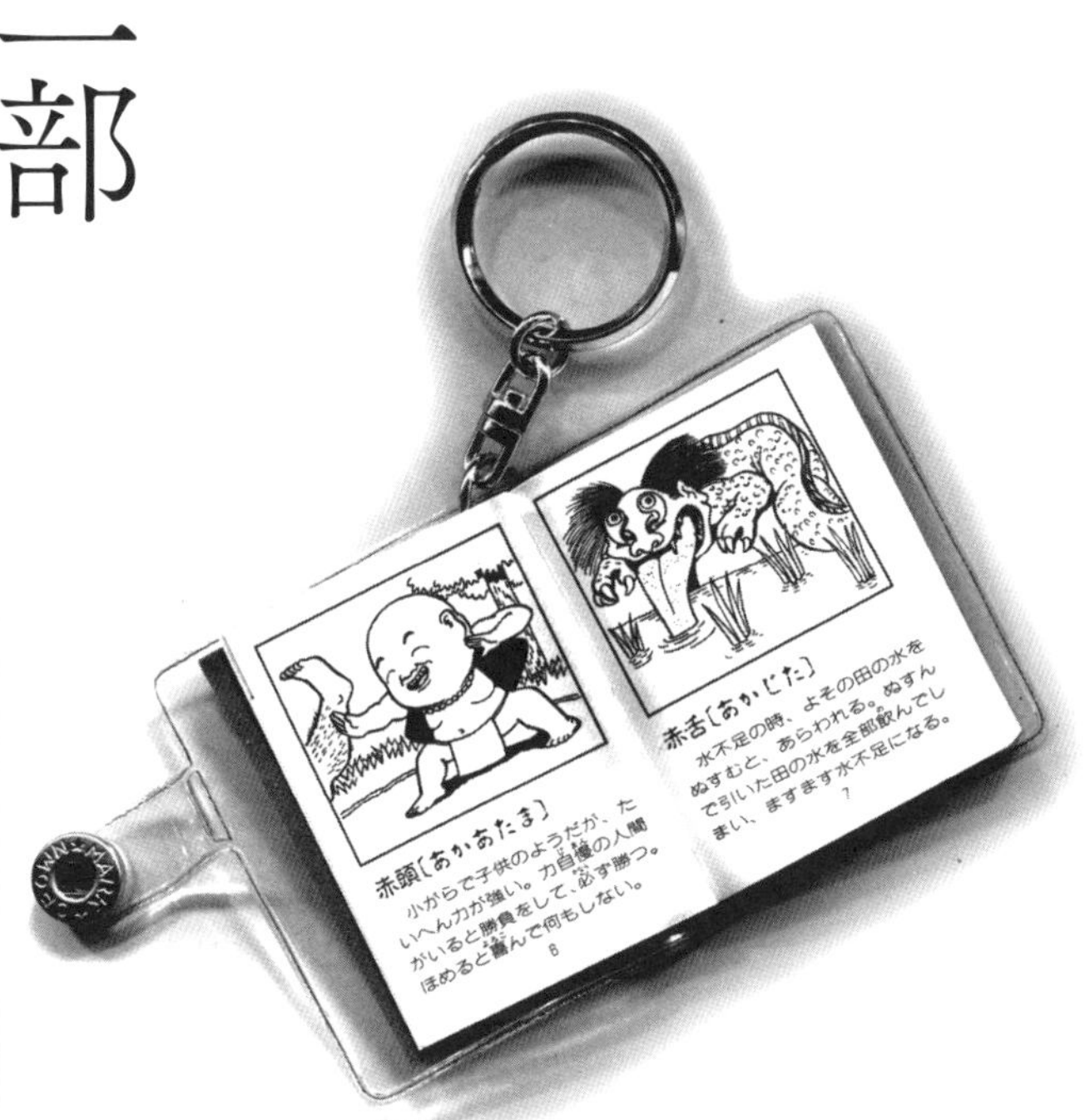

『日本妖怪図鑑』(1980 年代以降)

リリパットのキーホルダー式の豆本のひとつ。全国各地のサービスエリアやお土産店などで長く販売されていた。別冊太陽『日本の妖怪』(1987 年）に掲載された画像妖怪（たとえば赤舌）の他に南條武『妖怪ミステリー』(1974 年) の「目玉しゃぶり」、「すいこみ」などのチョイスもみられ、1980 年代の絵画紹介の波及や、図鑑を中心とした〈妖怪〉の認識と再編成をうかがえる。【泉】

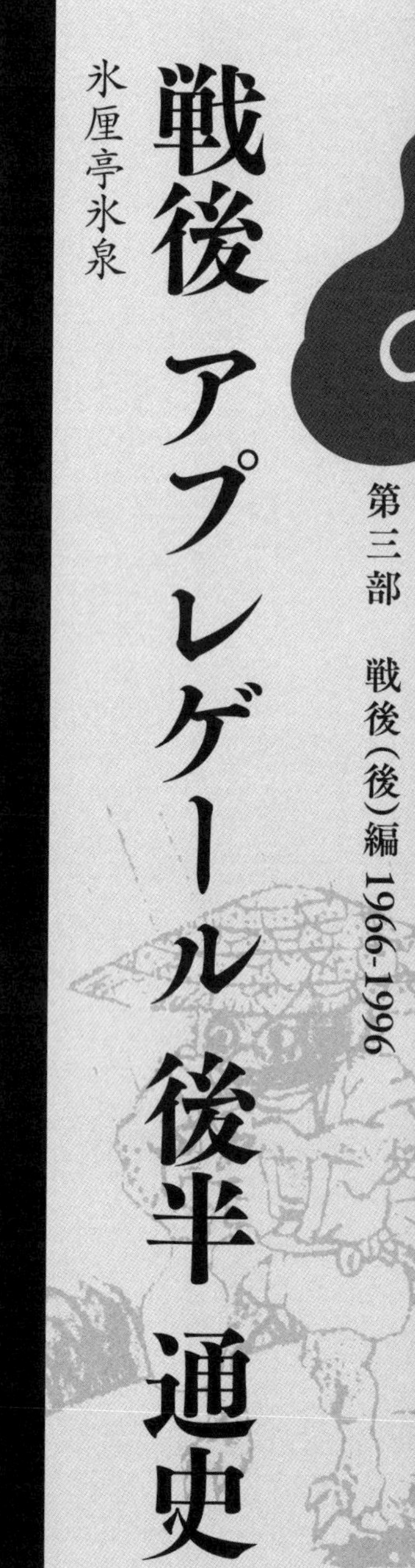

第三部　戦後（後）編 1966-1996

戦後アプレゲール後半通史

氷厘亭氷泉

それまで複数の立場（学問・実用・創作・趣味それぞれ）から進められていた研究の流れの受容が、結果として《妖怪》のイメージに大きな変転を与えた。

それは、**北川幸比古***・**斎藤守弘***をはじめとした多数の書き手によって少年少女向けの雑誌あるいは学習誌などで、よみもの記事の題材として妖怪が採り上げられはじめ、昭和三八～四〇年（一九六三～一九六五）ごろをはじめの峠として約一〇年近く、[1]映画やテレビなどの影響もさまざまに採り込みながら展開されていったのがその代表例である。[2]

この一九六〇～七〇年代にかけての雑誌、あるいはその記事をまとめることによって売り出されていった妖怪に関する数多くの一般書籍[3]は、掲載媒体がそうであった結果、ほとんどは子供向けの体裁であったが、実用書・研究書の方面も、そちらに接近しつつ同時進行で発達はつづき、**佐藤有文***・**水木しげる***が一九七〇～九〇年代に展開させていった多数の妖怪に関する本なども、直接両方からの流れを受けて成長していったと言える。

ここで急激に加速していったのは、それこそ映画や漫画を通じてまだ濃厚に残されていた徳川時代から明治まで一般的にイメージされて来た妖怪たちと、[4]さまざまに積み重ねられていたそれぞれの研究結果の妖怪たちとの合流である。当時その需要に合致した資料を多くもたらしたのが、**柳田國男***や**今野圓輔***、**柴田宵曲***や**阿部主計***、**江馬務***や**藤澤衛彦***だったわけで、いくつもの流れが並行していたことは、良い意味で切り口の豊富さにつながっていったが、この時期を経過することによって、《妖怪》たちは一見均質な要素をもつイメージに整えられたのだった。

「妖怪＝伝承がある」という認識の弊害

書き手によって合流の濃さ薄さの加減はさまざまだが、その資料の合流のなかでさらに生じたのは、うわんやぬらりひょん、わいらなど具体的に性質や筋書が存在せず、ほとんど共有もされてこなかった画像妖怪たちに、あらたに同時多発添加されていった解説群である。

それらは伝説や説話の要素、または民俗的な妖怪の要素が加味されつつ、あるものはどこどこ地方に伝わるなどと話が付けられ、あるものはなにをせぬと取り殺されてしまうなどと解説が足され、それぞれの書き手を経て、水木しげるや佐藤有文の著作などにも反映され妖怪解説として膾炙(かいしゃ)していった。

現在、それぞれの妖怪の原典、あるいは合流される以前の研究資料に立ち返って考察される機会が増えたことで解明・共有されてゆき、[5]一見ただの書き手による気まぐれな創作程度にしか考えられなくもなった向きもあるが、この《伝承めかした》荒唐無稽な解説群もまた書き手や受け手のなかでは多かれ少なかれ、現在に至るまで、この時代に行われていた解釈のまま流用されつづけてもいるのである。

その原因となっているのは、それまで同居していなかった画像的な妖怪たちが、民間伝承の手法で採集された妖怪のなかへ均質に投げ込まれてしまった結果「同様な性質を情報として保有しているであろう」と、ごく自然に受け取られてしまった直線的な誤認にある。

時代は異なるが、それは中世に発生した和歌や詩文の古注釈書（古註）にみられる《伝承めかした》荒唐無稽な解説群と、それを応用して構築された物語や能の関係性のような間柄であるという捉え方を[6]用いれば、また別の方向性から《妖怪》のイメージを考察してゆくことも可能かも知れない。[7]

複雑な合流と交叉

《さまざまな研究結果の妖怪たちの合流》は、粕三平（かすさんぺい）『**お化け図絵**』*（芳賀書店、一九七三年）や、**別冊太陽『日本の妖怪』***（平凡社、一九八七年）などをはじめ、画像妖怪たちが《妖怪》の作品群あるいは資料のひとつとして用いられてゆく過程で、それぞれの一冊の中で間接あるいは直接に発生しており、同時期ほかにも一般的・専門的な雑誌や書籍のなかに、[8]ごく自然に見ることも出来る。

このような研究と受容のさまざまな交叉と合流が進んだ《妖怪》あるいは《妖怪研究》のイメージ

図1　かすくらい（『文藝春秋漫画読本』1964年8月号）

「歌麿百鬼 初公開された歌麿肉筆のお化け秘巻」という見出しでグラビア口絵として掲載された、絵巻物に描かれた妖怪のうちのひとつ。寺内大吉「所蔵の由来」によると松前の殿様が夢に出て来た妖怪たちを描かせたという〈いわれ〉を前所有者である老画家は語っていたそうである。みてみると、描かれているのは絵巻物に描き継がれているデザインのものである。

図2　黄粉坊（別冊太陽『日本の妖怪』1987年）

尾田郷澄『百鬼夜行絵巻』に描かれた妖怪のひとつ。『日本の妖怪』の紹介以後に知られ、描かれる頻度が明確に上がった妖怪である。各種絵巻物を比較すると「かすくらい」が先行して何本も存在しており、「黄粉坊」はその亜名であると知れる。しかし、「かすくらい」は1980年代に再紹介されることは全くなく、2010年代まで一般的に〈妖怪〉以前に〈作品〉として紹介・膾炙されなかった。1980年代に情報の融合や再紹介に乗れなかった例も数々あるわけである。

は現在につながってそのまま並存しており、果たして先述したような理解に基づく変転が、まず第一に《子供向け》であったために発生したものかどうかについては、慎重に考えていくべきであろう。

注

[1] 戦前戦後にかけての映画での妖怪たちの動向については映画評論家の児玉数夫『怪奇映画紳士録』（明治書院、一九七五年）や泉速之『銀幕の百怪　本朝怪奇映画大概』（青土社、二〇〇〇年）などが参考になる。

[2] 幕張本郷猛『世界の恐怖ショッカー妖怪編』（二〇一一。電子書籍として販売されていたが現在絶版）および、異類の会（二〇一八年三月）での幕張本郷猛「少年少女雑誌・児童書における妖怪の基礎知識」発表資料を参考。『世界の恐怖ショッカー妖怪編』は、《妖怪学前史》の把握の上では欠かす事の出来ない研究資料・示唆を与えてくれた一冊であり、吾曹が「前史のようなものを書くなら、是非、幕張本郷さんに書いてもらわないとハナシにならない！」と、ご連絡をとり、以後《異類の会》に参加・発表していただくという、ご厚誼にあずかることが出来た。数年後、こうして本書が贍部洲に無事生まれたのも、八割方は同書の恩恵である。

[3] 執筆者や記事の総数からみると、実のところ単行本として出版されたものは少なく、相当量の記事を書いていても一冊も本にまとめていないという書き手も多々見られる。

[4] 一九二〇〜一九六〇年代にかけての映画や漫画を見ても、その題材はやはりまだ歌舞伎・浮世絵・講談・小説の中での妖怪たちが顔を占めており、江馬務や藤澤衛彦たちが構築していったようなかたちでの画像妖怪たちが受容されていた形跡は見ることは出来ない。

[5] 一九九〇年代に原資料や民俗資料が博捜されていった結果、妖怪解説に添加された《創作》箇所は、村上健司『妖怪事典』（毎日新聞社、二〇〇〇年）をはじめとした書籍で《個々の妖怪の解説文中》に指摘を添えるかたちで書かれるようにもなった。

[6] たとえば『家持』という曲は、『古今和歌集』の古注釈書に組み込まれた荒唐無稽な説話（藤原家持の娘が病の母の身代りを地獄の鬼に申し出るがそのとき詠んだ和歌に鬼が感動して甦生させてやる。娘はのちに光明皇后となる）を素材にしているが設定や人物名の細部に相違点があり、そこは作曲者の誤解・創作と考えられていた。しかしピッタリ同じ内容を持つ系統の古注釈書が確認され《荒唐無稽》の正確な依拠来歴がハッキリ見えた例（参照　石井倫子「能における宗教的素材受容の一考察」）な

どもある。

［7］ 山田野理夫・斎藤守弘が用いたような《伝承めかした》妖怪解説（吾曹はその製造過程を佃煮に見立て《佃承》と戯称しているが）は、その発想の下地が対象の画像妖怪そのものとは全く別ものであったり、吉川観方・藤澤衛彦の資料や記述を還元して用いていたりもする。一九六〇年代以後のやや不確かな《伝承》に偏重しつづけてしまった、いわば佃承の書き手の立ち位置は《中世的な古注釈書》であり、それを広範囲に定着させている佐藤有文・水木しげるによる妖怪研究は《能》の立場にあたるといえる。この妖怪図鑑という媒体を介した《古註空間》の関係においては、藤澤衛彦などもまた《古注釈書》的な立ち位置ではあるが、参考された範囲（ほとんどが石燕の図版の絵柄を叙述してつけたキャプションに限られている）から考えれば、《古注釈書》の源泉となった書物あるいは講義のような立ち位置に置くことが順当か。

［8］『歴史読本』（新人物往来社）や『歴史と旅』（秋田書店）などの歴史雑誌にも妖怪に関連した記事は多数存在しており、前章あるいは本章で登場する名前も往々みることが出来る。一九八〇年代以後は、そこに《前史》以後の研究者たちが文章をだんだんと寄せるようになる流れを如実に眺めることが可能。年表のページも参照。

参考文献

・黒田彰　一九八七　『中世説話の文学史的環境』和泉書院
・石井倫子　一九九五　「能における宗教的素材受容の一考察——番外曲〈家持〉〈泣不動〉を中心に」『芸能の科学』二三号

今野圓輔

こんの・えんすけ（一九一四〜一九八二）

柳田妖怪学の継承者

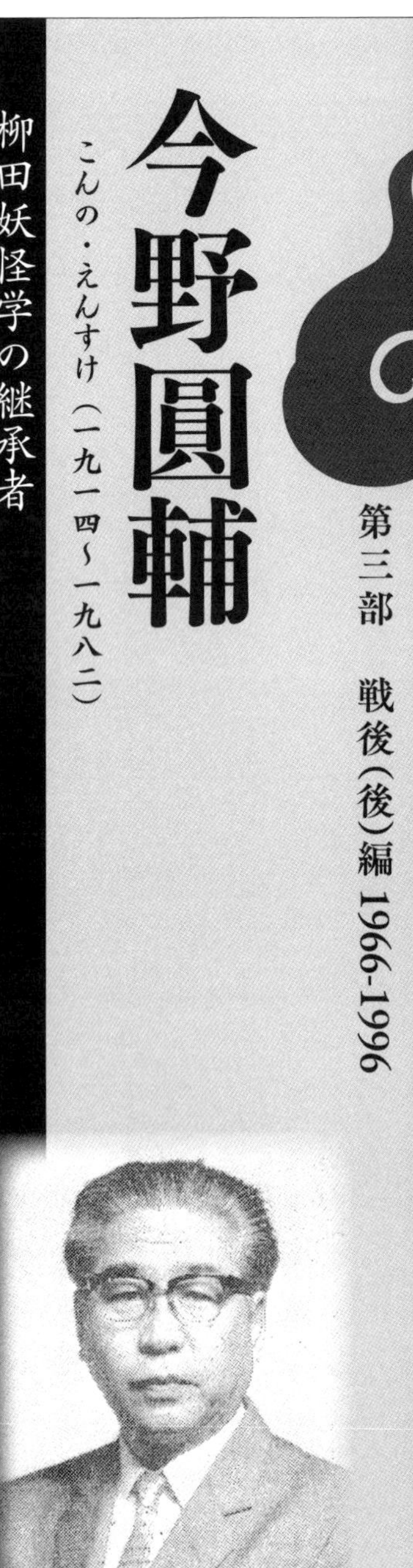

折口信夫信奉者の立場から

「あんた、柳田（やなぎた）先生のとこへ養子に行きなさい」

慶應義塾大学時代に折口信夫（おりくちしのぶ）に言われたこの言葉が、民俗学者・今野圓輔のその後を決定づけたといっても過言ではない。折口のファンだった姉の影響があり、折口の講義を聞くために、一九三五年慶應義塾大学予科に入学したというぐらいなので、言われるがままに、「民間伝承の会」に入会し、柳田國男*に師事してオシラ神信仰を専攻することになる。

略歴

民俗学者。福島県相馬郡生まれ。本名の漢字表記は圓助。慶應義塾大学文学部国文学科卒業。柳田國男に師事し、毎日新聞社に勤めながら、文部省迷信調査協議会委員・幹事、民俗学研究所理事、日本民俗学会評議員などを歴任した。編著書に『馬娘婚姻譚』、『怪談〜民俗学の立場から』『日本怪談集〜幽霊篇』『日本怪談集〜妖怪篇』『現代の迷信』『幽霊のはなし』などがある。

毎日新聞社に就職したのも一九四一年 慶應義塾大学文学部国文学科を卒業する際に、「一度、学外で生きた世間を見たほうがよい」との折口の勧めだった。[1]

俗信研究の立場から

一九四六年から文部省迷信調査協議会委員となり、一九五六年まで生活慣習資料の蒐集、整理に参加、

図1　柳田國男の米寿の祝い。緊張感が窺える1枚。(『柳田國男随行記』より)

俗信一般および霊魂信仰部門を担当し、以降に執筆した記事には迷信・俗信・幽霊・妖怪という言葉が増えてくる。文部省迷信調査協議会の編集した『日本の俗信（1）　迷信の実態』「妖怪に關する資料」では、柳田が「妖怪名彙」で紹介した妖怪の倍以上の立項を行い、現在でも認知度がそれほど高くはない妖怪（ナカネコゾウ・ユボウズ・ヨゴレハッチョウなど）も積極的に収集し、それらを山の怪・路傍の怪など九つの分類にあてはめ、「妖怪名彙」*より明確にした。[2]

一九四七年民俗学研究所設立の際には牧田茂（まきたしげる）、直江広治（なおえひろじ）らと共に実務面で尽力し、民俗学研究所理事・代議員、日本民俗学会理事・監事・評議員などを歴任した。[3]

民俗学研究所が正式に閉鎖となった一九五七年以降は『怪談～民俗学の立場から』・『現代の迷信』・

図2　小学生にゆうれいのお話をする今野圓輔
（村松定孝『わたしは幽霊を見た』より）

『日本怪談集～幽霊篇』といった分かりやすい内容、目を引く記事が兼ね備わった良書を刊行した。それらの記事作りでは、民俗学研究所や迷信調査協議会で培われた学術方面の手法と新聞記者としての経験が遺憾なく発揮されている。また、児童書の分野でも一九七二年の『幽霊のはなし』の刊行を皮切りに*北川幸比古『おばけを探検する』・村松定孝（むらまつさだたか）『わたしは幽霊を見た』では、巻末の対談での協力や『幽霊・お化け・妖怪』の監修として積極的に関わった。

これらは妖怪などに興味はあるが、民俗学などの学術的な側面にはあまり興味のない一般的な読者層や子供たちの知的好奇心を刺激し、自分で考え、研究することの導入となることを意識し、巻末の参考文献の紹介に解説を入れるなど、自著に留まらない知の共有をしてくれた。[4]

晩年・療養中の立場から

毎日新聞社を退職後は青森県の八戸女子短期大学、ついで女子聖学院短期大学で教授を務めていたが、一九七七年九月に脳血栓で倒れて、療養生活を送っていた。病床でまとめた『日本怪談集～妖怪篇』は妖怪伝承の原典を丁寧にまとめあげた労作である。[5] 系統づけた章立てや「路上の妖怪のうち、ヌリカベなどとともにノブスマ系として分類した」という記述などからも柳田の「妖怪名彙」の分類を改めて意識していることが分かる。反面、民俗学的な伝承に見られる妖怪だけを取り扱うのではなく、**江馬務***『日本妖怪変化史』や**吉川観方***『絵画に見えたる妖怪』などを参考にし、絵画・文学・随筆など幅広く盛り込んでいる。千葉幹夫『全国妖怪事典』などの以降の妖怪に関する書籍の参考文献としても上げられる一冊である。

一九八二年七月三一日心筋梗塞で急死の直前に『柳田國男随行記』を書き上げている。晩年、資料収集を行い『俗信辞典』の執筆もしていたが、三分の二ほどの原稿を書き上げたまま未完となってしまったという。[6] 今野圓輔の執筆した妖怪に関する書籍や記事は、妖怪・幽霊・俗信に興味がある人の知識レベルを一〇年以上進めたと言っても過言ではない。あと一〇年二〇年存命だったならば……その早い死が残念でならない。

（式水下流）

注

［1］『柳田國男随行記』「先生三代」に記載されている。朝日新聞社への推薦を柳田に懇願するも激怒された上に「毎日のほうにしたまえ」と言われ、一九四二年毎日新聞に入社し、社会・学芸・文化（副部長）・「毎日情報」編集・学生新聞編集部などで勤務した。折口の提案で柳田に師事し、新聞記者へという道はその後の経歴・実績に繋がる重要なエピソードと言える。

［2］膨大な情報が収集されているが、どのような妖怪であるかの解説が示されていない点、「妖怪名彙」でも全てを網羅しきれていなかった出典記載がない点（伝承地域は記載されている）など残念な部分もあるが、柳田の意思を継いだ発展性のあった資料と言える。また、ビシャガツクに関して「妖怪名彙」の「ビシャがつく」という表記から「ビシャ」と表記している点も面白い。

［3］民俗学研究所設立の際に一緒に尽力した牧田とは渋沢敬三を中心とした日本人の綜合研究グループでも一緒で、二人で「民間伝承の会」の懇親会の余興として折口脚本の「黒子万歳」

という出し物を披露している。同じく、直江は会報誌『日本民俗学一四二号』で、追悼文を寄せている。その他、渋沢の研究会で一緒だった国文学者でもある塚崎進・土佐民俗学の桂井和雄(かつらいかずお)・國學院大學で教鞭を執った井之口章次(いのくちしょうじ)とも互いの著書から交友が窺える。

[4]『怪談~民俗学の立場から』では山室静(やまむろしずか)・**山田野理夫***・他『妖怪魔神精霊の世界』や**水木しげる***『ふるさとの妖怪考』などを紹介している。ここからも民俗学などの学術的な観点だけでなく、一般層に向けて、興味の導入となるように配慮していることが窺える。

[5]『日本の俗信(1) 迷信の実態』には、**日野巌***『動物妖怪譚』や**江馬務***『日本妖怪変化史』など当時の妖怪的な資料は、主に文献資料の収集に終始している旨のことが記載してあるが、『日本怪談集~妖怪篇』は更に民俗資料を加味した形式を作り出したといえる。

[6]興味のないことに対しては、集中力が途切れてしまう(結果、柳田に遠回しに叱られる)反面、旧制中学時代に乗馬に凝って肋膜(ろくまく)になった話や、電車の窓から顔を出して風景を見ていて顔面神経痛になったという話は、興味のある事に対しての集中力がこれらの資料収集に直結していたとも見て取れる。

参考文献

・折口信夫 一九七二『折口信夫全集(ノート編)』第六巻、中央公論社
・北川幸比古 一九七二『おばけを探検する』講談社
・今野圓輔 一九四九「妖怪に關する資料」『日本の俗信(1) 迷信の実態』技報堂
・今野圓輔 一九四九「妖怪幽霊問答二題」『民間伝承』(六月号)秋田書店
・今野圓輔 一九五七『怪談~民俗学の立場から』社会思想社(現代教養文庫)
・今野圓輔 一九五八『日本人の習俗・迷信』(写真で見る日本人の生活全集 第五巻)岩崎書店
・今野圓輔 一九六一『現代の迷信』社会思想社(現代教養文庫)
・今野圓輔 一九六五『日本迷信集』河出書房新社
・今野圓輔 一九六九『日本怪談集~幽霊篇』社会思想社(現代教養文庫)
・今野圓輔 一九七二『幽霊のはなし』ポプラ社(ポプラ・ブックス)
・今野圓輔 一九七四「民間信仰」『日本の民俗:ゼミナール』朝日新聞社
・今野圓輔 一九八一『日本怪談集~妖怪篇』社会思想社(現代教養文庫)
・今野圓輔 一九八三『柳田國男随行記』秋山書店
・寺本安男(著)・今野圓輔(監修) 一九七七『幽霊・お化け・妖怪』集英社(モンキー文庫 ノンフィクション・シリーズ)
・村松定孝 一九七二『わたしは幽霊を見た』講談社

今野圓輔

条件充足への忌避と呪術

—故柳田国男先生のみ霊に捧ぐ—

桂井和雄

通　信　欄

今野円輔様

昭和53年度分会費2,000円
〃　〃　〃　円
合計　2,000円

以上の請求金額御検討の上
御納入願います

今野圓輔旧蔵の『土佐民俗』(36号まで)の中にみられた書き込みと『土佐民俗』会費請求書(氷厘亭氷泉・所蔵)

「故柳田国男先生の霊に捧ぐ」という副題を「み霊」としている点に今野の柳田への畏敬の念を感じる。【式水】

昭和22年7月の箱根での写真

左から牧田茂、柳田國男、今野圓輔、穂積忠(ほづみきよし)、折口信夫。(『柳田國男随行記』1983年)【式水】

コラム

圓輔ハカセの未刊本？

妖怪まなびの門

影響巨大な妖怪研究者として、**＊藤澤衛彦**[1]と**＊今野圓輔**のふたりは、その門をスルーすることがナカナカ出来ない豊磐櫛磐（とよいわくしいわ）な名前だが、一冊をまるごと妖怪ダケ取り扱った著作の数となるとドチラも厖大（ぼうだい）だというわけでは無い。

これは両者とも、執筆対象の本質が《伝説》や《迷信》など、さらに妖怪より一段二段ひろい舞台だったせいもあるが、今野圓輔の場合、つくる機会そのものはあったものの……出なかった、という本もあるようである。

妖怪専門ハカセ

昭和二二年（一九四七）文部省につくられた迷信調査協議会に今野圓輔は民俗学者代表として送り込まれ、[2]お役所向きな報告書のなかで、民俗学研究所で蓄積した民俗語彙を「妖怪資料」として発表したり、委員十名で行われた座談会で他の参加者そっちのけで東京大学の医師・日野寿一（ひのじゅいち）とヒートアップ議論をぶつけあったり[3]していたわけだが、報告書以外に一般向き・小中学生向きに企画された迷信についての単行本に、新聞記者というアビリティを買われたのか全て参加しており、親しみやすい独特のフレーズの飛び出る、いつもの筆致を寄せている。

そのうちの一冊に小中学生向きに出版された『雷になった神主』（出水書園、一九四九年）という迷信についてやわらかく書いた本があるのだが、その奥付には「迷信教室」と銘打って続刊してゆくことが告知されており、そこに『お化の国』という妖怪を主題にした本の広告がある。

著者には今野圓輔の名前が挙げられており「お化博士として有名な今野先生が日本中の有名な化物を科学の力で退治する面白い面白い話、カッパの角力、ゴーゴー汽車のまねする狸、鼻天狗、火の玉、一ッ目小僧外沢山」と広告文には記されている。まるで圓輔ハカセが河童懲罰士になる回があるような予告っぷりだが、ここに示された今野圓輔『お化の国』と古畑正秋[4]『星のたわむれ』（暦や占いについての迷信）が出版された形跡はうかがうことは出来ず、どうやら未刊に終わってしまったようである。

（氷厘亭氷泉）

注

［1］大正から昭和二十年代にかけて、藤澤衛彦とほぼ同じ雑誌に寄稿をしてる存在として田瀬月耆という名前がある。変態十二支の続刊予告として田瀬月耆『変態妖怪学』という書名が挙げられている（『奇書』一巻三号、文芸資料研究会、一九二八年、八七頁）が、現状では月耆の単著は未確認であり、これも圓輔ハカセ同様未刊の一冊とみられる。藤澤衛彦はひとつの雑誌に森川梅月という別名を用いてダブルで記事を書いていた実例の証拠もあり（藤澤衛彦『明治風俗史』春陽堂、一九二九年、二〇〇頁）この田瀬月耆は別名義かも知れぬと考えているが果たしてどうであろうか。

［2］今野圓輔『現代の迷信』（社会思想社、一九六一年）の第四部に迷信調査協議会について委しく書かれている。第四部は第九刷（一九七五年）から削除されているので確認には注意が必要。

［3］座談会「迷信をどう考えるか」は迷信調査協議会『俗信と迷信』（技報堂、一九五二年）に収録。座談会なのに日野・今野・日野・今野・日野・今野……といった一騎打ちの続きまくる箇所がしばしば発生する。

［4］古畑正秋（一九一二〜一九八八）天文学者。東西の占星術についても研究しており、その点から迷信調査協議会に呼ばれ、委員となっている。『雷になった神主』にも今野圓輔同様複数の章を執筆している。

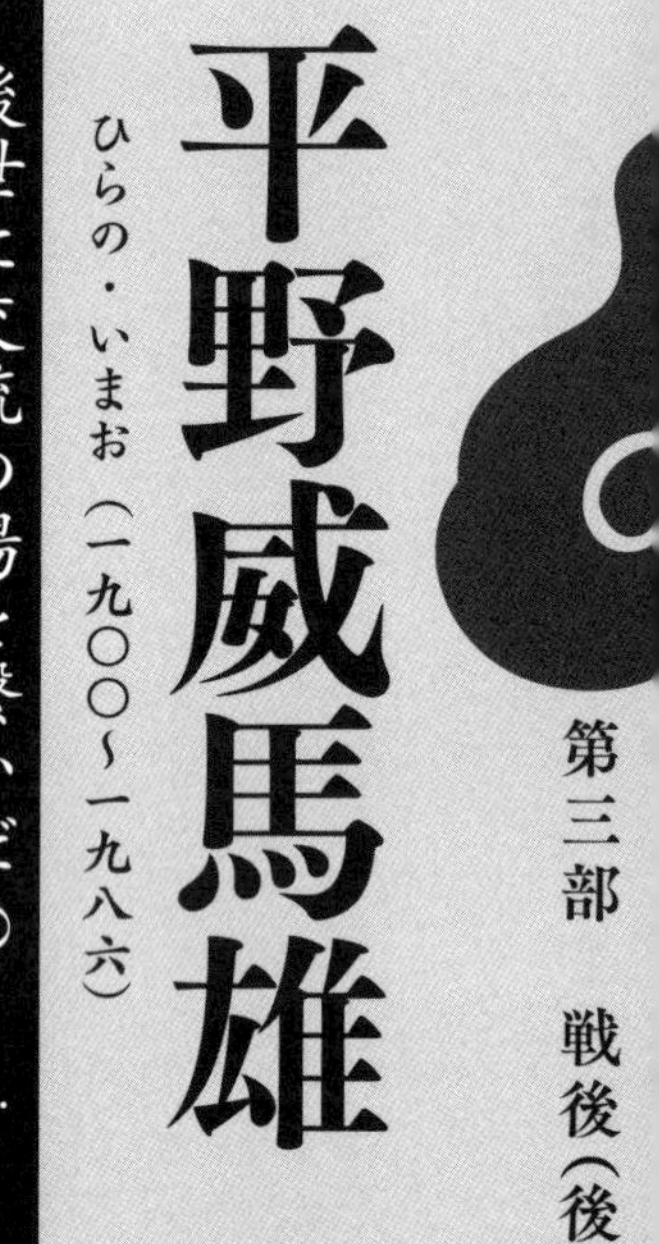

平野威馬雄

ひらの・いまお（一九〇〇～一九八六）

後世に交流の場を繋いだOrganizer

略歴

詩人、仏文学者。東京市赤坂区青山北町（現・東京都港区北青山）生まれ。上智大学文学部ドイツ哲学科を卒業。詩の会「青宋（せいそう）の会」・混血児を救済する「レミの会」・おばけについて語りあう「おばけを守る会」を組織した。著書には『お化けの本』、『お化けの住所録』、などのお化けや空飛ぶ円盤など超常現象を取り扱ったものや『くまくす外伝』、『伝円了』などの伝記もある。

父親を降霊させた話

お化けを守る会を主宰した平野威馬雄は祖母や伯父に、四谷怪談や鍋島の猫騒動などの怪談をせがむような子供だったという。[1] そのような幼年期からお化けを含む心霊現象に興味を持つに至るには、二一歳まで待つことになる。旧制中学を卒業し、東京外国語学校フランス語科を理不尽な扱いで中退、聴講生として入学した京都帝国大学植物学科も梅毒に感染し東京に戻ることになった後の話である。ロンブロゾやコナン・ドイルなどの心霊学に関する本を読み漁り、モールス信号のタッピングの音をアルファベットに当てはめて、自動筆記をするという心霊研究の実験も行った。その実験として、父親が亡くなって四年目に父親を降霊し、遺産について聞いたことが、平野威馬雄のお化けの存在を肯定するスタンスの根底となっている。[2]

コカイン中毒からの文壇復帰と超常現象を執筆しはじめる話

降霊実験の一年前、一九二二年の秋に鼻詰まりの治療薬として級友からコカインを教えられ、一五年間に渡り、コカインを盗み全国指名手配を受けるほどの重度の中毒に陥り、お化けどころか、文筆業も一度廃業している。

一九四一年のルグロ『ファブルの生涯』の翻訳が評価されたことで、文壇へ復帰すると一九四三年ぐらいまでは、翻訳を中心に活動した。戦中にやることがなくて、一九二二年に南方熊楠*に会ったことを思い出し、伝記である『博物学者——南方熊楠の生涯』を一九四四年に刊行した。[3]

その後も、ガリレオ・ニュートン・ダーウィンなどファーブルも含めた科学者を題材とした伝記を刊行している。

超常現象について執筆をし始める分岐は、一九六〇年からである。この年は立て続けに空飛ぶ円盤の本を刊行し、一九五四年より記事を執筆していた日本温泉協会の『温泉』にも唐突に空飛ぶ円盤の記事を二回に渡り掲載している。本人は、同時期に二度、空飛ぶ円盤を目撃していると『週刊読売』の新科学座談会で公言している。[4] その後、空飛ぶ円盤に限らず、超常現象に分類される話が寄せられるようになっていく。

「お化けを守る会」発足の話

超常現象についての話が平野威馬雄に寄せられる中、渥美清・永六輔・金子光晴・黒柳徹子・和田誠たちと西荻窪で開催したお化けの展覧会（平野威馬雄が詩を書き、お化けの絵を飾ったという）がきっかけとなり、一九七三年には「***お化けを守る会**」が発足された。

その後は空飛ぶ円盤だけでなく、お化けについての本も立て続けに執筆することとなる。お化けに関する本の基本的な形式は「お化けを守る会」で語られた話やラジオ放送などで募集された話が主に収録されている。

集まってきた話だけでなく、最初期のお化けの本である『お化けは生きている――科学にとり残された霊の世界』では化け猫・天狗・雪女・カマイタチ・通り悪魔・船幽霊などが紹介されており、***井上円了**の『妖怪学講義』を参照にしていることが分かる。

また、同書は前年に刊行されたばかりの粕三平の『***お化け図絵**』を紹介し、掲載されている妖怪を短文説明と共に列挙している。

収集した怪談話に関連して、お化けの絵を、挿入するということもした。『お化けについてのマジメな話』では『絵本百物語』を挿絵として使用したり、『お化けの本』ではお化けを守る会の会員でもあった***水木しげる**の挿絵を入れたりと、お化けに関連する項目として妖怪の話を紹介した。[5]

お化けを守る会に関しては別項で、もう少し詳しく紹介したいと思うが、平野威馬雄はその他に詩の会である「青宋の会」や混血児を救済する「レミの会」の活動もしていて、人と人とを繋げて、情報交換の場を作る能力と行動力に長けていた人物であったことがよく分かる。[6] そこから得られた情報はその著作などで知ることができ、お化けを守る会の繋がりが、その後のお化け文化に良い影響を与え、現在に繋がっていることが想像できる。著作や雑誌記事などで断片的に見られる会自体の内容がとても楽しそうであり、とても羨ましいことである。

（式水下流）

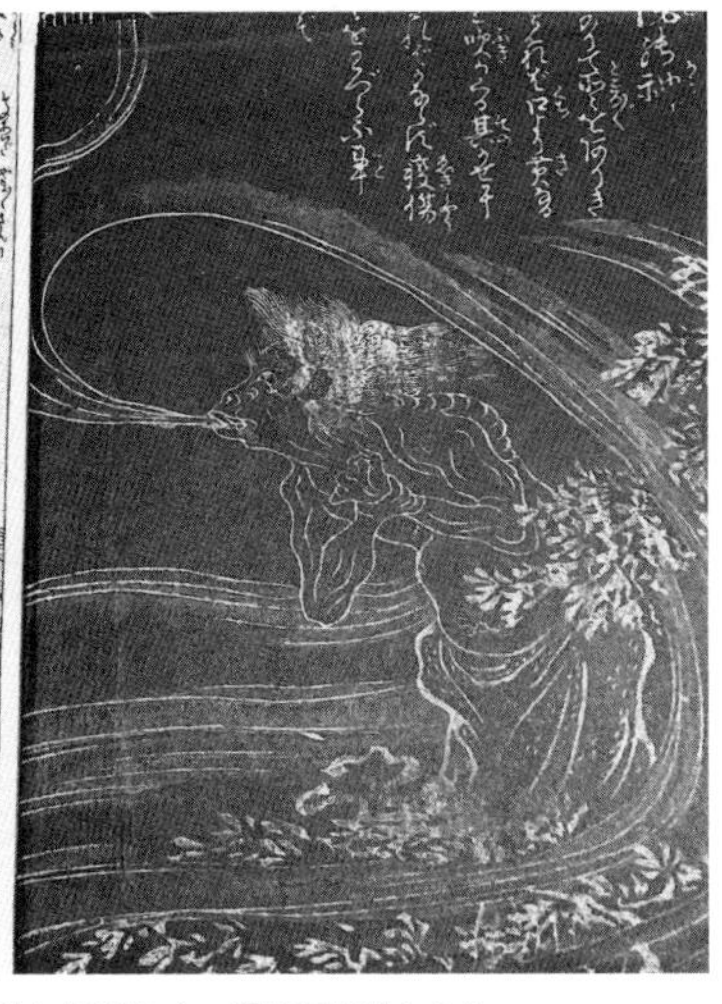

図1　箱や表紙などの装丁に『絵本百物語』を使用した。（『伝円了』より）

雪隠のばけもの——夜中にトイレにいけなくなる

雪隠とは厠、つまりトイレのこと。

ここに出現するおばけとなると……。考えただけで、思わずニヤリとされるむきも多いことだろう『百物語評判』というばけものの本によると、このばけものは、たいそう荒っぽいことになっていて、たたられたりしようものならたいへん！　えそのようなおできができ、数日でコロッと死ぬ。もっとも、それを防ぐのはわりと簡単で、帯をといたまま、雪隠から帰ってくればよいとも書いてある。

こんな話もある。唐の昔、寿陽の季景という人が、莱陽の何麗娜という美人を深く愛したため、本妻が怨んで、正月十五日に厠の中で殺してしまったというのだ。それ以後、たたりが始まったというついでだから、唐では厠の神を紫姑神といい、仏教では烏瑟沙磨仁王と呼んでいることも、つけ加えておこう。

図2　雪隠（せっちん）のばけものという平野威馬雄の文に水木しげるが加牟波理入道を描いている。（『お化けの本』より）

注

[1]　平野威馬雄のいうお化けの基本は幽霊のことを指す。死んだ人間がこの世に姿を現れたものなので、霊は存在して、理解でき、あの世を知ることができると考えている。尚、妖怪に関しては、人間ではないばけものとしているが、お化けに関する著作には、概ね妖怪に関する項目も存在している。

[2]　平野威馬雄の父親は日本通の美術愛好家だったアメリカ人、ヘンリ・パイク・ブイ。日米を行き来していたので、父親とともに暮らしていたのは七歳・一八歳のともに二年間のみで、帰国後に亡くなっている。降霊実験は関東大震災直後の秋頃としているので、一九二三年の出来事である。

[3]　上智大学一年のときに哲学者の平沢哲雄の紹介で、南方熊楠に会い、日比谷公園の空濠で粘菌の採集の手伝いや國學院での講義の付き添いなどをしている。熊楠の伝記はお化けを取り扱った本ではないが、伝記を多く書いてきたことが、一九七四年当時自伝も、伝記もなかったという井上円了の伝記『伝円了』にも繋がっていく。

[4]　この座談会の参加者は平野威馬雄の他、高梨純一・小松左京・**斎藤守弘***と空飛ぶ円盤やSFの分野で一線を画す錚々たる面々である。

[5]　井上円了の『妖怪学講義』からの抜粋は『伝円了』の執筆と相まって、『井上円了妖怪学講義』にも繋がっていく。その他にも沖縄で自ら採話したという『戦慄！妖怪・幽霊の本（お化け博物館）』にはイッシャやキジムナーなどの話も紹介されている。

また、お化けを守る会の発足の一九七三年以降、立て続けにお化けに関する書籍を執筆していることは、一例ではあるが、参考文献からも見て取れる。

[6]　「青宋の会」は一九四一年東京三河島の自宅で結成。青宋とは清掃のもじりで、三河島の近所に清掃会社があったことから命名したという。詩人としての平野威馬雄は一〇代の頃、萩原朔太郎から詩作品を賞賛され、二〇代で北原白秋に師事した。金子光晴やサトウハチローらも詩人仲間である。

「レミの会」は混血児として幼少期より自ら差別を受けていた経験からことから同じ境遇にあった佐藤美子・江川宇礼雄・藤原義江・渡辺暁雄と共に一九五三年に混血児を救済支援する会として、発足された。正式名称は「一九五三年会」（通称五三会、レミの会）。

参考文献

・永六輔　一九七四『奇人変人御老人』文藝春秋
・加太こうじ　一九七三「お化けを守る会（集団の発見――三六）」『現代の眼』（一二月号）現代評論社
・平野威馬雄　一九四四『博物学者　南方熊楠の生涯』牧書房
　一九八二年リブロポートより『大博物学者　南方熊楠の生涯』として増補復刻。
・平野威馬雄　一九六〇「空飛ぶ円盤はある」『温泉』（三月号）日本温泉協会
・平野威馬雄　一九六〇「円盤怪事件の展開」『温泉』（六月号）日本温泉協会

平野威馬雄

・平野威馬雄　一九六四「江戸時代から円盤は飛んでいた　新科学座談会」『週刊読売』読売新聞社
・平野威馬雄　一九七四「夏と芝居と幽霊と」『季刊邦楽』（創刊号）邦楽社
・平野威馬雄　一九七四「日本お化け列島——全国各地より精選した現代の怪談特集」『宝石』（七月号）光文社
・平野威馬雄　一九七四『お化けについてのマジメな話』平安書店
・平野威馬雄　一九七四『お化けは生きている——科学にとり残された霊の世界』双葉社
・平野威馬雄　一九七四『悪魔の本』広済堂出版
・平野威馬雄　一九七四『お化けの本』広済堂出版
・平野威馬雄　一九七四『伝円了』草風社
・平野威馬雄　一九七五『お化けの住所録』二見書房（サラ・ブックス）
・平野威馬雄　一九七五「おばけの会のはなし」『運輸と経済』（三五巻三号）交通経済研究所
・平野威馬雄　一九七六『幽霊を見た！　海外篇』二見書房（サラ・ブックス）
・平野威馬雄　一九七六『日本怪奇名所案内』二見書房（サラ・ブックス）
・平野威馬雄　一九七六『陰者の告白』話の特集
・平野威馬雄　一九七八『アウトロウ半歴史』話の特集
・平野威馬雄　一九七九『レミは生きている』講談社文庫　初版は一九五九年
・平野威馬雄　一九八一『日本怪奇物語』日本文芸社
・平野威馬雄／西江雅之　一九八二『貴人のティータイム』リブロポート
・平野威馬雄／西江雅之　一九八三『井上円了妖怪学講義』リブロポート
・平野威馬雄　一九八四『戦慄！妖怪・幽霊の本（お化け博物館）』国土社

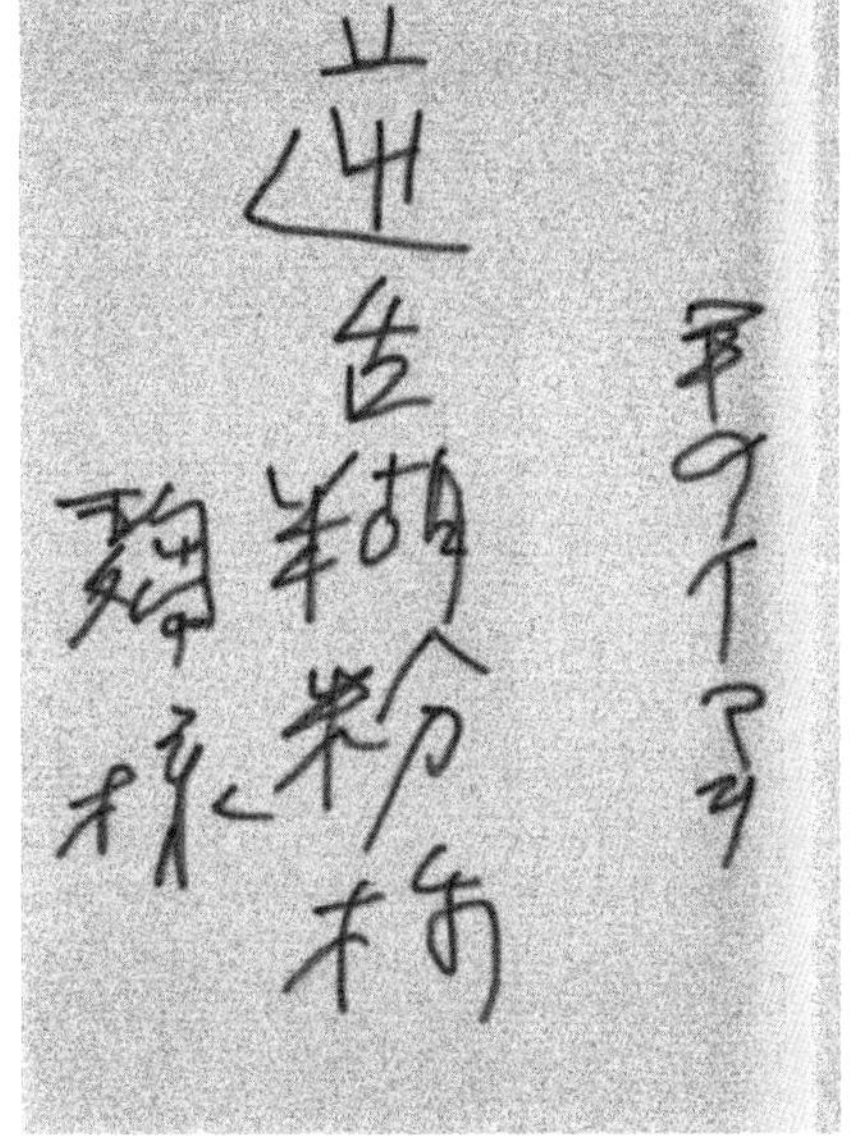

図3　平野威馬雄署名（伊藤慎吾蔵）

水木しげる

みずき・しげる（一九二二～二〇一五）

妖怪史の歩みと共にありそのものでもあった巨人

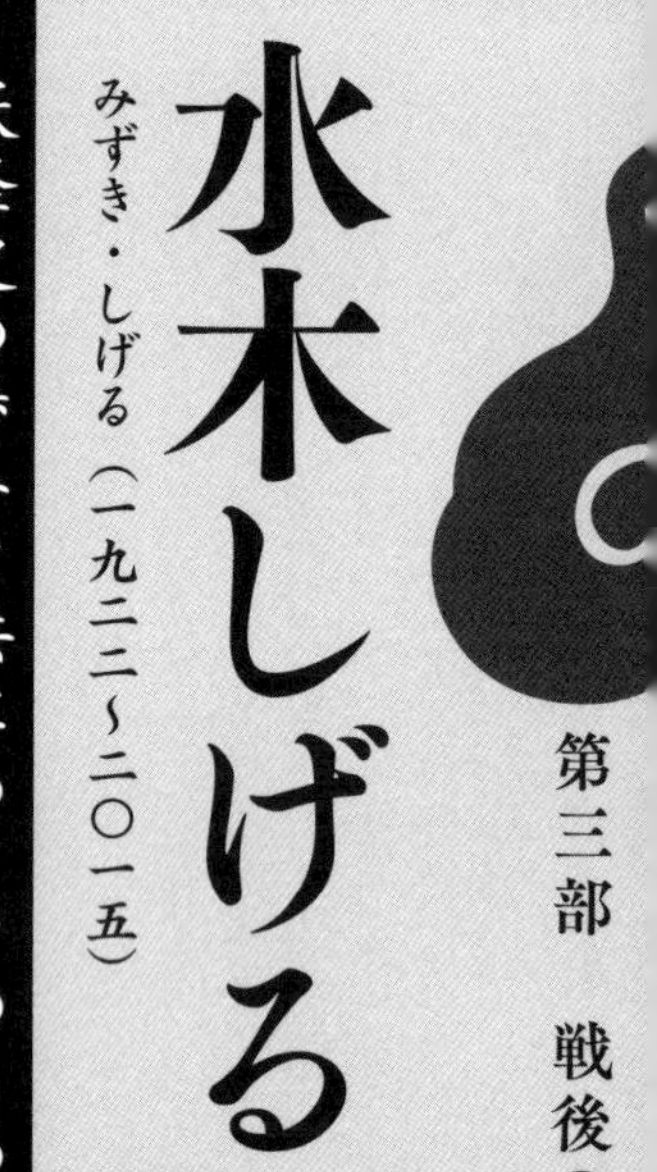

略歴

漫画家。本名・武良茂（むらしげる）。大阪市で生まれ、幼少期を鳥取県境港市で育つ。第二次世界大戦ではニューギニアに出征、左腕を失う。戦後、紙芝居作家を経て一九五八年に「ロケットマン」で漫画家デビュー、以降、妖怪を扱った漫画や妖怪図鑑を多く執筆。代表作は『ゲゲゲの鬼太郎』『悪魔くん』など。

一九六〇年代、妖怪漫画の幕開け

水木しげるといえば言わずと知れた妖怪漫画の大家であり、妖怪史への影響も非常に大きい。しかし、彼の妖怪をテーマとした作品群は約五〇年にまたがっているため、それらの中での妖怪というものに対する取扱い方にはいくつかの段階が存在しており、その影響についても一言で表すことはできない。

まず、最初に水木が「妖怪」を自身の作中に明示的に登場させたのは、『墓場鬼太郎（はかばきたろう）』シリーズ『鬼

太郎夜話　地獄の散歩道』（一九六一）であった。同作品中では、**柳田國男**『妖怪談義』に掲載された「**妖怪名彙***」の内容が引用されている。しかし完全に妖怪とよべるものはそれ以降しばらく作中にほぼ登場しない。最初期の水木作品や鬼太郎は妖怪漫画よりもむしろ「怪奇漫画」であった［京極　二〇〇七］。

近年我々が想像するような水木妖怪画については、一九六六年より不定期に掲載される週刊少年マガジンの巻頭特集や、同じく一九六六年より週刊少年サンデーで連載が始まった「ふしぎなふしぎなふしぎな話」で、妖怪の名称とイラスト及びそれについての二、三行程度の解説が図鑑形式で掲載されているものがその最初期の形といってよいだろう。ここで妖怪画や解説の参考となっている資料は先述の「妖怪名彙」も含まれるが、加えて**今野圓輔***や**藤澤衛彦***の著作が多い。『SF新鬼太郎』（一九八〇）で水木が藤澤衛彦『図説日本民俗学全集』を紹介している文章によると当時水木は図版が多く載っているものを探していたようで、水木はこの辺りから、それらの資料をもとに鳥山石燕（とりやませきえん）（→「**画図百鬼夜行***」）などの古い妖怪画を作中に使用するようになる。やがて一九六七年に鳥山石燕の本をまとめた『画図百鬼夜行』が渡辺書店より出版されると、石燕を参考とした妖怪画はさらに多くなる（図1）。そして一九六八年一二月には、別冊少年マガジンの付録という形ではあるが『日本妖怪大全』として妖怪画の集大成を発表する。「ゲゲゲの鬼太郎」作中に登場している妖怪も多く、また人気作である『妖怪なんでも入門』（一九七四）もおおよそこの形式に従っているため、近年でもよく話題にされる妖怪画はほぼこの時期に描かれたものが多い。

図1 『鬼太郎魔界編』(1997)に掲載された、「ゲゲゲの鬼太郎　大魔界」『週刊少年マガジン』1967年11月10日号を再編集したトランプ。鳥山石燕の絵が多く使われていることがわかる。

一九七〇年代、妖怪図鑑の重厚化

その後、『ふるさとの妖怪考』（一九七四）を皮切りに、『水木しげるの妖怪事典』（一九八一）に代表されるような妖怪図鑑では、妖怪画の種類が増えるだけでなく、解説文のボリュームが大幅に増加しているという点で大きな特徴がある。この時代から参考資料として、説話の事典である『大語園』や、**柴田宵曲***『随筆辞典』、**山田野理夫***によって創作された昔話など、物語形式で妖怪話が紹介できるものが多く使われるようになる。この形式の場合、物語形式の妖怪話については詳細に説明される一方、そもそも説明がほぼ必要ない妖怪については、本来全く関係のない話がページ埋めのために記述される事も多い。ここで記述された全く関係のない話は、後に水木の解説を引用した妖怪図鑑などで、その妖怪自体の解説であるかのような誤解が生じていることがしばしば見受けられる。

図2　「新ぬらりひょん」はエアコンの電気を盗む妖怪として紹介されている。『続・日本妖怪大全』より

一九八〇年代、妖怪図鑑の細分化

一九八〇年代半ばからは、妖怪単体というよりも何らかのテーマをもって作成された図鑑が多く発表される。入門百科シリーズ『河童なんでも入門』（一九八三）、『妖精100物語』（一九八四）をはじめ、最晩年の『水木しげるの日本全国神様百怪』（二〇一〇）に至るまで、一九八〇年代半ば以降新規に描き下ろされた妖怪画の多くはこの形式をとっている。そしてそのテーマは「憑物（つきもの）」「霊」など、水木がその時点で興味を持っていた概念であることも多い。その上で注意すべき点として、描き下ろされた妖怪画がほかの書籍に収録された場合、以前の文脈が失われていることがしばしばある。極端な例を挙げると、『続・日本妖怪大全』（一九九四）に掲載された「新ぬらりひょん」などは、本来『Weeklyぴあ』一

九九三年八月一〇日号掲載の「ムダから生まれる『平成』妖怪図鑑」にある創作妖怪「むれるひょん」（図2）であることを知らなければ正しい理解はできないだろう。

一九九〇年代〜、止まらない展開

そして晩年においても水木は、『幻想世界の住人たち』シリーズや笹間良彦『図説世界未確認生物事典』（一九九六）、アダム・カバット『江戸化物草紙』（一九九九）など、その時代の最新の妖怪本を参考として次々と妖怪画を描いている。また晩年には、水木の絵を使用しつつ、あるいは水木しげる名義になっているものの、解説文を水木しげる本人が書いていない妖怪図鑑が多く出版されている事も忘れてはならない。いわば水木しげるは、妖怪ジャンルを作り上げた張本人でもあるが、自らもそこから影響を受けそれぞれの時代を反映し続けてきたのである。

水木しげるの妖怪図鑑については、時代が下れば下るほど、これまでに述べたような様々なパターンの妖怪画・妖怪解説のあり方が、区別されることなく供給される事になる。すなわち、妖怪がまだ世間にあまり広まっていなかった頃の短い妖怪解説と、最新の妖怪研究の結果が反映された晩年の文章を、現代の人々は同列として受け入れる形となっている。その結果、水木しげるの影響は非常に多大でありながら、その影響の在り方は多方面に広がりを見せる事になる。したがって冒頭で述べた通り、その影響を一言で言い表すことはできない、という結論に至る。

最後になるが特に重要な点として、水木しげるの作品作りの大きな特徴は、自身の興味を自分なりに換骨奪胎（かんこつだったい）し作品に落とし込む事である。水木の絵やストーリーに元ネタとされるものが多く存在していることは既に様々な方面から指摘されているが、[1] これまでに述べた内容の通り、水木しげるにとっては妖怪図鑑もその一つである。時代に合わせて柔軟に変化しつつ、一方で自身の興味を柱として持っておくことで統一感を出す、その背反が水木しげるの魅力であるともいえるだろう。

（御田鍬）

注

[1] 川勝徳重（かわかつとくしげ）「貸本時代の水木しげる画風変遷史（1）」『貸本マンガ史研究』第2期02号（二〇一五年）や藤本和也（ふじもとかずや）『ミズキカメラ』（二〇一八年）など、水木しげるの元ネタに関する調査は近年急速に進んでいる。

参考文献

・京極夏彦　二〇〇七『妖怪の理　妖怪の檻』角川書店

佐藤有文

さとう・ありふみ（一九三九～一九九九）

一九七〇年代の妖怪覇者

略歴

怪奇作家、オカルト研究家。秋田県で佐藤鉄章（さとうてっしょう）（後に作家、古代史家）の長男として生まれ、東北の遺跡や妖怪文化に親しんで育った。茨城大学国文科中退後、学研で編集の仕事に従事し、**斎藤守弘***の影響を受けフリー・ライターとなった。学研や小学館の学年誌を中心に執筆。漫画原作、怪奇小説「黒い蛾」「守宮館」なども残している。徐々に力を付け、学研ジュニアチャンピオンコースの『世界のなぞ世界のふしぎ』『怪奇ミステリー』がヒットし、人気作家に。続いて立風書房**ジャガーバックス***『日本妖怪図鑑』『世界妖怪図鑑』が版数を重ねるロング・ヒット。豪華な挿絵や古書からの図版引用などが印象的で、この二冊は現在も人気が高い。

一九七四年から立て続けに出た講談社ドラゴンブックスでは五冊を執筆、児童書でも決して手を抜かない妥協無き完成度であった。このシリーズは発売期間が短かったため稀覯書となった。一九七六年に『ミステリーゾーンを発見した』（KKベストセラーズ）がベストセラーとなり、テレビ出演が増えた。ＴＢＳ『三時にあいましょう』では蛇石解説などを行った。雑誌『ムー』『トワイライトゾーン』創刊などにも尽力。一九九三年からはチベット曼荼羅専門店「曼荼羅屋」の経営を開始したが、三年程で閉店。晩年はチベット密教の研究に力を入れていた。

二〇〇〇年、角川書店『怪』が佐藤のインタビューを取ろうと本人を探したところ、前年に死亡していたことが判明。

目立たなかった晩年の活動とは裏腹に、ネットオークションで佐藤の児童書の値段は高額のものとなり、「トラウマ作家」と呼ばれる現象が起きた。

近年、かつての児童書が復刊されており、研究の土壌は整いつつある。

立風書房での成功

◆『日本妖怪図鑑』（立風書房、一九七二年）

石原豪人（いしはらごうじん）などの挿絵に加え、大映映画『妖怪百物語』のスチールを使用。迫力、説得力に満ちた編集。登場妖怪の数も多い。巻末の妖怪地図（大伴昌司（おおともしょうじ）の影響と思われる）には**水木しげる***も資料協力しており、斎藤守弘から受け継いだ妖怪も収録されるなど、一九六〇年代の雑誌の妖怪記事に関わった作家が一同に会した妖怪図鑑の一つの完成形である。

◆『世界妖怪図鑑』（立風書房、一九七三年）

石原豪人や柳柊二（やなぎしゅうじ）の挿絵が伝説となっているが、加えて洋書からの図版を効果的に配置（斎藤守弘の項で記した情報パッケージから学んだものと思われる）。わかりやすさを最優先に考えた編集だが、これが現在のネット上での「面白くてインパクト大だが、信憑性に乏しく、真剣な妖怪研究の対象にはならない」という評価に結び付いているようだ。当時の日本では部分的にしか紹介されていなかったプランシの『地獄事典』からL・ブルトン画の悪魔像を大量に紹介。悪魔学者や魔法円なども網羅し、単なる子ども向けの本にはしない佐藤の気概が現れた一冊だ。なお「妖怪万国博」『高1コース』（学研、一九七〇年八月号）の記事にて土屋有の名で書かれた記事（絵は南村喬之）が本書に再録されている。南村はクレジットから漏れている事になる。土屋有＝佐藤有文で間違いないだろう。

講談社・ドラゴンブックスの商業的失敗

佐藤は講談社の『ぼくら』（講談社）で吸血鬼や悪魔の記事を残したが、それが後年、ドラゴンブックス創刊へ発展したと思われる（柳柊二の古代の悪魔、石原豪人のペルシャの悪魔の挿絵はそのまま『悪魔全書』で使用された）。

◆『ドラゴンブックス　吸血鬼百科』（講談社、一九七四年）

R・T・マクナリー、モンタギュー・サマーズの著作、『吸血妖魅考』（日夏耿之介）、『吸血鬼幻想』（種村季弘）などを参考文献とし、あらゆる吸血鬼情報をぶち込んだ一冊。ジルド・レ・エやエリザベート・バートリーなどC・ウィルソン『殺人百科』（弥生書房、一九六七年）を元にした猟奇記事もあり、迫力は相当なものだ。挿絵画家の画力が重視され多数の挿絵を惜しみなく使用した結果、本の価格が同時期の児童書より割高になってしまったことが、類書を圧倒する中身でありながらヒットしなかった原因であり、残念だったとシリーズを立ち上げた土屋紀夫氏（講談社）は振り返っている。[1]

『超悪魔100』（ぼくらマガジン　1970.7.21）

『決定版世界の吸血鬼』（ぼくらマガジン　1970.7.14）

『講談社ドラゴンブックス① 吸血鬼百科』

◆『ドラゴンブックス　悪魔全書』（講談社、一九七四年）

秋吉巒（あきよしらん）の絵の衝撃度が大きい。ＳＭ雑誌に挿絵を書いていた人間のその絵が放つ魔の放射は今見ても児童書の枠を越えている。[2] 世界中の悪魔や、魔女裁判、魔術を収録しており、**澁澤龍彦***や種村季弘の入門書にもなりうる。実際、佐藤は『澁澤龍彦集成』を参考文献としている。

言うならば一九六〇年代の異端と斎藤守弘から学んだ『少年マガジン』情報パッケージの集大成的な産物がドラゴンブックスシリーズだったのだ。佐藤以外にも同シリーズで書かれた『秘密結社』（小山内宏・著、表紙の豹人結社が印象深い）は『マガジン』の記事の延長線に位置する。

一九七四年は映画『エクソシスト』が公開された所謂オカルト・ブームの渦中だったわけだが、佐藤

『講談社ドラゴンブックス④ 悪魔全書』

は短期間の内に同シリーズで五冊を書くなど奮闘した。血を吐きながら執筆するほど苦労したが、商業的にこのシリーズは報われなかった。

古代文明への傾倒で妖怪作家としての終焉

妖怪作家としての佐藤有文はこの辺りまでではないだろうか。佐藤は、一九七五年頃から古代文明研究に没頭し（『東日流外三郡誌』の影響）、妖怪の本は焼き直し的なものしか書かなくなった。前掲の本を集めてしまえば、佐藤の研究としては充分成り立つ。その後の著作として、『お化けの図鑑』（ワニの豆本、一九七八）、『妖怪大全科』（秋田書店、一九八〇）、『悪魔王国の秘密』（立風書房、一九八七）、『妖怪大図鑑』（小学館、一九八七）などがある。

雑誌『ムー』（学研）では水木しげるとの対談が実現するなど「妖怪百科のもう一方の雄」くらいの

存在感は一九八〇年代まで一定程度継続していたと思われる。

少なくとも一九七〇年代は妖怪＝佐藤有文の時代であった。

しかし、作品が愛され続け妖怪界の巨人となった水木しげるとは違い、佐藤の著作は稀覯本となり、その存在はマニア化した。「記憶」に残りはしても、洋書から引用した図版に付けたキャプションに本来とは異なる意味での使用が見られ、評価し難い面があった。「真面目に論評する作家ではない」というとらえ方を今もネットなどで見る。ゆえにギャグにしながら佐藤好きを記す人間が多い。『この本は怪しい』（洋泉社）及び、と学会の単行本での取り上げられ方の影響であろう。「トンデモオカルト」という概念は既に定着した。そろそろこの呪縛から解放されるべきであろう。

今後、佐藤の研究を進めるためには、当時を知る編集者や佐藤が所属していた同人「まらりあ会」OBなどの覚え書きが期待される。

（幕張本郷猛）

『妖怪大図鑑』（黒崎出版）

注

［1］「早すぎたスキム・カルチャー」、『Trashmen』（コアマガジン社、文／中村金太郎）におけるインタビューより。

［2］「子供向けに秋吉巒の挿絵を悪魔記事に用いたのは佐藤が

初めてではない。昭和四十五年『週刊少年キング』(少年画報社)において、間羊太郎(はざまようたろう)が「挑戦シリーズ　悪魔の科学(全六回)」で行っており、記事にはセックスの表現もある。間は『週刊少年マガジン』でも悪魔の記事を書いたが、『悪魔全書』の参考文献に同誌があり、佐藤が影響を受けていた可能性は高い。

参考文献

佐藤有文　一九七二『世界のミステリー』大陸書房
野中堯　一九九一「夕映えの詞華」『奥羽文学』第二次27号
「佐藤有文先生突撃レポート」『物ノ怪書　第十二巻』隠れ里
『この本は怪しい!!』一九九七　洋泉社
『怪』一二号、二〇〇〇　角川書店
チベット密教と中国気功法　http://www.imart.or.jp/nogimori/chibet.html　現在、閲覧不可。

コラム

Japanisches Gespensterbuch と海外妖怪資料

日本妖怪の調査研究が行われていたのは日本国内ばかりではない。その一例として、ドイツでツェツィーリエ・グラーフ（Cäcilie Graf）とオスカー・グラーフ（Oscar Graf）の画家夫妻によって出版された『Japanisches Gespensterbuch』（1925）は、日本の妖怪・幽霊をテーマに様々な妖怪画・根付・能面などを紹介した本である。掲載された図版の大部分は浮世絵であり、葛飾北斎・河鍋暁斎・鳥山石燕（→「**画図百鬼夜行**」*）など、日本でもお馴染みの絵が多い。しかし何といっても目を引く点は、日本国内では全くと言ってよいほど紹介されない肉筆の妖怪画がいくつも掲載されている点である。なお、これらの肉筆画の作者は、本書や後述する展示では「Kuniyoshi」とされているが、実際に歌川国芳によって描かれたものであるかは怪しい。

その後、一九二七年にフェリックス・ティコティン（Felix Tikotin）が日本妖怪をテーマとした浮世絵の展覧会を行っている。その後のティコティン日本美術館の図録などを見る限り、先述の肉筆画は現在においても同美術館に保管されているようだ。[1]『Japanisches Gespensterbuch』の出版された一九二五年前後は、ドイツにおいて日本の妖怪についての展覧会や論文の発表などがあり、特にそれらへの関心が高まっていた時期であったという。[2]

以後、残念ながら先述の肉筆画は国内外ともにあまり顧みられることはなかったようだが、一方あ

図1　水木しげるが描いた「付喪神」の元となった絵
（『Ghosts and Spirits from the Tikotin Museum of Japanese Art』）

る意味では日本国内で広く知られてはいた。というのも、『Japanisches Gespensterbuch』は**水木しげる***が参考としている本の一つであり、実際に水木はこれら肉筆画を含め掲載された画像をもとにいくつもの妖怪画を描いている（図1）。また、**佐藤有文***も著書の中でいくつかこの本から引用したと思われる図版を掲載している。しかし筆者の知る限り両者ともに参考文献として『Japanisches Gespensterbuch』の使用を明言したことはない。そうしてこれらの肉筆画は、日本の妖怪画でありながら、日本では出典不明の画像として広まるという特異な資料となった。

近年においても、海外の日本妖怪資料は時折話題に上ることがある。二〇〇七年にはブリガムヤング大学の「ぬりかべ」と名付けられた怪物の姿が描かれた絵巻が発見されニュースになったり[3]、ごく最近ではスミソニアン博物館に保管された鳥山石燕『百鬼徒然袋』（図2）がこれまで国内で一般的に知られていた版本よりもはるかに刷りの質がいいとして再注目されたりといった話題は記憶に新しい。[4] また、根付の収集などはそもそも海外のほうが進んでいる側面があるなど、日本妖怪の研究といっても海外資料の存在を無視できるものではない。むしろ今まであまり国内で触れられてこなかった分、今後さらなる調査が望まれる点であると言えよう。

（御田鍬）

図2　スミソニアン博物館所蔵の鳥山石燕『百鬼徒然袋』より「鈴彦姫」。国内の書籍に掲載された図版の多くは顔の部分の刷りが潰れている。
スミソニアン博物館のホームページより
（https://library.si.edu/digital-library/author/toriyama-sekien）

注

[1] Jaron Borensztajn『Ghosts and Spirits from the Tikotin Museum of Japanese Art』(2013).

[2] 安松みゆき「ツェツィーリエ・グラーフ・プファフの『日本妖怪書』をめぐって　著者の活動と同書の評価および関連動向」『妖怪文化研究の伝統と創造』（二〇一〇年）。

[3] 『怪』第二四号（二〇〇八年）。

[4] 『Japandemonium Illustrated: The Yokai Encyclopedias of Toriyama Sekien』(2017) の発行により筆者の周囲で一時話題となった。木場貴俊『怪異をつくる』（二〇二〇年）では鳥山石燕の絵を掲載する場合にこちらを多く使用している。

中岡俊哉

なかおか・としや（一九二六～二〇〇一）

怪奇記事隆盛に多大なる貢献をした未完の妖怪作家

略歴

本名・岡本俊雄。怪奇作家、超常現象研究家。東京・大塚生まれ。帝国商業卒業の一九四三年十一月、鞍山の昭和製鋼所に就職。馬賊になる野望を胸に渡満。同地では戦争にかり出された。

戦後、八路軍に加わり、三度の臨死経験などにより超常現象に興味を持つ。一九五一年十二月、北京放送局の日本向け放送のアナウンサーとなったが、一九五八年四月帰国。ラジオプレス社に勤めながら、映画雑誌などに寄稿。一九六三年頃より、怪奇記事の執筆を開始。膨大な量の雑誌連載、単行本発売により怪奇物の第一人者となった。テレビ番組『万国びっくりショー』『ショック』『恐怖』に監修として参加。なかでも一九七〇年の『恐怖』は新倉イワオを脚本に迎え心霊事件の再現フィルムを放送したが、未だにこのシリーズを評価する人間は皆無である。[1] 一九七一年に放映された『ショック　第二シリーズ』は世界編となったが、川口浩と探検隊を編成、中南米やアフリカを取材に訪れた。[2]

『恐怖』（世界の怪奇画報より）運転手・佐々倉英雄 女・神鳥ひろ子

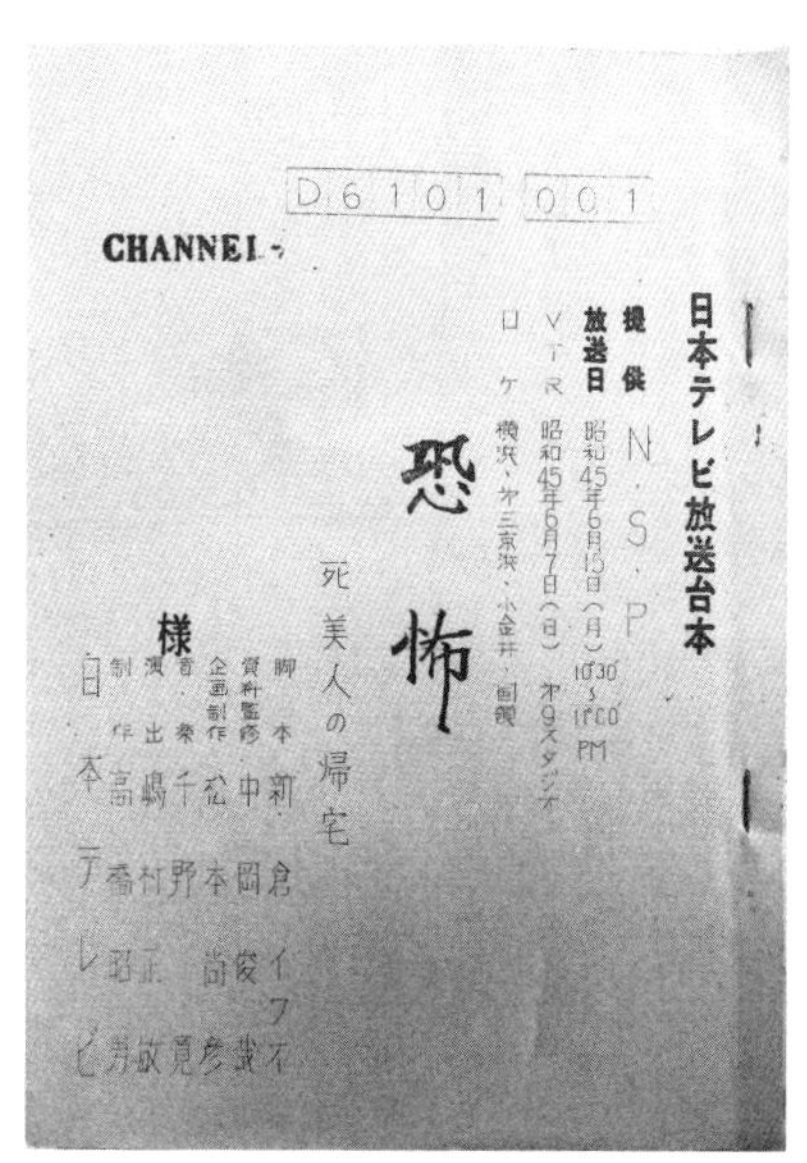

D6101 001

CHANNEL

日本テレビ放送台本

提供 N.S.P
放送日 昭和45年6月15日（月）10:30～11:00 PM
VTR 昭和45年6月7日（日） 第9スタジオ
ロケ 横浜・第三京浜・小金井・国領

恐怖
死美人の帰宅

脚本 新倉イワオ
資料監修 中岡俊哉
企画制作 松本尚彦
音楽 千野覚
演出 嶋村正敏
制作 高橋昭男
日本テレビ

様

『恐怖』「死美人の帰宅」
放送用台本 脚本・新倉イワオ

一九七一年、祥伝社『テレパシー入門』のベストセラー化前後から「研究家」を名乗り、「超能力ブーム」「こっくりさんブーム」では話題の中心人物となった。同年発行した『恐怖の心霊写真集』（二見書房）では写真に写った霊を鑑定するスタイルを確立させ、これは現在も研究家に踏襲されている。昭和から平成にかけて多くの心霊物を書き続け、晩年は心霊相談やパワー治療啓蒙に専念、死の直前

まで旺盛な研究活動を行った。

「妖怪はフィクション」

「妖怪はフィクションと考えてさしつかえない」[3]と記す中岡が妖怪学へ与えた直接的な影響は少ない。心霊現象研究にとって妖怪は余計なものと考えていたようで、河童なども妖怪としての存在ではなく、霊として考えていた。「飛び込め！怪奇の世界へ」『中学二年コース』（学研、一九七三年二月号、文／岡本俊雄名義）では、「心霊科学の面から見るならば、自然霊といえるもので、霊としては存在しているが、妖怪としては実在しない。そのほとんどが創作された架空のものばかりといえそうだ」と記した。

座敷わらし、海ぼうずなども実在しうる自然霊と考えていたようだ。

また別の記事では悪魔＝悪霊と記した文章が確認できる。あくまで霊のなかの一種という考えなのだろう。

妖怪記事による水木しげるへの影響、及び中岡独特の妖怪観

活動初期の頃は怪獣や妖怪に関する記事も書いたが、信憑性が問われる心霊現象、超能力の研究に重きを置くようになってからは（一九七五年以降）、その手の記事は減った。そのため中岡の妖怪記事は初期～中期に限られる。二見書房で妖怪の本（後述）を三冊書いたのは、同社との関係が良好であり、児童向けの怪奇シリーズ展開があっての「異例の」ことだった。

その中岡の多くない妖怪記事のなかで、最もその特徴が際立つのが『世界の怪奇画報』（黒崎出版、一九七二年）の巻頭に掲載された「冬にあらわれる幽霊妖怪」である（初出は「幽霊は冬にも出る」

舌出し妖怪

インド北部バチアラ地方の人びとは、冬を妖怪の季節といって恐れている。

この地方は、ヒマラヤ山脈に近いこともあって無気味な現象が数多く、冬になるとおきるのだ。そのなかでも人びとがもっとも恐れるのは「舌出し妖怪」で、この妖怪のため、毎年数人の子どもが命をおとしているそうだ。

この妖怪は、長い首にドクロがついていて、そのドクロから赤い長い舌を出して、子どもをペロリとなめるその舌は暖かく、なめられた子どもはその日から高い熱を出して寝込み、しまいには死んでしまうのだ。

「幽霊は冬にも出る!!」(少年チャンピオン 1970.12.21)
絵・杉尾輝利

『世界の怪奇画報』(黒崎出版)

『少年チャンピオン』一九七〇年一二月二一日号)。「舌出し妖怪」「妖怪ふぶき児」「雪女」「海女」「泣き女」は妖怪として紹介されているので、これはわかりやすい。

一方、幽霊として紹介された「胡弓をひく亡霊」「一本足の妖女」「小人の幽霊」「頭わりの幽霊」は「理由もなく出現し、意味なく人が傷つく」という恐ろしさを強調した結果、霊の残忍さが際立ち過ぎ、霊よりもむしろ残虐な妖怪的存在となってしまっている。一種の通り魔的な存在だ。幽霊と妖怪の定義は曖昧だが、少年少女を恐怖させるには十分だ。悪の精霊＝妖怪的存在ということなのだろうか。これらの妖怪は中岡以前の本による出典が確認できず、研究は難しいと言わざるを得ない。

なお、同書には「ドクロにかまれた男」「お蛇様の白い粉」などの妖怪記事が確認できる。

やはり定義は曖昧だが「怪人」「魔神」に関する記事も残している。

◆「世界のびっくり怪人」（『少年画報』一九六七年一〇月号）

「妖怪」でも「怪獣」でもないところからすると、人間の範疇なのだろうか。双頭のうろこ怪人、甲ら怪人、ミイラ怪人、ジャイアント怪人などが紹介されているが、人間らしさは感じられない。後の『世界のウルトラ怪事件』（秋田書店）で紹介された「怪人」はまだ人間の範疇であったたが。当時少年雑誌で仕掛けられた「妖怪城」などの変種と考えられる。

『世界の魔術妖術』（秋田書店）に掲載された「世界の魔神」（初出は『冒険王』秋田書店一九六七年八月号）の影響力は現在も輝きを放っている。**水木しげる***が『妖怪世界編入門』（小学館）などで、ズー、フォービ、サルード、ダズサ、ワーラスを取り上げ紹介したからだ。これらの魔神の知名度は現在も高い。

一方、水木に紹介されなかった海の魔神ヨーブ（アラビア海）、ポム（アラビア）、チャングー（中国）の知名度は低い。この「魔神」はテレビ番組『魔神バンダー』の雑誌連載によって仕掛けられたものではないだろうか。

少ない中岡の妖怪記事だが、プロとして編集部の要請に応えた見事なものであることはわかってもらえたと思う。だが、前述のとおり、超能力と心霊研究をライフワークとした中岡にとってフィクションである妖怪記事執筆の依頼は後年、皆無であった。またその独自の妖怪感については「精霊」というコメントのみでは判断が難しい。未消化のまま怪人や魔神の記事を書くなどしたため、中岡の妖怪感は不透明だ。

「異例の」妖怪単行本

◆『モンスター大図鑑』（二見書房、一九七八年）

登場モンスターの多くが**山内重昭***『世界のモンスター』（秋田書店）からの引用である。他の作家の本には登場しない妖怪が数多く含まれているため、信憑性には疑問符が付く感想がネット上には見られるが、挿絵や編集に上手さがあり、現在も人気が高い。

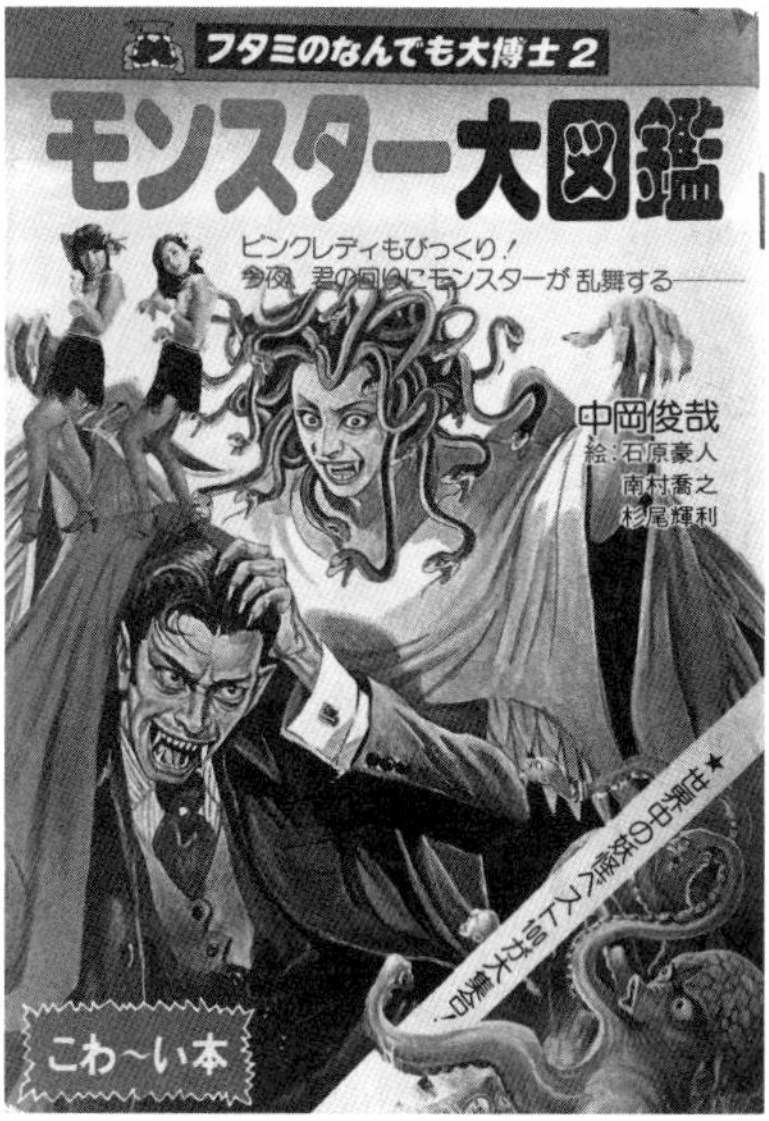

『モンスター大図鑑』（二見書房）

中岡の紹介した海外妖怪といえば他に『中学二年コース』（前述）の記事があるが、犬頭人、空とぶ人魚、人面蛇身、半人半馬、一足人、半人半獅子、一つ目女…というふうに漢字オンパレード。どのベクトルでこういう紹介だったのかは、謎である。あまり海外の妖怪情報は持っていなかったと考えられる。

◆『日本の妖怪大図鑑』（二見書房、一九七八年）

石原豪人（いしはらごうじん）、柳柊二（やなぎしゅうじ）、南村喬之（みなみむらたかし）などの挿絵が豪華で、映画スチールの流用、古書から転載した妖怪画が独自の魅力を放っており、完成度は高い。「精霊妖怪」という分類のなかで河童・天狗・竜・座敷わらし・海坊主などが紹介され、中岡の幽霊記事などでも紹介された濡れ女はたたり妖怪に分類。

参考文献に**江馬努***、磯清、**井上円了***、**阿部主計***、

『日本の妖怪大図鑑』（二見書房）

粕三平、**山田野理夫***が記載されており、中岡の本棚に想像を巡らせるのも面白い。

このシリーズは児童書に活路を見出そうとした二見書房と中岡の関係が良好だったことによるものだと考えられる。

未完の妖怪作家

中岡は中国で民間伝承を熱心に集めたこともあり、民俗学的な興味を持っていたと思われる。[4] 戦後の国交回復前の時期に日本人が中国の民間伝承を集めた例は他にあるのだろうか。残念だがそれらの貴重な記録は死が迫る中岡の指示で廃棄され、その一端のみが中岡の著作に残っているだけだ。

また、出典を確認出来ない例が多いためかファンの間では中岡妖怪は典拠不明という評価が固まってしまっている。水木以外に継承されてもいない。中岡は妖怪作家と言える程の実績は残せないまま終わった。その潜在能力は垣間見せたものの、全貌は幻に近い。

しかし怪奇物が好まれる土壌を発展させた功績は大きい。**斎藤守弘***と共に妖怪研究の基礎工事をなしとげた功労者の一人で、この書で取り上げるに価する作家である。

（幕張本郷猛）

注

［1］中岡の大きな功績であるが、この程度の事実にすら到達できない人間が多い。調査やデータを重視できず、いつまでたっても「懐かしの」「イカれた時代の」という懐古主義が幅を利かせるわけだ。

［2］この実績が『水曜スペシャル』につながるわけだが、ネット上では無視されている。

［3］『悪霊があなたを狙う』双葉社、一九七六年。

［4］段ボール六箱集めたという。その研究を讃える意味でも、中岡の書いた妖怪を「創作だ」「捏造だ」と軽く書く風潮には意義を申し立てたい。

　とは言え、その手の中岡への批判は理解できなくもない。例えば中岡の作品にしばしば登場する少女が奇怪な老婆へ変貌する話がその典型である。「孤島に三百年生きる不老少女」として一九六五年『戦場の怪25話』（日本文芸社）に登場し、一九六七年『少女フレンド』では谷ゆき子の絵による絵物語「300さい少女」として連載された（後に加筆の上『世界の魔術妖術』にノンフィクションとして採録）。その後、登場する地域をアマゾン川に変えたと思われる「アマゾンの百歳少女」の記事が一九七一年『少女フレンド』『少年チャンピオン』に掲載、単行本『魔の川アマゾン』（秋田書店）・『世界の怪奇画報』・『世界の七不思議大図鑑』（二見書房）にも収録された。創作又は伝承の改変の可能性が濃い（他にももっと露骨な例もある）。ただし、中岡の記事をこのレベルまで調査した上で言える話であり、ロクに調べもせず軽く書く風潮は断固否定したい。

参考文献

岡本和明・辻堂真理　二〇一七『コックリさんの父　中岡俊哉のオカルト人生』新潮社
岡本俊雄　一九五九「「人民の声」七年間」『文芸春秋』三七－一〇
岡本俊雄　一九七一『内から見た中国』祥伝社
中岡俊哉　二〇〇〇『心霊大全』ミリオン出版

澁澤龍彥

しぶさわ・たつひこ（一九二八〜一九八七）

日本の古い事例に言及するのがダンディズム

略歴

澁澤龍彥はフランス文学者であり、小説家であり、エッセイストでもある。そのエッセイは中世ヨーロッパの幻想的な知識にあふれており、その後の日本のファンタジー世界にも少なからぬ影響を与えた。一方で、日本の古典に対する造詣が深く、近世考証随筆や近代の**柳田國男***・**南方熊楠***といった民俗学者の著作もうまく取り入れている。

一九五九年（昭和二八)、東京大学文学部フランス文学科を出たものの、結核を患ったために定職に就かず、翻訳や校正の仕事をする。卒業論文で「サドの現代性」を論じた澁澤は、一九五五年に初めてサドの翻訳書『恋の駆引』を刊行し、翌年からサド選集（彰考書院）を刊行することになる。しかし、一九六〇年にはサド『悪徳の栄え』（現代思想社）続巻が発禁処分となった。翌年から開始された裁判は六九年に最高裁で有罪となる。

オカルト関係では一九五七年から黒魔術関係の文献を集め始め、六一年に『黒魔術の手帖』を刊

行した。以来、『夢の宇宙誌』（一九六六）、『異端の肖像』（一九六七）、『幻想の画廊から』（同）、『黄金時代』（一九七一）、『ヨーロッパの乳房』（一九七三）、『胡桃の中の世界』（一九七四）、『思考の紋章学』（一九七七）、『洞窟の偶像』（同）、『記憶の遠近法』（一九七八）、『幻想博物誌』（同）、『悪魔の中世』（一九七九）、『玩具草紙』（同）、『ドラコニア綺譚集』（一九八二）など、欧州を中心とした博物学的なエッセイを数多く書き綴ってきた。

日本回帰――『東西不思議物語』

澁澤の本領は中世から近代にかけてのヨーロッパの神秘（芸術や悪魔学、性愛等）にあったわけだが、日本に対する関心がなかったわけではない。たとえば「幻妖のコスモロジー」（一九七二）のような解説を執筆した際に、その造詣の深さの片鱗を垣間見せることがあった。しかし、より積極的に言及するようになるのは後年の一九七七年に刊行された『東西不思議物語』以降のことだろう。

本書は一九七五年末から七六年にかけて『毎日新聞』日曜版に連載されたものである。タイトルから知られる通り、古今東西の不思議な話を集め、紹介したものである。日本や中国、西洋の不思議な出来事を取り上げ、諸外国の類例を示しながら私見を述べるかたちを採る。全四九話から成り、そのほとんどにおいて、日本の怪異・妖怪を中心に、もしくは欧米の怪異との比較対象として取り上げている。具体的には鬼・双頭の蛇・ドッペルゲンガー・家鳴りなどである。

本書が刊行されたのは、先述の通り、一九七七年六月であるが、同年同月のインタビューの中で、澁澤は次のように述べている。「今まで日本文学に関心がなかったわけじゃないんです。私はハイカラ好みだし、そのダンディズムからして、たまたま言及しなかったにすぎない。今は逆に日本の古い事柄に言及するのがダンディズムに通ずるところがある」（『週刊サンケイ』一九七七年六月二三日号）。

鵺

澁澤は、戦後、北鎌倉に居を構えていた。『東西不思議物語』「トラツグミ別名ヌエのこと」の冒頭で、自宅からトラツグミの鳴き声が聞こえるという体験を述べている。約一〇年後の『神奈川新聞』のインタビューでも自宅について「円覚寺の裏山に接していて緑豊かな環境です。いろいろな鳥のさえずりが楽しめますが、春になるとトラツグミが鳴くんです。ふつうは深山幽谷にしかいない怪鳥なんですが、夜中、雌雄が交互に「ヒー」「ヒョー」と、それは寂しい声で鳴くんですよ。インスピレーションを刺激されますね」と答えている（『神奈川新聞』一九八六年二月二三日号）。自宅から聞こえるトラツグミの鳴き声に興味を持っていたことが知られる。この鳥をヌエ（鵺・鵼）と呼ぶことは古くから行われ、そこから怪鳥ヌエの正体とする説が近世から見られるし、鳥類の図譜にもトラツグミを「ぬゑ」と表示するものがある。

このエッセイに引用される文献は『古事記』『万葉集』『台記』『平家物語（語り本系）』『長門本平家物語』『源平盛衰記』『善庵随筆』である。一見、資料を博捜して書いているように見えるが、『平家物語』を除けば、その実、いずれも近世後期の考証随筆である『善庵随筆』に拠っているに過ぎない。『東西不思議物語』収録エッセイにおける日本の文献に関しては、いずれも近世の随筆や近代以降の書物、『古事類苑』のような類書を見て書いたと思われるものである。もともと新聞の日曜版に連載するために書かれたものであるからという理由もあり、資料の扱いが非常に浅いものである。しかし、だからこそ、多くの読者を獲得したと言えるし、実際、妖怪や幻獣への関心をもつきっかけとなった読者も多いであろう。かく言う私もその一人であった。

その後、澁澤は古代中世の文学から伴信友(ばんのぶとも)、平田篤胤(あつたね)といった近世後期の国学者の著作まで読み漁り、古今伝授を独自の視点で取り上げたエッセイ「幻鳥譚」(一九八〇年)を書き上げる。遺作となった小説『高丘親王航海記』も日本の物語であった。

『東西不思議物語』(毎日出版社、1977年)

付喪神

もう一つ、西洋との比較という点で澁澤らしいのは、付喪神に対する言及である。フランスの中世美術史の大家アンリ・フォシヨンに師事したリトアニアのユルギス・バルトルシャイティスは、その著『幻想の中世』において、『百鬼夜行絵巻』をボッシュやブリューゲルの地獄絵との影響関係に言及している。澁澤はそれに触発され、本絵巻を「アニミズム的な日本の妖怪の典型的かつ最終的な表現」とする（「幻妖のコスモロジー」）。そして、『今昔物語集』から河鍋暁斎の絵画に至る非情の器物の変化（へんげ）の系譜を説く。

なお、澁澤は「付喪神」を「ふそうしん」と表記している。この訓み方の是非は分からない。しかし検証する価値はあると思う。

（伊藤慎吾）

参考文献

澁澤龍彦　一九七二「幻妖のコスモロジー」『幻妖　日本文学における美と情念の流れ』現代思想社

澁澤龍彦　一九八二『東西不思議物語』河出書房新社　※初版は一九七七年。

田中貴子・花田清輝・澁澤龍彦・小松和彦　二〇〇七『図説百鬼夜行絵巻をよむ』河出書房新社

澁澤龍彦

151

151 *Chinese Dragon Screen.* (New York, Metropolitan Museum of Art. Photo Metropolitan Museum.)

Howard Daniel『Devils, Monsters, and Nightmares』(1964年)

中国の竜の絵だが、佐藤有文『世界妖怪図鑑』(1973年)では、ソロモン72柱の悪魔のひとり「サブナック」の図版として用いられている。サブナック(Subnak)の絵をはじめ、当時ソロモン72柱の図版を全て載せた洋書の無かった点なども、理由として挙げることは出来る。このような画像要素の無い・不足している存在を図鑑化する際に、全く別文脈の絵画資料を和書・洋書とりまぜて吹き寄せる手法は、水木しげるとも共通するものである。この洋書画集からは佐藤有文は多数の図版を利用しており、「百眼タイガー」「投げすて魔人」「レラジー」……等々あてはめている。【泉】

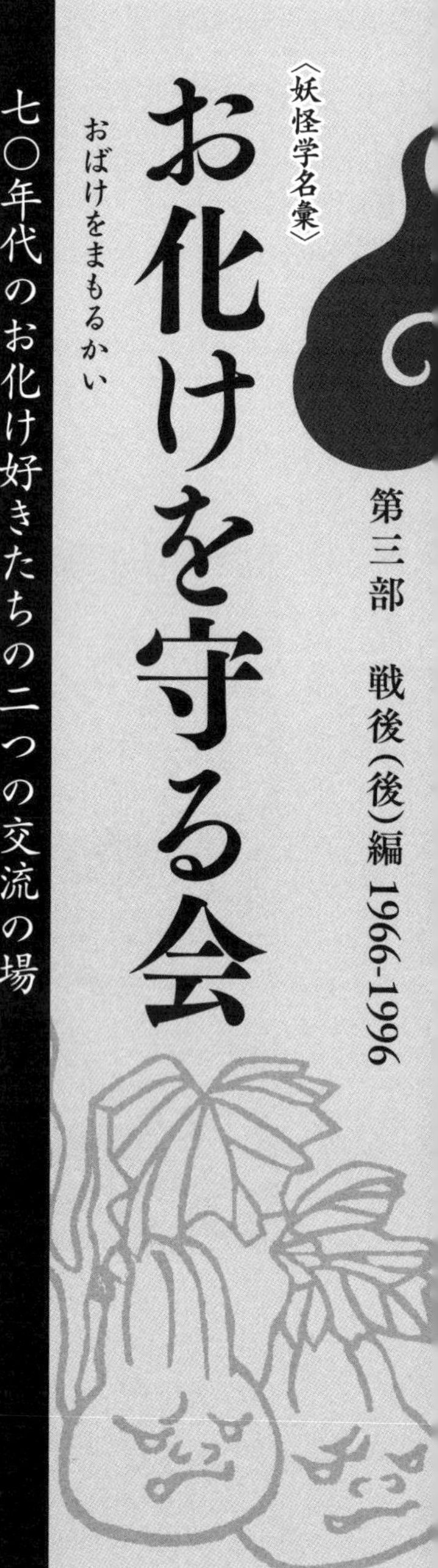

〈妖怪学名彙〉

お化けを守る会（おばけをまもるかい）

第三部　戦後（後）編　1966-1996

七〇年代のお化け好きたちの二つの交流の場

関東の「お化けを守る会」

一九七〇年代に結成された「お化けを守る会」は、関東と青森県弘前市に存在した。

一つは、詩人・仏文学者である**平野威馬雄***の主宰で、一九七三年九月一三日に荻窪駅の画廊で第一回の「お化けを守る会」の集まりが開かれた。

ただ集まって、お化けの話をするような会で、お化けは勿論、不思議なことを愛好する人間であれば、誰でも入会資格があるという。その目的は、誰もが行くはずであるが、解明されていない死後の世界を、お化けを通して確認したい、お化けを呼んであの世のことを語り、世間をもっと情緒ゆたかなものにしようというものであった。会則も会費もなかったが、お化けを根拠もなく否定せず、お化けに出会ったら、驚かずに話を聞いてあげるという不文律が存在していた。

その会員には渥美清（あつみきよし）・黒柳徹子（くろやなぎてつこ）・横尾忠則（よこおただのり）・加太こうじ（かたこうじ）・林家正蔵（はやしやしょうぞう）・遠藤周作（えんどうしゅうさく）といった各業界の一線で活躍していた人たちがいた。

妖怪関連で今でもよく知られている会員としては、言わずと知れた漫画家の**水木しげる***・お化けの図鑑も執筆した超常現象研究家の**中岡俊哉***・天狗研究家としても知られる放送作家の知切光歳（ちぎりこうさい）・お化けの話や遺物が残る土地を多く巡った児童文学作家の**北川幸比古***など錚々たるお化け好きたちが参加していたことが分かる。[1]

図1 『幻想文学第18号　魔界とユートピア』
南條竹則（なんじょうたけのり）の平野威馬雄への追悼文からもこの会が現代に与えた影響が計り知れないことが分かる。

年に数回例会が開かれて、円朝の残した幽霊画の展示会に蓙（ござ）を敷いて、お化けの話をしたり、お寺の本堂で落語の四谷怪談を聞いたり、こっくりさんの実演などもしたという。しかし、後期は会員の人数も二〇〇〇、三〇〇〇と増え、平野威馬雄も管理しきれなくなり、いかがわしい人間が増えてきたことを嘆き、残念ながら関東のおばけを守る会は解散となった。[2]

弘前の「お化けを守る会」

もう一つの「お化けを守る会」は、少し遅れて一九七七年、詩人であり「緑の笛豆本の会」を主宰した蘭繁之（らんしげゆき）が中心となり、青森県弘前市で結成した会である。「せめてお化けの出る情緒ある世の中にしたいもの」という主旨は関東の会と根底は同じだった。

会員には『久渡寺幽霊考』を執筆した大條和雄（だいじょうかずお）・ねぷた絵師であり、正伝寺住職の長谷川達温（はせがわたつおん）・『津軽霊界下界』などを執筆した医師の大高興（おおたかこう）・「大南北の会」主宰の村田芳音などがいた。

会の発足のきっかけは『日本妖怪図鑑』などで知られる**佐藤有文***にあったという[3]。一九七五年に岩木町の百沢という地域で、死者が出るほどの大水の被害があり、流れてきた石を積み、観音様を立てて供養していたが、石から泣き声が聞こえたという噂があった。その怪談を聞きつけて、日本テレビの取材陣を佐藤有文が無許可で連れて来てしまったという。大條和雄は佐藤有文の従兄弟であるため、町長に叱られて困ったので、先輩である長谷川達温に相談したところ幽霊画を展示する会を催して収録してもらおうという流れから会の結成に繋がったという[4]。

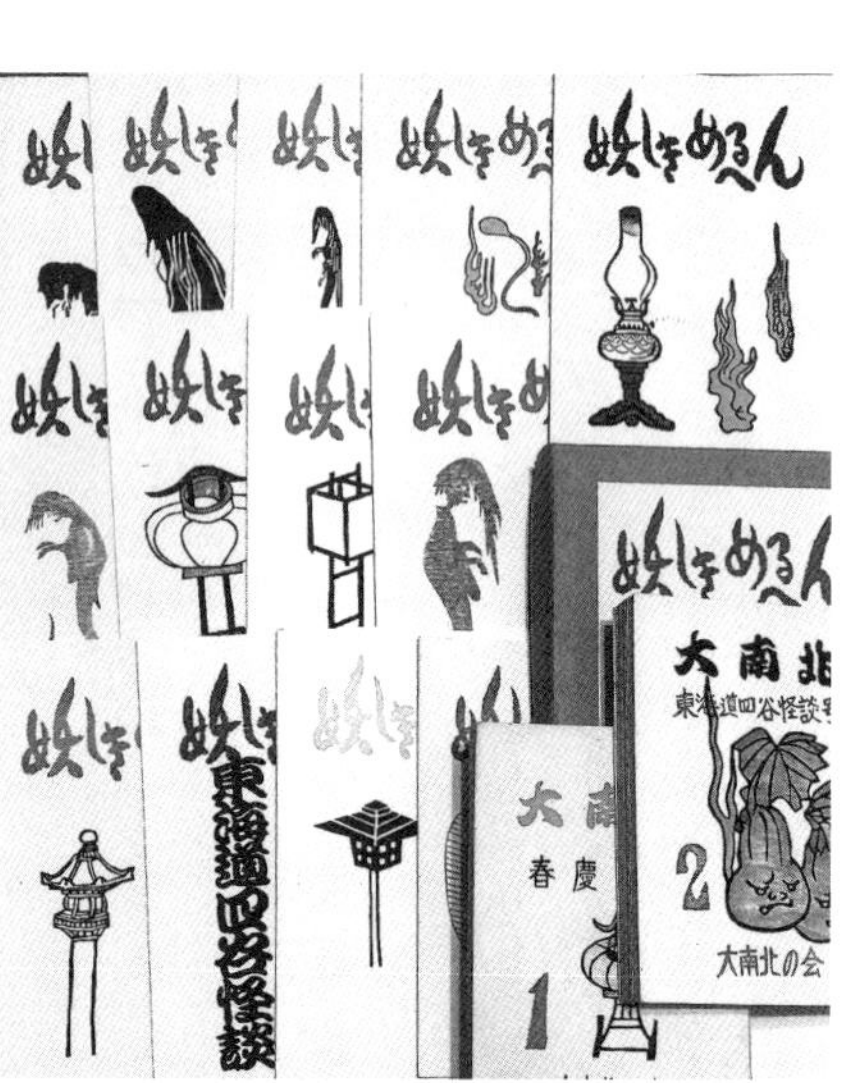

図2　弘前の「お化けを守る会」の会報誌『妖しきめるへん』と、「お化けを守る会」会員・村田芳音主宰の「大南北の会」の会報誌『大南北』の書影

活動内容は、妖怪・幽霊画の展覧会、お化けの落語や講談などの噺を聞く会、怪談会、妖怪変化の伝承地の探訪、民間信仰の調査研究、会誌『妖しきめるへん』の発行などがあり、妖怪文化を多面的に楽しむ会であった。会誌は一九八三年一〇月発行の一三号で終了しており、その頃に会は資金繰りが厳しくなり、解散したという（『ぼくらは怪談巡礼団』）。

受け継がれるお化け好きの繋がり

この二つの会に共通しているのは、名前だけではない。ともすれば蔑(さげす)まれがちな妖怪やお化けといったものを大の大人が集まり楽しんでいることである。その繋がりは、少なからず新たな発見や妖怪学の成果になっている。

弘前の会が解散したぐらいの時期に『幻想文学』の創刊や「妖怪愛好会隠れ里」の発足があった。その後も二〇二一年現在、「異類の会」(二〇〇九年発足)のように研究者だけでなく、在野にも開かれた研究・発表、そして交流ができる場も増えてきている。戦前から絶え間なく、人は変わっていくが、途切れずに続いているお化け好きの繋がりを感じる。[5]

(式水下流)

注

[1] 作家の南條竹則もその一人で、中学二年の時に古文の先生からお化けを守る会の第一回のレポートを聞いて、平野威馬雄に懇願して入会したという。平野威馬雄は中学生時代の南條の話にも温かく応対してくれたと『幻想文学一八号』の追悼文で記している。

[2] 平野威馬雄は解散に関して、「霊能者だかなんだか、妙な感じの人がうじゃうじゃ集まっちゃった。それに、商売人。面白半分、ボランティア半分の人って少ないんだよッ。だから、もうヤーメタッ!」と語ったと北川幸比古は回想している。また、弘前の「お化けを守る会」の会報誌『妖しきめるへん』の平野威馬雄の寄稿では、霊障を理由に一九七九年時点で数年前にやめたとも記述がある。解散の時期の特定はできないが、関東の会の解散後に青森の会が発足したものと考えられる。

[3] 関東の平野威馬雄と弘前の蘭繁之は詩人としての交流があり、蘭繁之主宰の「緑の笛豆本の会」の豆本で何冊か詩集を出している。また、平野威馬雄の没後は『嗚呼 平野威馬雄先生』という追悼の豆本も作られている。前掲注2の通り、関東の「お化けを守る会」解散後に弘前の「お化けを守る会」の会報誌『妖しきめるへん』に平野威馬雄が寄稿している。(関東の会と弘前の会の関係性についての記載はないが、)少なからず会に関しての影響はあったと考えられる。

[4] 幽霊画の展示は二〇二一年現在、弘前の画廊「ギャラリー森山」で毎夏開催されている。ここにも「お化けを守る会」の遺志は引き継がれている。

〈妖怪学名彙〉お化けを守る会

〔5〕『幻想文学』はアンソロジスの東雅夫（ひがしまさお）が一九八二年に創刊したその名の通り幻想文学雑誌。「妖怪愛好会隠れ里」は一九八三年発足の妖怪愛好サークル。二〇二一年現在、会長は妖怪探訪家の村上健司（むらかみけんじ）。一九九七年には「お化けを守る会」会員であった水木しげるを会長とした「世界妖怪協会」より妖怪雑誌『怪』が創刊（村上健司も執筆者として参加）、二〇〇四年の怪談文芸専門誌『幽』創刊（東雅夫が編集長・編集顧問を歴任）と時間を経て大きな繋がりになっていった。両誌は、二〇一八年に休刊となるが、二〇一九年に両誌の名前を併記した『怪と幽』という雑誌にリニューアルされている。お化けに対する嗜好は未だ活発である。

参考文献

・青森県立郷土館（編）　二〇〇九　『妖怪展　神・もののけ・祈り』青森県立郷土館（展示図録）
・『あおもり草子』二五八号（津軽ゆうれい談）　二〇一九　企画集団ぷりずむ
・『妖しきめるへん』　一九七七～一九八三　青森のお化けを守る会の会報誌（全二三号）
・加太こうじ　一九七三　「お化けを守る会（集団の発見――三六）」『現代の眼』（一二月号）現代評論社
・加門七海・東雅夫　二〇一四　『ぼくらは怪談巡礼団』ＫＡＤＯＫＡＷＡ
・北川幸比古　一九九一　「こわくてあたたかいほら穴にはいっていくような…」『日本児童文学　8月号』日本児童文学者協会
・南條武則　一九八七　「平野威馬雄追悼　お化けの会の思い出」『幻想文学第一八号　魔界とユートピア』幻想文学出版局
・東雅夫（編）　二〇二一　『私は幽霊を見た　現代怪談実話傑作選』メディアファクトリー

図3　隠れ里の同人誌『物ノ怪書』（妖怪事典に該当する部分を再録した復刻版）と『怪　第零号』。二つのお化けを守る会が解散となった後も交流の場は新たに生まれ、繋がっていく。

弘前
清安寺

生首を抱えた怨霊

——昭和の初めに表装

老婆の幽霊が若い女の生首を抱えている。幽霊というより怨霊（おんりょう）といったような形相だ。この種の絵画は書き人がわからないように落款しないものが多いという。明治の初めに、魔よけとして倉にしまいこんでいたのを壇家の西谷某という人が、清安寺に寄進したものらしい。描かれたのは江戸時代ごろで、ぼろぼろになっていたのを昭和初期に表装した。

住職は、あくまでも推定だが、と前置きして次のように語った。

昔、ある年配の男がめかけをつくっていた。若い美しい女性だった。しっとに狂った本妻は（どのようにして死んだかは、はっきりしない）、幽霊となって、若いめかけの首をかみちぎって殺したのだという。かみ取ったばかりのように、老婆の着物には血が飛び散っている。〝うらめしや〟というように日本的な静的なうらみではなく、激しい怒り、狂気といった西洋的な残酷さが感じられる。女性同士のかっとうから起こる血生臭い話は、古今東西種類が多いが、これは、世の男性族への〝警告の図〟というべきか。それにしてもすごい形相だ。

かつては魔よけにつかわれた幽霊絵

4

弘前市清安寺の幽霊画（『妖しきめるへん』第1号 1977年）

関東、弘前のお化けを守る会では幽霊画を鑑賞する会合を開いていた（本項を参照）。現代でも弘前のお化けを守る会の流れを汲む「ギャラリー森山」や東京都谷中の全生庵で幽霊画を鑑賞できる展覧会が毎夏開催されている。【式水】

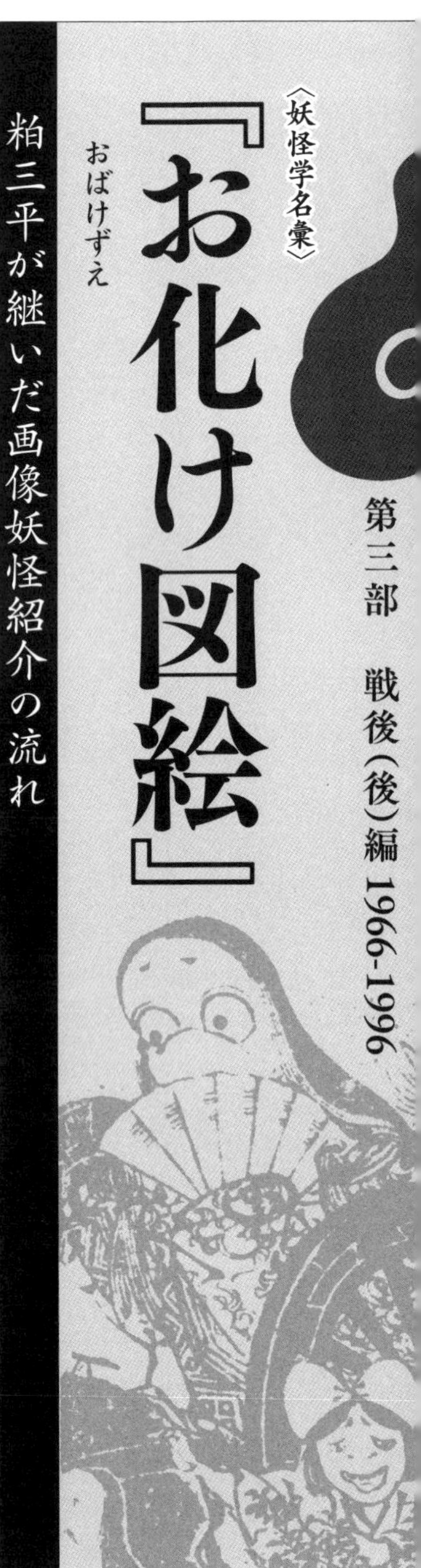

〈妖怪学名彙〉

『お化け図絵(おばけずえ)』

粕三平が継いだ画像妖怪紹介の流れ

第三部　戦後（後）編 1966-1996

書名いつわり無し

『お化け図絵』は芳賀書店から昭和四八年（一九七三）に出版された。編者は粕三平(かすさんぺい)（一九二九〜一九九八）[1]で、絵草紙や錦絵を中心に絵画本位で配列されたヴァラエティーに富んだ内容は[2]、現在に生きる吾々の目から見ても相当多彩で、充実している。

向井信夫(むかいのぶお)、宗谷真爾(そうやしんじ)、田中初夫(たなかはつお)、鈴木重三(すずきじゅうぞう)など、古典籍に明るい収集家や研究者に協力をぶんぶん仰いでおり、収録作品の幅がひときわ広いのは彼らの収蔵品によるところも厚いが、映像作家でもある粕三平自身の機動性能の高さ[3]や作品撰抜にかける目が優れていたことが最大の要因であろう。

増える《ゆうめい作品》

つまり江馬務*、吉川観方*、藤澤衛彦*、尾崎久弥(おざききゅうや)たちによる紹介のアプレゲールなすがたとして出現した存在であり、同じ顔ぶれの妖怪たちも含まれているが（笈の化物(おいばけもの)や若冲(じゃくちゅう)の付喪神のごとく、直接採(と)られた図版も多い）粕三平が『お化け図絵』を通じて紹介をした一群も《妖怪が描かれたむかしのゆうめいな作品》に入団したわけである。

　これはのちに妖怪特集号の『自然と文化』（一九八四秋季号）で「日本の妖怪　敗北したモノガミたちの末裔」[4]と題して、二色刷り八頁にわたって本書の形式をコンパクトに仕立て直した記事を寄せるのに繋がっていることでも実証出来る。

図1　粕三平
くまがいマキ「「アイアム プア キャピタリスト」（粕三平とチェコ映画）」（『映画芸術』1999年春号）

　また、参考文献には藤澤衛彦、江馬務、**柳田國男***あるいは石橋臥波（いしばしがは）の本があるいっぽう、新発売されたての**佐藤有文***『日本妖怪図鑑』（立風書房、一九七二年）も含まれており、巻末の妖怪解説にうわん解説など[5]が引用されてもいる。共有された筋書（すじがき）や伝承を持たない《絵として描かれたダケの妖怪》の概念や、参考にする上での資料の差異が未分化であったことを再確認することも可能である。

画像の開拓ラッシュ

　この時期の同趣の出版物には以下のものも挙げられる。これらも本書と共に**水木しげる***[6]をはじめ、美術や商業デザインの世界における妖怪の受容に影響を与えている。

・粕三平『浮世絵の幽霊』（芳賀書店、一九七三年）
・江戸イラスト刊行会『江戸イラスト　人物・妖

怪』(柏書房、一九七六年)

・粕三平、長谷川龍生『江戸挿絵文庫』(すばる書房、一九七七年)[7]

なかでも『浮世絵の幽霊』は、資料撮影ならびに装幀も『お化け図絵』と同じ制作陣[8]で編まれており、姉妹のような本と言える。石燕の姑獲鳥や高女、国芳の相馬御所の絵などが幽霊なかまに入ってるが、星影土右衛門といった《隠形の術》を駆使するダケの[9]絵も幽霊に編入されてもおり、やかましい定義づけはホボ無いようである。

藤澤衛彦や**阿部主計***の著作は妖怪の図版が多いことに着目されてもいるが体裁上図版は主では無く従であったのに対し、コチラは逆に図版を芯に置いた存在であった。しかし、個々の作品や題材＝妖怪がより精緻に解題される方向よりも、色々な《表現》を言葉を介さず直に俯瞰出来るパノラマ・カット集を展開させる色合いが強く、せっかくの収録作品と解説理論とが密接して無い点も多々見られる。[10]

ただし、石燕や春泉斎による個々の妖怪たち、あるいは錦絵や絵草紙が、世間一般に限らず研究者たちの間でも妖怪や幽霊の基本的な姿かたちを想起させるようになることで《画像の社会的地位》をさらに固めたことは明白である。

同時代に影響を与えた大きな種のひとつぶになっているものの、これらの絵画本位の書籍が以後の《妖怪》の根幹全面に与えた影響を直接研究したという声は、作品画像の参考使用経路をたどる方面以外では、まだあまり聴かれぬようである。

(氷厘亭氷泉)

注

[1] 粕三平──映像作家。本名・熊谷光之。雑誌『映画批評』な

どを運営。テレビ番組・映画の製作で活躍をした。『映画芸術』第三八七号（編集プロダクション映芸、一九九九年）では追悼特集が組まれている。

［2］ 妖怪研究家の多田克己も著書（『幻想世界の住人たち4 日本編』新紀元社、一九九〇年）の参考文献一覧で本書を水木しげるの図鑑と並ぶ絵画資料の分野の推薦図書として星じるしをつけており、一九七〇～八〇年代における評価の一端を見ることが出来る。

［3］ 一九六七年頃、粕三平は《日本人の怨念》を主題に妖怪や幽霊の映画を撮影しようとしており、活動をともにしていた池田龍雄の近所に住んでいた藤澤衛彦へ協力依頼を考えていたが、藤澤衛彦の入院～逝去と時期が重なってしまい会うことが叶わなかったという。（「池田龍雄インタビュー 2」阪本裕文ブログ、二〇一一年）直接指導の機会を失っているが、藤澤衛彦の著書自体はかなり読んでいたようで、参考文献につらねられているほか「藤澤衛彦のユニークな労作「日本怪奇妖怪年表」をひととおりめくったあとで」（『お化け図絵』一三四頁）など直接の言及も見ることが出来る。

［4］「日本の妖怪 敗北したモノガミたちの末裔」は『お化け図絵』に未使用の図版も二点あるが、それ以外は共通したものが使われている。

［5］「うわん」は墓場の主で、うわんと叫び返さないと引きずり込まれる、といった内容。斎藤守弘「あなたのそばにいる日本の妖怪特集」（『別冊少女フレンド』一九六六年一一月号）の解説が典拠となって拡大したものである。

［6］ 水木しげる『妖怪伝』（講談社、一九八五年）では鳥山石燕の「古空穂」をモトにした妖怪が「うつぼ」（一〇六頁）という名で掲載されているが、これは『お化け図絵』での表記が「うつぼ」（三八～三九頁）であることが典拠と考えられる。

［7］『江戸挿絵文庫』は全六巻で、（一）猫物語（二）妖術百態（三）百面相（四）泥棒伝奇（五）かくれ鬼（六）旅は道づれという構成。採用されてる絵の大部分は合巻からのもの。

［8］ 写真撮影は当時、粕三平とおなじ映像制作会社「アドベック」に所属していた堀内敬一（一九四三～）、装幀はデザイナーの白岩登三靖（一九四〇～二〇〇二）が手掛けている。

［9］ 星影土右衛門は御所の五郎蔵と敵対する悪役で柳亭種彦『浅間嶽面影草紙』やその後編『逢州執着譚』の登場人物。収録作品は月岡芳年『英名二十八衆句』での御所の五郎蔵を描いた絵（『浮世絵の幽霊』七三頁）で、隠形の術を用いて姿を消した土右衛門を、月によって出来る影を頼りに御所の五郎蔵が斬りつける場面が描かれている。

［10］ たとえば『善知安方忠義伝』の大宅光圀が妖怪と対峙してる絵と『土蜘蛛草紙』で源頼光が妖怪を睥睨してる絵を同じ見開きに意図的に配置しているが（『お化け図絵』七二～七三頁）『土蜘蛛草紙』を山東京伝が採用して仕出しの妖怪として用いた関係性については解説に設けられておらず、前者を「土佐光信の百鬼夜行によく似ている」（一八三頁）とのみ片付けている。個々の作品解説としてそれぞれは成り立っているが、総合的に理解を深めるための《いとみち》が未設置となっている。

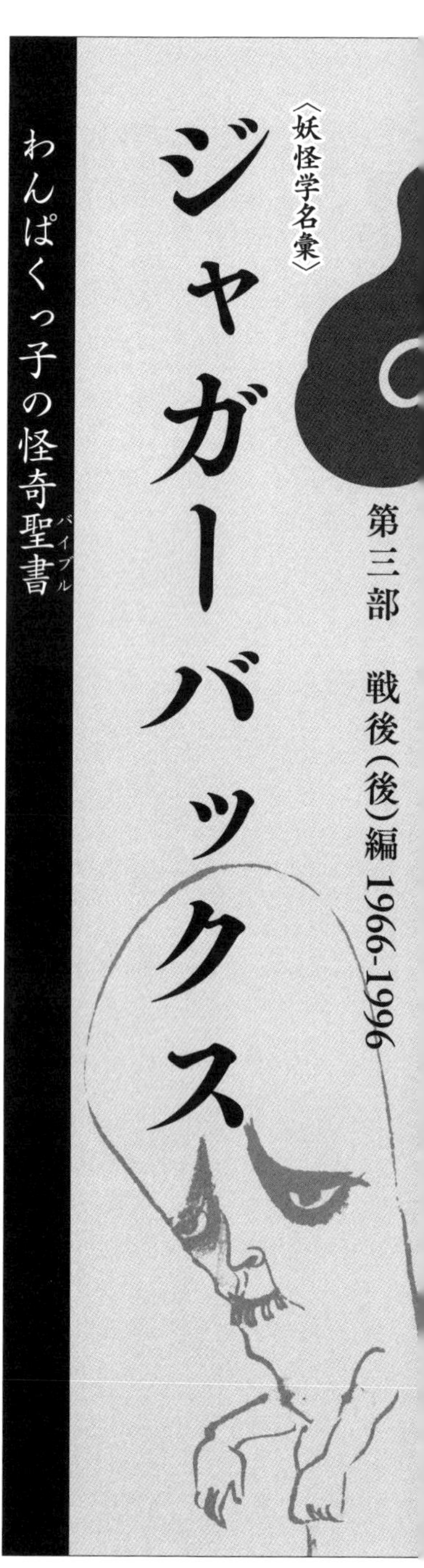

〈妖怪学名彙〉

ジャガーバックス

わんぱくっ子の怪奇聖書（バイブル）

第三部　戦後（後）編 1966-1996

怪奇物を多く出版し、子供達に人気

　昭和四〇年代、小学館、学習研究社などから様々な児童向けの入門書や、図鑑のシリーズが出版された。そのなかには怪奇物も含まれ人気を博していた。

　しかし、小学館、学研ともに本来は学習雑誌を発行していた出版社だ。むしろクイズや趣味、スポーツなどが主力であった。実際、怪奇ものが多めだった学研ジュニアチャンピオンコースは「妖怪」ものは**佐藤有文***の『怪奇ミステリー』のみ。小学館入門シリーズ・**水木しげる***の『妖怪なんでも入門』は一九七四年発行と、やや遅い。

　そんななか、一九七二年から妖怪物を数多く出したのが立風（りっぷう）書房のジャガーバックスだ。ジャガーがイメージ・キャラに選ばれたのは、学研のジュニアチャンピオンコースへの対抗であろうか（両社は関連会社だったが）。学研のライオンのキャラは漫画チックに書かれているが、立風のジャガーは劇画調だ（後のビッグジャガーズは漫画チックになった）。良い子向けと親をハラハラさせるワンパクな子ども

（左）チャンピオンコース（他）ジャガーバックス

向けの差別化を狙ったのだろう。実際は両方、好きだったという子どもが大半であったろうが。ジャガーバックスの赤い背表紙と黄色い文字にジャガーのマーク。とても印象的だ。

その著者たち

ジャガーバックスのシリーズは大きく分けると、怪奇物、戦記物、図鑑物、雑学物だ。ここでは怪奇物のうち、妖怪を扱ったものに触れるが、その前にシリーズの雰囲気を知ってもらうため、少し横道に逸れるが、ジャガーバックスの作家たちに触れておこう。

同シリーズの著者は一九六〇年代の怪奇SF物隆盛に貢献した人物が多い。

『恐怖！・スパイ大作戦』を書いた**中岡俊哉***、『宇宙怪物図鑑』を書いた小隅黎（こずみれい）（同人『宇宙塵（うちゅうじん）』の柴（しば）

野拓美）、『へんな学校』を書いた間羊太郎[1]、『大発見！世界の秘宝』を描いた宮崎惇[2]。

フリー・ライター系では、『地獄大図鑑』の木谷恭介[3]、『恐怖！幽霊ミステリー』の湖山一美[4]。この二人は双葉社の小説雑誌などで頻繁に記事を書いたが、同じ雑誌で挿絵を描いていたのが石原豪人[5]、柳柊二[6]、木俣清史[7]で、立風書房でも同じライン・ナップで活躍した。双葉社の小説雑誌を国会図書館で集中的に読むと立風書房の本を読んでいるかのごとく錯覚すること請け合いである。

『幽霊大百科』を書いた佐藤幽斎は怪奇作家。雑誌『宝石』一九七六年九月号（光文社）に「真夏の夜の怪奇譚」という記事を残している。『幽霊大百科』のカバーにも著者近影写真があるが、見たことのない人物である。何者かの変名であろう。

その魅力的なラインナップ

前置きが長くなったが、先ずはジャガーバックスから見てみよう。

◆『日本妖怪図鑑』（佐藤有文・著、一九七二年）

佐藤の代表作といえば本書を思い浮かべる方が多いのでないだろうか。

石原や、木俣の挿絵が圧倒的だ。冒頭を飾る石原の河童、天狗、幽霊の衝撃度は凄まじい。石原の描いていない鬼、風神・雷神は埋没しているほどだ。木俣の描く和風の絵も日本妖怪に実に合う。木俣は女性の裸体も描き、その毒が類書とは決定的に異なる。

古書から引用した画像と映画スチールが大量に使用され、見てわかりやすい一冊に仕上がっている。紹介される妖怪の数が多いのも特徴だ。また、「びろーん」「はらだし」「一本松の女[8]」など典拠不明の妖怪が含まれていることも今もなお話題になる要因となっている。水木しげるが資料提供で参加しているのも重要なポイントだ。巻末記事はほとんど水木しげるの世界になっているのが楽しい。

なお、後年の版では石原豪人・画の「ねこまた」「女郎ぐも」「ぬれ女」は差し替えられているので注意が必要だ。

ジャガーバックス　日本妖怪図鑑

◆『世界妖怪図鑑』（佐藤有文・著、一九七三年）

冒頭の柳柊二の「悪魔サタン」「吸血鬼ドラキュラ」、石原豪人の「蛇女ゴーゴン」「幽霊」。最初からこれだけの毒を放射されては、児童ならずとも忘れ難い一冊とさせる説得力がある。大衆雑誌で、悪魔や裸体、暴力行為など膨大な挿絵を描いてきた絵師たちのその絵の迫力、魅力は圧巻だ。**斎藤守弘***から受け継いだ妖怪（モズマ、影くらいなど）、洋書からの膨大な画像引用など佐藤による「見てわかりやすい」情報パッケージ編集も特筆ものだ。

出典不明とされる妖怪も多く、今後の真剣な研究が待たれる一冊でもある。

なお、後年の版では石原豪人・画の「蛇女ゴーゴン」「幽霊」は差し替えられているので注意が必要だ。

◆『地獄大図鑑』（木谷恭介・著、一九七六年）

筆者が石原の描く大焦熱地獄（鬼が人間の皮膚を剥ぐ描写）を見たときには「幾ら何でもこれはあり得ない。とうとう、立風書房は一線を越えた……」と目の前が歪んだ程の衝撃であった。立風書房の十八番「情報パッケージ」編集だが、古書からの画像引用に加え、石原・木俣・柳らの作品が多数収録されており、内容的には児童書の伝説的存在『ドラゴンブックス』（講談社）にラインナップされても違和感がないほど充実している。近年、復刊されたので貴方の目で確かめて欲しい。

◆『魔術妖術大図鑑』（辰巳一彦・著、一九七六年）

石原と柳も描いているが、印象に残る絵があまりない。田村元や好美のぼるの出番が多いため、本を支配する雰囲気は異なるが、「情報パッケージ」編集はまたしても効果的。ラストの「世界魔術地図」を見ていると、辰巳なる人物の正体が非常に気になってくるが、復刊ドットコムが再販する際に著作権のため調査したが、不明に終わった。

以下は新シリーズ・ビッグジャガーズ（ジャガーバックスの新装版も含まれた）に佐藤が残した作品。

『魔術妖術大図鑑』ジャガーバックス

◆『悪魔王国の秘密』（一九八七年）

残念ながら、雑誌『トワイライトゾーン』（ＫＫワールドフォトプレス）に掲載された記事の再録に

『ソロモン王の魔法術』ビッグジャガーズ

『悪魔王国の秘密』ビッグジャガーズ

ドラゴンブックス『悪魔全書』のテイストを加えた一冊でしかない。表紙に秋吉巒（あきよしらん）、記事にヌード写真が含まれるなど（陰毛まで掲載）、子ども向けの手抜きなしを越えて、親による廃棄を心配してしまう仕上がり。毒の固まりではあるが、本自体は薄く、かつての佐藤の説得力も薄い。

◆『ソロモン王の魔法術』（一九八六年）

雑誌『マイ・バースディ』（実業之日本社）などで展開していた魔術ステッカーやグッズのカタログに近い内容で、記事も『トワイライトゾーン』の再録であり、妖怪作家・佐藤有文のパワーダウンを感じさせる一冊。

少ない文字数で、ジャガーバックスを振り返ってみた。ドラゴンブックス発刊に影響を与えた可能性もあり、ケイブンシャやコロタン文庫に怪奇物が増えたのも無関係ではあるまい。子ども向けに毒々しさや怪しさを持ち込んだ画期的なシリーズだった。

（幕張本郷猛）

注

[1] 作家。他にもペンネーム複数あり。『週刊少年マガジン』（講談社）で「へんな学校　妖怪学入門」「死後の世界」「決定版シリーズ　大妖術」「決定版シリーズ　黒魔術」、『週刊少年キング』（少年画報社）で「挑戦シリーズ　悪魔の科学」、『えろちか』（三崎書房）で「悪魔考」などを執筆した。

[2] 作家。双葉社の小説雑誌にも執筆（「放射能世界の妖怪」「半獣半人間誕生」など）。『少年マガジン（増刊含む）』で「大妖怪のすべて」「世界の妖怪大百科」「動物の妖怪」、『ぼくら』（講談社）で「日本の恐怖」などの妖怪ものを残した。

[3] 著者は週刊誌・月刊誌（双葉社等）に風俗記事を多く書いた人物。その後、推理小説作家となり、成功した。

[4] 著者は『不思議な雑誌』にも数多く寄稿し、双葉社の雑誌を中心に風俗記事・怪奇記事を書いた人物。

[5] 挿絵画家。『世界妖怪図鑑』『日本妖怪図鑑』では「怖い絵」を見事に描いている。男色漂う色気と狂気と恐怖を描いた伝説的な画家だ。

[6] 挿絵画家。『世界妖怪図鑑』の表紙、冒頭の「悪魔サタン」は柳の絵である。絶望的な恐怖を描かせたらピカ一の存在だった。

[7] 挿絵画家、『日本妖怪図鑑』の和風味たっぷりの絵がまさに「江戸の日本」を感じさせた。

[8] 初出は佐藤有文が土屋有の名で書いた『高1コース』一九六七年八月号「本朝妖怪絵図」で、それ以前のものはいまだに発見されていない。

きっくし小僧・山男(『女性自身』1977年7月14日号)

「世界のお化け一〇〇人」より。監修は佐藤有文で、この二体の絵は佐藤有文が所蔵していた肉筆資料に描かれていた妖怪の絵である(はらだし・びろ〜んなどの絵の典拠と同じ資料、御田鍬「いちばんくわしい「びろーん本(仮)」まとめ」http://raira314.web.fc2.com/kuwasii.html に詳しい)「きっくし小僧」は「一つ目小僧」の図版として『お化けの図鑑』(1978年)に用いられているが、「山男」は、この記事での利用しか確認出来ていない。【泉】

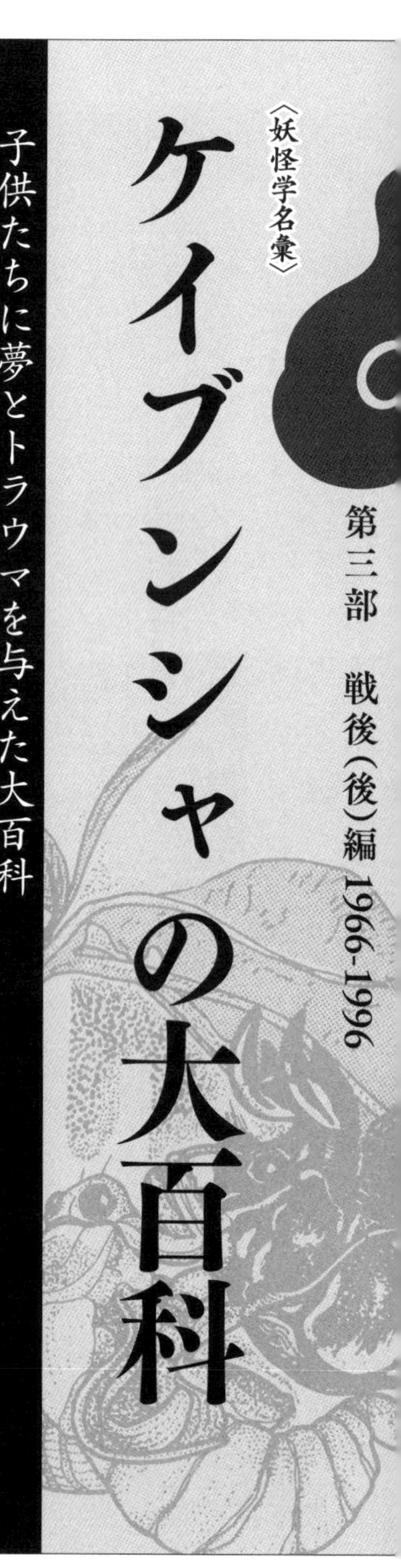

〈妖怪学名彙〉

ケイブンシャの大百科

第三部　戦後（後）編　1966-1996

子供たちに夢とトラウマを与えた大百科

これがケイブンシャの大百科だ!!

かつて勁文社（けいぶんしゃ）という出版社があり（二〇〇二年に倒産）、その「ケイブンシャの大百科」（以下「大百科」）という文庫サイズの子供向け書籍シリーズがあった。一九七七年に、『五三年度版　全怪獣怪人大百科』を嚆矢として二〇〇二年まで毎週から毎月のペースで刊行された。[1] 大百科には通し番号がある。妖怪資料としての「大百科」は一二三『妖怪・幽霊大百科』にはじまる。カラーページやカバーには水木しげるのイラストが使われている。怪談や妖怪の紹介、映画の写真などが使われている。また、妖怪というよりも心霊に特化しようとしたのが一五六『怪奇ミステリー大百科』である。二一五には鬼太郎三期が始まる前だが『日本妖怪大百科』が出る。「なんと!妖怪が三〇〇体!!」が売りの本だ。

また、こうした一連の文庫サイズの大百科の先駆けでもある。実は私はあまりいい読者であったとはいえず、「ケイブンシャ」を意識したことはなかった、というのは類似の文庫サイズの本は他の大手出版社からも出ており、区別をしていなかった。

私は「まんだらけ」で買い集めて読んでいるが、大百科にもかなりクオリティの差がある。これら「大百科」については、『伝説の70～80年代バイブル　よみがえるケイブンシャの大百科』と『伝説の90～2000年代バイブル　よみがえるケイブンシャの大百科［完結編］』に詳しくまとまっており、本稿でも大いに参考にさせていただいた。

一ツ目入道とはりつけ

▼たったひとつの大きな目でギロリとにらむ。

薄暗い渡りろうかを歩いていると、とつぜん妖怪のたまり場に出た。井戸から〝ニュッ〟と〈一ツ目入道〉が現れる。十字架の〈はりつけ〉は、刀傷だらけの無残な姿だ。もとは武士だったのだろうか。〝なんて残酷なんだ!!〟

▶なぶり殺しにされた〈はりつけ〉。

図1　お化け屋敷の人形

さあ、キミも編集部に想いを馳せよう！

勁文社に頼まれた編集プロダクションは使えるものはなんでも使うというサバイブ感が感じられる。たとえば、『恐怖体験大百科』では体調が悪い編集者が出れば、霊に取りつかれた記者という記事に使用されている。同書にはお化け屋敷の記事もある。変わっているが、貴重な資料ではないだろうか。赤ちゃんを抱く雪女という民話にも見られるであろうモチーフが当時はお化け屋敷にも使われているのかと感心した。一ツ目入道とはりつけの写真と解説を載せるので見てほしい。

ちなみに沢山ある宜保愛子シリーズと、その他の恐怖系は制作のプロダクションが違うそうだ。「大百科」は心霊写真や体験談など読者からの投稿も募集し、それを素材にして六〇三『恐怖の霊体験』や五九二『恐怖の学校霊大百科』などを出したようだ。復刻改訂版も多いが、権利の関係で復刊できなかったと推測されるものも多い。妖怪は関係ないが、当時はアニメ関係の権利もおおらかで、後で謝って回って許してもらえたというエピソードもある。[2]

謎の記述か!?　狂気の産物か!?

アバウトな記述も魅力の一つだ（そう思うと楽しさが増すのでオススメだ）。

『恐怖体験大百科』では『**お化け図絵**』*をもとに紹介しているが、そのキャプションを読み間違えたのだろう、別の画（月岡芳年「美勇水滸伝（びゆうすいこでん）」の高木午之助）を鳥山石燕（せきえん）の絡新婦（じょろうぐも）と紹介している（しかも、ルビが「らくしんぷ」）。

また、三〇八『迫り来る!!霊界・魔界大百科』では編集部の創作だろうか、他の本には載っていない謎の異類異形も描かれており、良くも悪くも凄い。謎の動物たちには、「河童」「鬼」「天狗」「コロッポックル」「人魚」などから「突然変異魚」や「長命族」などよく分からないものが紛れ込んでいる。中でも衝撃的なのは「東北のある地方」に住むという「具乱怒物乃怪（ぐらんどもののけ）」だろう。「魔界の帝王か!? 狂気と忘想（ママ）の産物か!?」のキャッチコピーが付く。「名前を付けたのは安土桃山時代の後期に」、「イギリス人宣教師」が付けたというからフェイクとわかる。何故、具乱怒などという暴走族みたいな表記になるのか理解しかねる。隣のページにイラストはないが、「青ヤギ」などが短文で載る。「青ヤギ」は女子高生が目撃した青い毛のヤギだ。読んで、本当にいるかもと思った。いたずらでヤギを青くする者もいるかもしれない。が、続けて「（青ヤギは）鉄の

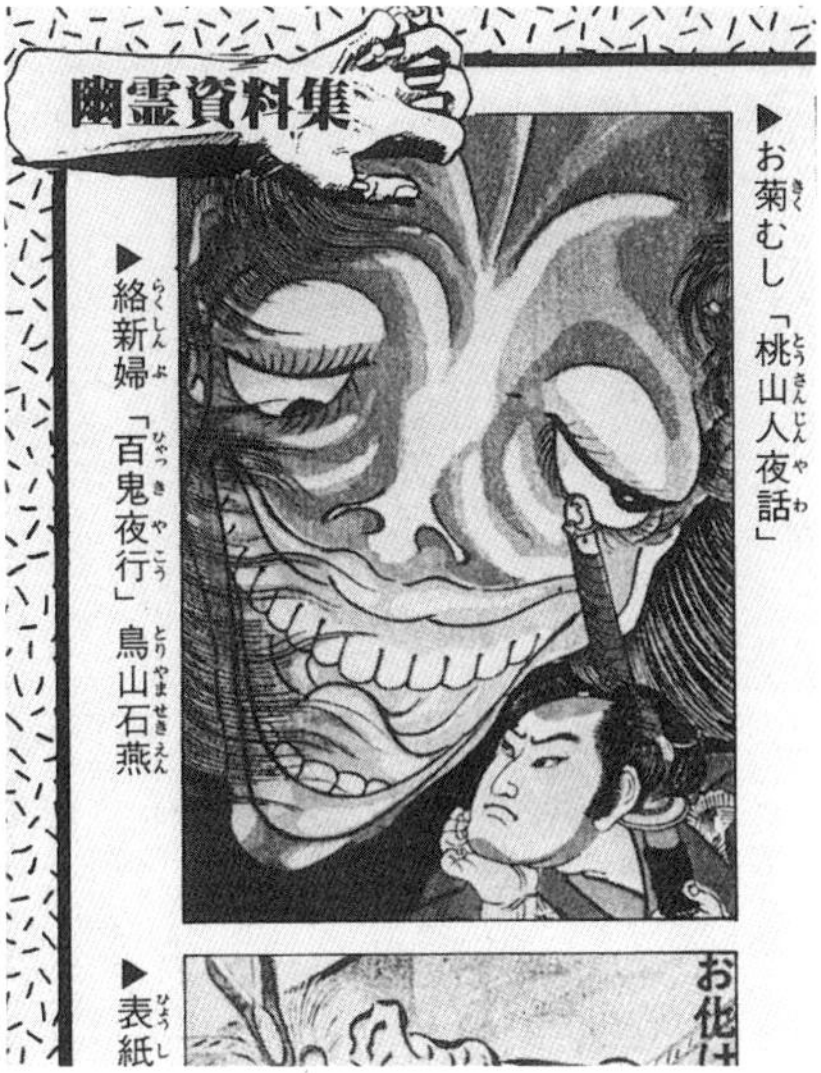

図2 『恐怖体験大百科』

具乱怒物乃怪

東北のある地方には、具乱怒物乃怪なる大きな怪物が住んでいるといわれている。名前をつけたのは安土桃山時代の後期にこの地方を訪れたイギリス人の宣教師だったそうだ。
さまざまな物の怪が一体になった怪物で、体長は10メートルにもなるという。大きな体に似合わず動きは敏しょうだ。突然、現れては家畜をさらい、ひと口で食べてしまう。だが、用のない時は人前に姿を見せることはなく、山奥の住み家でおとなしくしている。地元の人たちは、山の神としてあがめていたとのことである。

魔界の帝王か!? 狂気と忘想の産物か!?

図3 具乱怒物乃怪

仮面をしていたことから、鬼が飼っていたのではないかという説もある」と書かれているのを読んで深く考えるのを止めた。鬼と鉄の仮面関係あるのか?

これは何だ!? 時代を越えた衝撃の資料がキミを撃つ!!

六四九『怪奇ミステリー大百科』は、「座敷わらしの出る旅館」として、旅館のご主人のインタビューが掲載される。これも今もテレビのバラエティなどでも有名な金田一温泉の緑風荘という旅館なのだが、旅館のご主人が座敷わらしを最初に見たのは昭和五年(一九三〇)。当時、ご主人は二三歳、昔から出るという話を聴いていたが、そんなおかしなことはないという気持ちで、七晩続けて件の部屋に寝て案の定怪異に遭遇。現代では考えられない貴重なインタビューをしていると思う。もっとも時代が変われば現代のバラエティ番組もコンビニ本も貴

ツイート

黒史郎　『ボギー　怪異考察士…・1時間
寝る前はこれらの資料を行き来しておりました。真ん中の本は小学生の頃から何十回も読んでますが、いまでも新たに得られるものがあります。毎時、自分が欲している情報、知識量は変わっているので、以前読んだ時には重要でなかったことが、探していた宝物となって再発掘されます。本はすごい。

3　15　40

図4　黒史郎のつぶやき

重になるであろう。

大人になった読者たちは、妖怪を卒業しない

妖怪が子どものころから好きだった人がいる。それはむしろ、職業研究者でなくともたくさんおり、見逃せない人は多い。例えば、マニアックな妖怪を拾った本、『ムー民俗奇譚　妖怪補遺々々』（学研プラス　二〇一九）を出した小説家、黒史郎などもそうだろう。

さて、夜にTwitterを見ていると、偶然、黒史郎のつぶやきが書き込まれたのだ（図4）。「寝る前はこれらの資料を行き来しておりました。真ん中の本は小学生の頃から何十回も読んでますが、いまでも新たに得られるものがあります。毎時、自分が欲している情報、知識量は変わっているので、以前読んだ時には重要でなかったことが、探していた宝物となって再発掘されます。本はすごい。」として「大百科」の映った写真を投稿していた[3]。

黒は、当時の子供向けの本に書かれていたことを今でも大切にしているとのことだった。確かに「良い加減」であり「適当」な記述もあるが、こうしたクリエイターを生み出したともいえる。

「大百科」は作り手にもマニアやオタクと呼ばれる人がいたようだ。黒澤（黒澤　二〇一四）は「大百科で大きな比率を占めていたアニメ、特撮、漫画、ゲーム、アイドル、鉄道、オカルト、模型といったジャンルは、いずれも現在では、オタク度の高いジャンルに成長している。日本のオタク文化を急速に発展させた一因をケイブンシャの大百科が担っていたことは、疑いようのない事実」と記している。好事家が次の世代の好事家を作ったのだ。

妖怪研究はいわゆるオタクだのマニアだのによって成り立つ部分もある。むしろ研究者ならオタク的な情熱は必要だろうと思うが、それだけでは学術の場では評価されないのが現状だ。本書もまた「大百科」に負けず劣らずかなりのオタク的な本になっているはずだし、そうした「学史?・」もあると思うのだ。本書の読者なら分かってくれることであろう。

（永島大輝）

参考文献

・黒澤哲哉　二〇一四『伝説の70～80年代バイブル　よみがえるケイブンシャの大百科』いそっぷ社
・有田シュン　二〇一五『伝説の90～2000年代バイブル　よみがえるケイブンシャの大百科［完結編］』いそっぷ社

※また上記の文献を本書の年表作成にも参考にさせていただいたことを記しておく。[4]

注

［1］もともと「大百科」はノンフィクション作家の佐野眞一が企画編集した。ウルトラマンや仮面ライダーの図鑑を売れているのをみて、一つの番組ではなくありとあらゆるものを集めた百科事典を作ろうということから企画されたというインタビューがある（黒澤　二〇一四）。

［2］アニメ脚本家の金春智子の証言（黒澤　二〇一四）。

［3］黒史郎のTwitterアカウント「@kuromentaiko」のつぶやきを参照した。「https://twitter.com/kuromentaiko/status/1434435676636729348」「https://twitter.com/kuromentaiko/status/1434445227234770944」（二〇二一年九月五日閲覧）

［4］ケイブンシャの大百科、妖怪幽霊年表（別冊を除きます）

第三部　戦後（後）編 1966-1996

・一九八二『妖怪幽霊大百科』123
・一九八三『怪奇ミステリー大百科』156
・一九八四『世界の怪奇大百科』182・『恐怖体験大百科』188・『恐怖スリラー』193・『日本のミステリーゾーン大百科』203
・一九八五『日本の妖怪大百科』215・『恐怖の怨霊大百科』219・『恐怖体験2大百科』227・『恐怖の霊大百科』232、宜保愛子起用シリーズ第一弾・一九八六『恐怖の怨霊2大百科』258、宜保愛子第二弾
・一九八六『怪奇ミステリー2大百科』262・『恐怖オカルト大百科』274・『恐怖冬のミステリー大百科』278・『怪奇亡霊大百科』285、宜保愛子第三弾
・一九八七『恐怖体験3大百科』288・『宜保愛子鑑定心霊写真大百科』296・『恐怖霊界大百科』300・『呪われた怨霊大百科』304・『宜保愛子監修恐怖の霊2大百科』305・『恐怖！怨霊のたたり体験大百科』308・『迫り来る!!霊界・魔界大百科』319
・一九八八『宜保愛子鑑定心霊写真2大百科』324・『霊幻道士3キョンシーの七不思議大百科』326・『恐怖の怨霊3大百科』330・『恐怖体験4大百科』332・『死霊の呪い大百科』335・『続怪奇亡霊大百科』336・『謎の怪生物大百科』340・『宜保愛子鑑定心霊写真3大百科』342
・一九八九『宜保愛子の恐怖話大百科』354・『宜保愛子恐怖の心霊体験大百科』362・『来世・霊界大百科』364・『怪奇ミステリー3大百科』366・『宜保愛子の霊視大百科』368・『日本の霊場大百科』372・『世界の謎2大百科』375・『宜保愛子の心霊探検大百科』377・『霊能力入門大百科』380、宜保愛子監修・『宜保愛子の心霊探検2大百科』387
・一九九〇『宜保愛子の恐怖話2大百科』398・『最新恐怖実話大百科』403・『ＵＦＯ遭遇大百科』408・『守護霊大百科』409・『宜保愛子鑑定心霊写真4大百科』411・『伝説のＲＰＧモンスター大百科』1990、ファミコンのモンスターを101匹紹介・『霊界体験大百科』414・『怪奇現象大百科』420・『世界の謎・不思議大百科』432
・一九九一『ＵＦＯ接近大百科』438・『恐怖話3大百科』440・『ＵＦＯ写真大百科』442・『恐怖心霊事件大百科』448・『実録!!ＵＦＯ・宇宙人大百科』452・『投稿！心霊体験大百科』456
・一九九二『日本の謎・不思議大百科』480・『恐怖話4大百科』486・『恐怖レポート大百科』491・『うわさの恐怖体験大百科』493・『心霊現象大百科』498・『恐怖の心霊写真集大百科』504
・一九九三『恐怖実話2大百科』523・『告白！ミステリー体験大百科』530・『恐怖実話3大百科』537・『恐怖！体験話大百科』543・『日本謎の怪奇現象大百科』545
・一九九四『恐怖実話4大百科』571・『怪奇！心霊写真大百科』577

・一九九五『怪奇！心霊写真2大百科』588・『恐怖の学校霊大百科』592・『怪奇！心霊写真3大百科』593
・一九九六『恐怖の霊体験大百科』605・『恐怖の学校霊2大百科』608・『ゲゲゲの鬼太郎大百科』610、四期の鬼太郎33話までと映画大怪獣など・『怪奇！心霊写真4大百科』611
・一九九七『検証!!UFO・異星人大百科』619・『ゲゲゲの鬼太郎パート2大百科』620・『学校の恐怖体験大百科』623・『超怖い話大百科』624
・一九九九『1999年！世界の恐怖大百科』637
・二〇〇〇『怪奇ミステリー大百科』649、156の復刻改訂版・『恐怖体験大百科』650
・二〇〇一『最新恐怖実話大百科』659・『日本謎の伝説大百科』661、206の復刻改訂版・『世界の謎・不思議大百科』672・『UFO写真大百科』673・『恐怖の学校霊大百科』678、592の復刻改訂版・『恐怖話大百科』684、440の復刻改訂版
・二〇〇二『未確認物体大百科』695

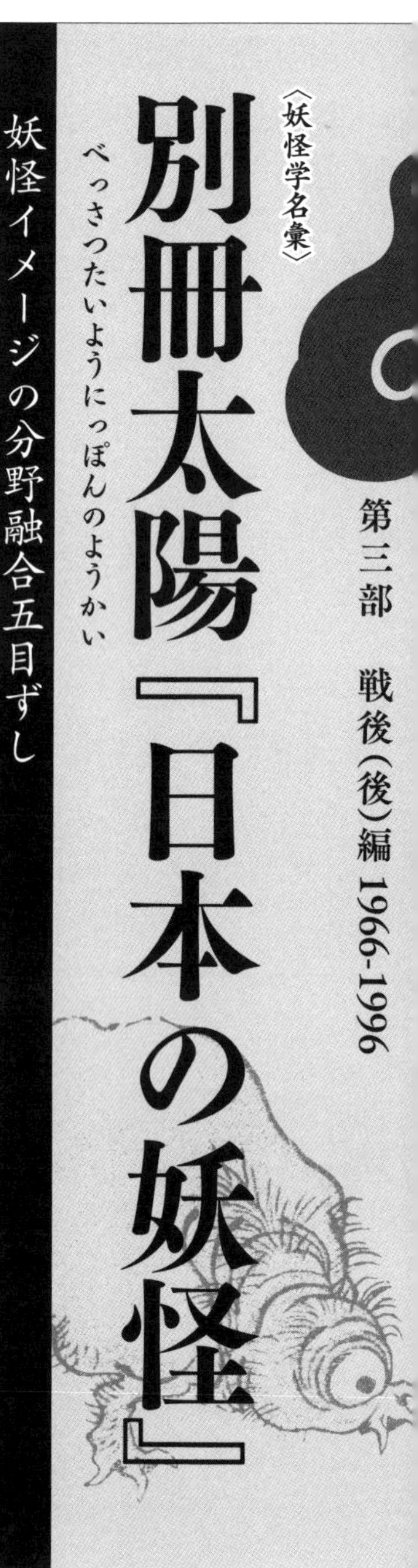

第三部　戦後（後）編 1966-1996

〈妖怪学名彙〉別冊太陽『日本の妖怪』（べっさつたいようにっぽんのようかい）

妖怪イメージの分野融合五目ずし

伝承と画像の五目ずし

それまで複数存在していた妖怪あるいは妖怪研究のイメージのようなものが明確に融合し「みえるかたち」になったのがこの年代ではないかといえる。具体的にいえば、美術や国文学で取り扱われていた作品と、民俗あるいは方言の研究などで集積されていた妖怪の語彙や伝承とが、クセなく混ぜられた《五目ずし》のように融合されたかたちである。

観せる妖怪特集

昭和六二年（一九八七）平凡社から別冊太陽の一冊として発行されたのが本書である。『太陽』（平凡社）は、先立って特集「お化けと幽霊」（一九七五年八月号）[1]を手がけてもおり、当時から徳川時代後期の妖怪の描かれた絵巻物や錦絵を色々並べて紹介[2]しているが、そこでの紹介形式は『**お化け図絵**』*（芳賀書店、一九七三年）などと非常に近いもので、個々の作品やそこに描かれている妖怪のみを芯（しん）にして観せる要素が濃いものであった。

いっぽう、約十二年を隔てたこの『日本の妖怪』では、題材や切り口に幅が生じ、収録作品と解説の結びつきの高さが惣じて上がっている点がいくつか見られる。捕獲された河童の絵画資料を特集したコーナー[3]に河童の呼称の全国分布や伝承についての解説がキチッと設けられたりしているのは、その最たる例といえる。

また、『稲生物怪録』を扱ったページで、物語と絵をあわせて紹介し読み手が筋書全体を逐一理解することの出来る掲載方法がとられたことも大きな変化であるし、はじめて妖怪が全種掲載された尾田郷澄『百鬼夜行絵巻』[4]の場合は、絵巻に描き込まれた情報以上のものをいちいち足して解説することなどはしていない。……後者については明確な意図があったのかは未詳だが、『お化け図絵』などで見られたような、作品・解説の関係性とは異なる箇所として、このような《資料性の高い掲載方法》を挙げることも出来る。

県別妖怪案内

はじめに融合ということばを用いて本書を評したが、それをもたらしているイチバンの特徴は、千葉幹夫「県別妖怪案内」[5]を収録していることである。この記事は何度か増補され[6]『全国妖怪事典』（小学館、一九九五年）として独立し、都道府県という妖怪の切り取り方を研究者たちも含め意識させてゆくこととなった。

地図を示して「どこそこの地域にはこんな妖怪がいる」と合印を打ったり棒を引きだしたりする表現は、**今野圓輔***による日野巌マップ[7]紹介をはじめ、作家たちによる各種図解記事がまだ殻つきひよこな時代から存在しており、阿部正路『日本の妖怪たち』（東京書籍、一九八一年）でもかなり収録数の増えた「妖怪分布地図」が掲載されているが、そのような語彙分布主眼の地図ではなく、資料や報告の本文に記されたデータを積載した《事典》として仕上げたのが特色であった。

『稲生物怪録』と三次（広島県）のような、作品と伝承との結びつきの高さを持つと考えられる絵画資料が《妖怪》のイメージとして融合したことに加え、この「県別妖怪案内」というスタイルそのものが、伝承方面の妖怪にこれだけ地域資料があるゾということを広範囲に知らしめ、かつ実際に都道府県で区切られた個々適量の《詰め合わせ》が万人に与えられたことが一九九〇年代以後の妖怪研究に与えた影響[8]はとても大きい。

息の長い販売

本書は、平成六年（一九九四）に二刷されており、妖怪の博物館展示や美術書が数を増して行った時期にかけても広く享受されている。[9]

ただし、実際はてんでばらばらな価値観のなかに存在しているこれらの融合された特徴が渾然一体あるいは情報として均質化されてゆく過程で、受容される側に複数の視点を含んだ《妖怪》イメージがどのように摂取され、掲載資料群と結びつけられ、用いられるようになっていったかについては、また別のはなしである。

一九八〇～九〇年代にかけての妖怪あるいは妖怪研究のイメージ、ひいては現在の日本人が一般的に思い描く《妖怪》に含まれる混雑したイメージ状況のサンプルのひとつとして、本書が伝えてくれる立

ち位置からは今後も読み取れる箇所は多いであろう。

（氷厘亭氷泉）

注

[1]　絵画作品の紹介を軸に、永井龍男、廣末保、粕三平、水木しげるによる文章を掲載しているが、内容は掲載された作品個々とそこまで密接しておらず、『お化け図絵』などにおける作品と総合解説の関係性に近い。また、「妖怪紳士録」として水木しげるのイラスト・解説による妖怪紹介ページを特集の最後に設けている。

[2]　妖怪の描かれた絵巻物が紹介されていった媒体としては『國華』（國華社、朝日新聞出版）や学術誌を除くと、散発ではあるが『太陽』以外にも、『歴史と旅』（秋田書店）や『文藝春秋漫画読本』（文藝春秋社）などいくつかの雑誌が挙げられる。紹介者や展覧会、社会的な認知の拡がり方の流れについてさらに考察も必要であろう。

[3]　石川純一郎「河童は生きている!?　初公開「水虎之図」」二七～三七頁。

[4]　本書では妖怪の描かれている箇所のみが掲載されている。『太陽』（一九七五年八月号、六〇～六一頁）でも既に郷澄のこの絵巻物からの掲載は三点確認出来る。題詞や冒頭の百物語の風景を含めた絵巻の全体像は『武家の精華　八代・松井家の美術工芸』（たばこと塩の博物館、二〇〇二年）や『大妖怪展　土偶から妖怪ウォッチまで』（読売新聞社、二〇一六年）などの展覧会図録で近年確認することが可能になった。

[5]　柳田國男、今野圓輔によってまとめられた妖怪の資料データを土台に、民俗誌や随筆、奇談集を中心にあつめた妖怪たちを、都道府県別に配列している。項目数のバランスの多い尠いがあるものの、全都道府県を完備したという形式そのものに強みがあるといえる。

[6]　『日本民俗文化資料集成』第八巻（三一書房、一九八八年）に「全国妖怪語辞典」として収録された際に増補されてる。

[7]　今野圓輔『怪談　民俗学の立場から』（社会思想社、一九五七年）に掲載されている地図（七五頁）は、日野巖『動物妖怪譚』の「総論（五）伝説の動物の分布」中の「伝説の動物の分布図」を引いたもの。（→本書六三ページ）

[8]　倉本四郎『鬼の宇宙誌』（講談社、一九九一年）または阿部正路・千葉幹夫『にっぽん妖怪地図』（角川書店、一九九六年）などは、絵画資料の選抜に本書の影響が強く見られる例として挙げられる。また、全体に似た傾向は近藤雅樹『図説　日本の妖怪』（河出書房新社、一九九〇年）の構成などにもうかがえ、こちらも「妖怪名鑑」を巻末に載せている。ただし素材や性質についてはかなり異なったものでもある。

[9]　別冊太陽では、妖怪の絵画作品を扱ったものとして『妖怪絵巻』（二〇一〇年）、『妖怪図譜』（二〇一四年）がつづくが、増刷時期を加味しても一五～二〇年の隔たりがある。二〇一〇年代の二冊は絵画作品の紹介と解説でキチンと構成されており、分野融合五目ずしな面影は目次の上からは見られない。

妖怪学参考年表（1870～1996）

（記号の説明）
■↓妖怪に関する研究・記事・読物・図鑑など（主要資料たち）
文↓小説・詩文・随筆
芸↓演芸・書き講談
劇↓戯曲・舞台
童↓童話・絵本
漫↓赤本・漫画・狂画
映↓映画・テレビ
▼↓時事事項
●↓備考

1870 ●明治3年

■矢野玄道『予美国考証』
▼神道家の間で「黄泉国所在問題」おきる。渡辺重石丸などが譴責。（徳重浅吉『維新政治宗教史研究』12章 1935年）

1872 ●明治5年 ▼岡本綺堂 生れる

▼『東京日日新聞』創刊。設立者には条野採菊・落合芳幾も。
文仮名垣魯文『蛸入道魚説法』

1873 ●明治6年 ▼泉鏡花 生れる

▼神道事務局が設置され「神道」が確立。（神崎一作『神道六十年史要』1934年）
■卍亭応賀（作）河鍋暁斎（画）『和談三才図笑』●『和漢三才図会』の型式を戯文・狂画化したもの。
■豊原国周『豪傑奇術競』●大首絵の錦絵組物。芝居や合巻の登場人物を題材にした俳優似顔となっている。

1874 ●明治7年

▼この年、新聞に報じられた事件や奇談を錦絵に仕立て直して販売する《錦絵新聞》が発売される。具足屋から落合芳幾『東京日々新聞』、翌年には錦昇堂から月岡芳年『郵便報知新聞』などが売り出され、東京以外での追随商品も増えた。用いられた新聞記事は新旧様々で、速報性はそこまで売りではなかった。絵入りの日刊新聞や雑誌が日本でも発明される1876年ころまで発売されていた。
■河鍋暁斎『暁斎楽画』●特に固定された画題は無い錦絵組物

であるが、妖怪たちが学校を建てたり（第3）や地獄の開化風景（第1、第4）などに新趣向がある。下絵のみが残り未発売のものには妖怪たちが書画会をひらいている様子（第14）などもある。（『暁斎の戯画・狂画』1996年）

1875 ●明治8年
▼柳田國男　生れる
▼岡田建文　生れる（1876）？

■転々堂鈍々（高畠藍泉）『怪化百物語』●口絵は河鍋暁斎。

▼『平仮名絵入新聞』創刊。落合芳幾らによって設立される。毎日の記事や《つづきもの》に芳幾が挿絵を描く。『東京絵入新聞』、『東西新聞』と改題しつつ1889年までつづいた。

1876 ●明治9年

▼この頃、「尼彦入道」や「アリエ」と称する絵紙が流行していた。新聞などでは迷信として採り上げられている。（湯本豪一『明治妖怪新聞』1999年）

1877 ●明治10年

漫『団団珍聞』創刊。野村文夫が編集発行、戯作者の梅亭金鵞を主な作者として招いていた。1907年まで刊行はつづく。宮武外骨などもこれを読んで育っている。

1878 ●明治11年

漫『月とスッポンチ』創刊。仮名垣魯文・卍亭応賀など戯作者たちが主な作者。休刊後は『芳譚雑誌』紙上で続いてもいた。

漫『驥尾団子』創刊。『団団珍聞』の姉妹誌。

1879 ●明治12年

▼井上円了と坪井正五郎、東京大学予備門の学友らとともに演説討論会「夜話会」を組織。

1880 ●明治13年
▼田中貢太郎　生れる

■総生寛『変妙百物語』

劇河竹默阿弥『有松染相撲浴衣』●有馬の化猫。

劇竹柴金作『嵯峨奥妖猫奇談』●鍋島の化猫。

芸この頃、桃川如燕がいろいろな猫のはなしをあつかった講釈を『百猫伝』などと銘打って演じ人気をとっていた。

1881 ●明治14年

■鍋田玉英『怪物画本』

▼10月あたりから、11月15日に世界が崩壊するという外国渡りの噂ひろまり、それを当て込んだ一枚刷など多く出て世を騒が

す。（井上和雄「世界転覆奇談」『新旧時代』1巻6号 1925年）

1882●明治15年

▼アマビコの絵紙の迷信が流行る。波多野常定など、流行に乗じた絵草紙屋の錦絵販売も摘発された。以後、取締りの法律があらたに適用され、あやしげな絵紙売りも数を減らす。

1884●明治17年 ▼江馬務 生れる

■梅亭化作『備後土産稲生夜話』●柏正甫『稲亭物怪録』に属する写本をモトとした活版の実録本。

▼東京大学理学部植物学教室における「じんるいがくのとも」寄合にて、渡瀬庄三郎が「ころぼっくる」に関する報告をする。坪井正五郎らによる「コロボックル論争」の発端となる。

1885●明治18年 ▼藤澤衛彦 生れる

■加藤鉄太郎『一読一驚 妖怪府』●「牡丹灯」など。

1886●明治19年

▼井上円了、不思議研究会をつくる。

▼7月、京都で「こっくり」流行る。「狐狗狸伝授所」という看板をあげる者も出る始末。秋頃には東京にも伝播。（『新聞集成明治編年史』）

▼『やまと新聞』創刊。戯作者の条野採菊（山々亭有人）らによる。

■小野田孝吾『一読百驚 珍事奇聞』

■橋本周延『東錦昼夜競』●錦絵の組物。おさかべ姫や鍋島の猫など妖怪の登場する芝居や講釈を素材にしたものも多い。

1887●明治20年

■井上円了『妖怪玄談』

▼井上円了、出版社「哲学書院」を設立。最初の刊行物は坪井正五郎『看板考』だった。

▼白井光太郎（匿名M・S）「コロボックル果シテ北海道ニ住ミシヤ」（『東京人類学会報告』11号）で渡瀬庄三郎のコロボックル先住民論に反論。坪井正五郎は「コロボックル北海道に住みしなるべし」（『東京人類学会報告』12号）と白井光太郎に対立。

■瓜生正和（著）河鍋暁斎（画）『暁斎画談』●「鳥山石燕の筆意」の項では『画図百鬼夜行』の妖怪たちの一部を描いている。瓜生正和は梅亭金鵞の本名。

1888●明治21年

芸三遊亭円朝『真景累ヶ淵』●1887～1888年に『やまと新聞』に掲載された速記の単行本。小相英太郎による速記。

1889●明治22年

■河鍋暁斎『暁斎百鬼画談』●暁斎歿後に発売された。各種百鬼夜行絵巻を暁斎が独自にリデザインし一巻としたもの。

■月岡芳年『新形三十六怪撰』（～1892年）●妖怪を主題とした組物。維新前に手掛けていた『和漢百物語』や未発売におわった『看虚百覧怪』につながる企画だが、本作は作者たちによる填詞が画中になく、『月百姿』と同様な絵・題のみの錦絵。題材は芝居や講釈または過去の錦絵に取材したものが多い。

1890●明治23年

▼ラフカディオ・ハーン、英語教師として来日。

1891●明治24年

■井上円了「妖怪学一班」（『教育報知』271号）●円了が初めて「妖怪学」の語を用いた文章。

▼井上円了、全国巡回公演の一環として島根県松江市を訪問、当時島根県尋常中学校に赴任していたラフカディオ・ハーンと対談する。

■渋江保『西洋妖怪奇談』

1893●明治26年

▼井上円了、哲学館に「妖怪研究会」を設置。

▼坪井正五郎、哲学館にて「人類学大意」と題した特別講義を行う。

■石川鴻斎『夜窓鬼談』

1894●明治27年 ▼吉川観方 生れる

■小林清親『日本万歳 百撰百笑』●日清戦争見立ての狂画の組物。戯文は骨皮道人が手掛けている。

1895●明治28年

■坪井正五郎「コロボックル風俗考」●『風俗画報』90号から連載。全10回。

■落合芳幾『滑稽倭日史記』●日清戦争見立ての百鬼夜行絵巻「新案百鬼夜行」と地口絵「全勝祝祭神事行灯」で構成。

1896●明治29年

■井上円了『妖怪学講義』●1893～1894年にかけて『哲学館講義録』として連載されたのち、単行本として発行。

▼ラフカディオ・ハーン、日本に帰化し小泉八雲と改名。東京

帝国大学の英文学講師になる。

1897●明治30年 ▼日野巌、柴田宵曲 生れる

■井上円了『妖怪研究の結果 一名、妖怪早わかり』

▼このころ、オーストリアのファルブ教授が出した「1899年11月13日に地球に彗星が激突してその時の有毒ガスで人類が滅ぶ」という噂が流行る。(『新聞集成明治編年史』)

1898●明治31年

■井上円了『通俗絵入妖怪百談 一名、偽怪百談』

▼リチャード・ゴードン・スミス、大英博物館からの依頼を受けて日本に調査に入る。明治40年代まで数度来日し、日本で様々な調査をした。その調査のなかには日本の伝説や昔話および彼が日本で雇った画家に描かせた多数の絵画も含まれており(『Ancient Tales and Folklore of Japan』1908年)妖怪もいくつも描かれている。

1900●明治33年 ▼平野威馬雄 生れる

■井上円了『通俗絵入 続妖怪百談』●のちに『通俗絵入 妖怪談』とも改題。

文泉鏡花『高野聖』

1902●明治35年 ▼橘正一 生れる

■井上円了『円了茶話』●明治34年に揮毫した「老狐幽霊非怪物 清風明月是真怪」にも言及し「余が悟道の語なりと知るべし」としている。

1903●明治36年

■『近世奇談全集』続帝国文庫47●田山花袋と柳田國男が校訂を担当。『新著聞集』、『老媼茶話』、『想山著聞奇集』、『三州奇談』、『三州奇談後編』を収載。ひろく読まれている。

▼このころ、東京市内にあやしい「催眠術教授所」や「催眠術伝習所」などが多く見られる。(『新聞集成明治編年史』)

1904●明治37年 ▼小泉八雲 死去 ▼高橋勝利 生れる

■小林清親『日本万歳 百撰百笑』●日露戦争見立ての狂画の組物。戯文は骨皮道人が手掛けている。

■梅堂豊斎『露国征伐 戦勝笑話』●清親の型式に倣った日露戦争見立ての狂画の組物。こちらも戯文は骨皮道人。

▼井上円了、中野区に孔子、釈迦、ソクラテス、カントを祀る「四聖堂(通称:哲学堂)」を建設。後に周辺が整備され、哲学堂公園となる。

1905 ●明治38年

■柳田國男「幽冥談」（『新古文林』1巻16号）

▼東京の四谷左門町の旧地に建造されたお岩稲荷が四谷や赤坂の芸者たちに流行る。（正月に橘座で坂東鶴之助の一座が四谷実録の芝居をかけた影響）同地から移転していた田宮神社から抗議。（『新聞集成明治編年史』東京朝日新聞）

1907 ●明治40年

▼『讀賣新聞』（7月7日・朝刊）に「化物会」発足の予告記事が掲載される。7月15日「化物会」仮規則が定められる。その内容は後日『讀賣新聞』紙上にて掲載。7月17日からは『讀賣新聞』朝刊にて「妖怪側面観」連載始まる。「化物会」第1回会合における坪井正五郎・芳賀矢一・鳥居龍蔵による演説の速記記事。同時に妖怪画連載「珍怪百種」も開始。鳥山石燕『画図百鬼夜行』『今昔画図続百鬼』や『稲亭物怪図説』、英林斎定雄の妖怪の絵などが紹介される。（松籟庵『明治の讀賣新聞における「化物会」の活動について』2017年）

1908 ●明治41年

文泉鏡花『草迷宮』●秋谷悪左衛門など、登場する妖怪たちは『稲生物怪録』を下敷にしている。

劇ハウプトマン（作）登張竹風・泉鏡花（訳）『沈鐘』

1909 ●明治42年 ▼阿部主計 生れる

▼集古会にて「変化物」展覧会を開催。清水晴風・黒川真道などが出品した。

■石橋臥波『鬼』●英字題として「DEMON」とも。

1910 ●明治43年

■柳田國男『遠野物語』

■佐々木照山『西域探検日誌』

▼うつしゑ都船 死去。うつしゑ都楽の門弟で江戸からつづいた写し絵（幻灯芝居）の名人。

芸神田伯龍『実説古狸合戦』●中川玉成堂から発売された講談速記。後の映画などの阿波狸合戦の基礎となった。つづきもので、『津田浦大決戦』や『日開野弔合戦』へとつづく。

映横浜賑座 喜劇『地獄の新開』

映吉沢商店『牡丹灯篭』

映吉沢商店『玉藻前 三段目』

映吉沢商店『新牡丹灯篭』

映吉沢商店『いたずら狐』

映M・パテー『土蜘蛛』
▼映画作品がこの頃から見られるが、芝居由来の作品が多い。この影響は昭和中期まで妖怪の一般認知として色濃く残る。

1911●明治44年

▼南方熊楠と柳田國男の文通が始まる。
■笠井新也「首きれ馬の伝説」(『人類学雑誌』27巻3号)●首切馬についての報告が掲載された例。
■『新公論』4月号●「妖怪号」と銘打ち妖怪が主題の記事を掲載。酒呑童子の末孫「古今妖怪大番付」、簑の人「妖怪列伝」、石橋臥波「妖怪の種類」など、複数の取扱い方が混在。
文小泉八雲『妖怪奇談集』●本多孝一による翻訳。
映吉沢商店『雪女』
映吉沢商店『化の皮』
映M・パテー『新皿屋敷』
映吉沢商店『西遊記』
映吉沢商店『幽霊揃ひ』
▼この年、ビリケンが輸入される。「ビリケン大明神」などと花柳界を中心にもてはやされる。

1912●明治45年、大正元年

■木村鷹太郎『世界的研究に基づける日本太古史』
■佐々木船山『蝦夷天狗考』
▼風俗研究会ができる。主宰は江馬務。ここでの写生会がのちに分裂独立して吉川観方の故実研究会(1927年〜)となる。
▼日本民俗学会ができる。幹事は石橋臥波、永井如雲。機関紙である『民俗』の広告(石橋臥波『国民性の上より観たる鏡の話』1914年)に評議員として以下の名がある。井上円了、富士川游、芳賀矢一、福田徳三、二条基弘、有賀長雄、大槻文彦、喜田貞吉、加藤玄智、三宅米吉、吉田東伍、白鳥庫吉、高楠順次郎、関根正直、高木敏雄、関根良。——のちの柳田國男らの「民間伝承の会」から発展した日本民俗学会とは別の団体組織。
映福宝堂『天女と悪魔』
映吉沢商店『幽霊の婚約』
映横田商会『播州皿屋敷』
映福宝堂『新皿屋敷』
映日活『四つ谷怪談』
映日活『白髪鬼』
映日活『岡崎猫』
▼正月以後、三業地が不況になり「ビリケンなんて異国の神を

もてはやしたからだ」とそれまでの持て囃し連中が反動。「ビリケンのビリはビリっけつのビリ」などと言われ、廃棄したり、嫌いな客を帰すときのおまじないに使ったりする始末。（『新聞集成明治編年史』都新聞）

1913 ●大正2年

▼坪井正五郎　死去

■『郷土研究』●柳田國男・高木敏雄によって創刊。

■『民俗』●日本民俗学会の機関紙、石橋臥波の編集。

■高木敏雄『日本伝説集』●伝説を種類別に幅広く収録。柳田國男や藤澤衛彦にも伝説の分類上の呼び方などで多かれ少なかれ影響を強く与えている。（山田野理夫の編集によって宝文館出版より復刻　→1973年）

劇泉鏡花『夜叉ヶ池』

■佐々木船山『蝦夷天狗研究』

1914 ●大正3年

▼今野圓輔　生れる

■柳田國男『山島民譚集』（→1969年『増補 山島民譚集』）

▼伊東忠太、世界大戦を契機に時事を素材にした狂画を毎日描き始める。のち『阿修羅帖』（1920年）として出版したほか、昭和20年代まで描く日課はつづいた。彼独自の画像妖怪たちはここでも多数生まれている。

■寺門良隆「首無し行列の話」（『郷土研究』2巻9号）

■白井光太郎『植物妖異考』上・下（→1925年　岡書院、→1967年　有明書房、→2006年　中公文庫）

■蘆谷蘆村『童話及伝説に現れたる空想の研究』

▼岡田建文、この頃から心霊研究に傾倒。

1916 ●大正5年

■井上円了『迷信と宗教』

劇岡本綺堂『番町皿屋敷』

芸秋月玉光『産湯の森変化退治』●大坂城ちかくを舞台にした狐のはなしをあつかった講釈。

1917 ●大正6年

■宍戸俊治「轆轤首考」（『中外医事新報』885～886）

劇泉鏡花『天守物語』●おさかべ姫と『老媼茶話』に載る亀姫を題材とした戯曲。続帝国文庫（1903年）を参考にした例。

1919 ●大正8年

▼井上円了　死去

■『風俗研究』20号・「妖怪の史的研究」●江馬務が自身の雑誌で組んだ特集。『日本妖怪変化史』（1923年）の雛型となった。

■高峰博『幽霊とおばけ』

■藤澤衛彦『江戸伝説叢書』●（7月発売）1「八百屋お七」2「番町皿屋敷」（11月発売）3「吉田御殿」5「笠森おせん」が確認できる。それぞれ1テーマ1冊が宛てられ、巻末広告によれば毎月1冊刊行予定だったらしい。皿屋敷の巻にはおきく虫の絵（『雲錦随筆』）が挿絵として入れられている。

1920●大正9年

■伊東忠太『阿修羅帖』（〜1921年）●全5巻。ほぼ毎日描いていた日課の狂画を木版におこしてまとめ、名士たちの讃を添えて出版したもの。大正3年7月28日から大正8年10月31日のうちから五百作品収録。以後の絵は出版はされなかったが描くこと自体は昭和25年までつづいた。

■佐々木喜善『奥州のザシキワラシの話』●ノタバリコ、ホソデ、ナガテなども。（↓1974年『日本民俗誌大系』9）

■早川孝太郎『おとら狐の話』

▼「炉辺叢書」、1920〜1929年に刊行された民俗叢書。妖怪に関する記載も多く『日本民俗誌大系』にも多数収録。

■森徳太郎「妖怪雑話」（『昼夜帯』1巻）●『昼夜帯』は江馬務・林森太郎・吉川観方らの雑誌。森徳太郎は広く妖怪のはなしを集めたいと募集をかけているが、結果と展開は未詳。

1921●大正10年

■早川孝太郎『三州横山話』●愛知県。ヒカギリやツト蛇などの蛇、ニオイ鳥などの鳥、馬憑き、座敷小僧など。（↓1974年『日本民俗誌大系』5）

▼渋沢敬三、AMS（アチック・ミューゼアム・ソサエテイ）を結成。大正13年にアチックミューゼアムと改称。

▼アレキサンダー・ワノフスキー（アレクサンドル・ワノフスキー）、早稲田大学の露文学講師となる。

文中勘助『銀の匙』●自伝的なエピソードだが、蚊を吐く悪い鳥「ぽっぽどり」や「異国の切支丹」が「悪い狐」をよこしてから日本にコロリが流行ったなどの記述もある。

文内田百閒『件』

1922●大正11年

▼水木しげる、山田野理夫　生れる

■藤澤衛彦『日本伝説研究』（〜1935年）

▼伊東忠太『阿修羅帖』につづく新作の一部が『週刊朝日』（4月2日号）に掲載されている。このように雑誌で散発的に公開されることもあった。掲載されている作品は715番。

■小池直太郎『小谷口碑集』●子どもの歌う歌に「小豆とぎましょか、人取って食いましょかショウキショキ」というのがある。また、子脅しにも「小豆とぎが来るぞ」という。（→1975年『日本民俗誌大系』6）

■物集高見『人界の奇異神界の幽事』

▼水野葉舟・野尻抱影「日本心霊現象研究会」を設立。新光社から「心霊問題叢書」として海外の心霊研究資料を翻訳刊行。

映松竹キネマ『九尾の狐』●配役は澤村四郎五郎など。

1923●大正12年

■江馬務『日本妖怪変化史』●『風俗研究』20号などの文章をまとめたもの。（→1951年『おばけの歴史』、→1976年　中公文庫）

■『日本少年』6月号・「妖怪実話号」

▼浅野和三郎「心霊科学研究会」を設立。

▼関東大震災で藤澤衛彦『日本伝説叢書』の原稿や印刷紙型などが焼失。以後の続巻は中断となった。

映国活『幽魂の焚く炎』●若山北冥「影を見せなくなる怪談物」（『劇と映画』大正14年8月号）には「封切り当時この怪談物の新機軸をば好評したものであった」とそれ以前の映画（玩具箱みたいなものと表現してる）と対比して枝正義郎（本作の監督）を褒めている。

映帝国キネマ演芸『九尾の狐』●配役は嵐璃徳など。

映帝国キネマ演芸『玉藻前』●配役は嵐璃徳など。

1924●大正13年

■及川儀右衛門『筑紫野民譚集』●河童、怪火、怪異など多数。注に文献も使用。（→1974年『日本民俗誌大系』2）

■井箆節三『恵比須様の哲学』●世界各地の神話すべてに恵比須の要素があるという論。著者は名古屋の人で木村鷹太郎の影響を受けている人物のひとり。下巻が公刊されたかは未確認。

■小谷部全一郎『成吉思汗ハ源義経也』●義経生存説として知られる。翌年に発行された国史講習会『成吉思汗は源義經に非ず』（1925）には笹川臨風「先づ人物の相違」鳥居龍蔵「義経の北方渡航説について」藤澤衛彦「源義経元祖説話の構成」などの参加も見られる。

文『新小説』・「怪談会」●馬場孤蝶、泉鏡花、久保田万太郎、白井喬二、小杉未醒、長谷川伸、平山蘆江、長田秀雄、畑耕一、斎藤龍太郎、芥川龍之介、菊池寛、沢田撫松など。（→2009年　東雅夫『文豪怪談傑作選・鏡花百物語集』）

文岡本綺堂『三浦老人昔話』●『苦楽』などで連載。全12篇。

映帝国キネマ演芸『清姫の恋』●安珍・市川百々之助、清姫・潮みどり。

映帝国キネマ演芸『人魚の精』

1925●大正14年

■柳田國男「妖怪種目」（『民族』1号）
■吉川観方『絵画に見えたる妖怪』●自身の蒐集品が中心。
■Oscar Graf, Cäcilie Graf『Japanisches Gespensterbuch』●水木しげる・佐藤有文なども本書を図版の参考資料にしている『現代読本』（「妖怪変化実録史」1957年）などにも使用は見られる。
■山梨県立甲府高等女学校校友会『松のしらべ 方言伝説号』●『松のしらべ』23号で、山梨県の伝説や昔話、方言を多く収録しており、土橋里木や『甲府市史』なども資料として活用。
■文化普及会『精神科学 人間怪奇録』●加藤友三郎（後の内閣総理大臣）が海兵時代に海坊主を砲撃した話なども掲載されている。山田野理夫『日本妖怪集』でも本書が引用されている。
■垣田五百次、坪井忠彦『口丹波口碑集』●釣瓶下ろしの怪、算盤坊主、嫗が火など（→1975年『日本民俗誌大系』4）
文岡本綺堂『青蛙堂鬼談』●『苦楽』などで連載。全12篇。
文小酒井不木『犬神』
映東亜キネマ『河童妖行記』●原作・監督 曽根純三
映日活『妖怪の棲む家』
映東亜キネマ『南蛮寺の怪人』前編●『ノートルダムの傴僂男』の翻案。（→1926年1月5日、後編）

■寺石正路『土佐風俗と伝説』●天狗、大鷲、法華堂の怪火（ケチビ）、山男、猿猴、柴天狗、七人御先、首無しの馬、猫又、怪猫、古狸、八面王など。（→1974年『日本民俗誌大系』3）

1926●大正15年、昭和元年

▼中岡俊哉 生れる

■吉川観方『続絵画に見えたる妖怪』
■藤澤衛彦『変態伝説史』
■日野巌『動物妖怪譚』
■外山暦郎『越後三条南郷談』●ばりよんの怪、油なせ、朱盤、小豆とぎ、鶴の化物など。怪火に権五郎火、火走り、蓑虫、狐の嫁取りなど多数。（→1974年『日本民俗誌大系』7）
▼中山文化研究所「信仰と迷信に関する通俗科学展覧会」●富士川游の資料を中心に展示。妖怪についてもかなり資料展示をしている。武蔵野女子学院で開催。
文小泉八雲『小泉八雲全集』第一書房（～1928年）
文田中貢太郎『支那小説 蛇精』
文瞿佑（著）田中貢太郎（訳）『剪灯新話』
映東亜キネマ『強狸羅』●外題は「ゴリラ」とよむ。おらんだ秘術を得てゴリラに変ずる武士が仇討ちをする筋書らしい。
映日活『渋川伴五郎』●尾上松之助が演じた作品で、伴五郎は柔術の達人。妖怪退治の部分がある。

1927●昭和2年

■『怪談名作集』●日本名著全集10。国文学者の山口剛が編集・解題を担当。瓢水子『伽婢子』浅井了意『狗張子』林道春『怪談全書』近路行者『英草紙』近路行者『繁野話』上田秋成『雨月物語』伊丹椿園『今古小説唐錦』近路行者『莠句冊』草官散人『垣根草』建部綾足『漫遊記』のほか、『百鬼夜行絵巻』（伝土佐経隆）も折りたたみ形式で図版掲載されている。

■藤澤衛彦『変態見世物史』

■磯清『民俗怪異篇』

■岡田建文『動物界霊異誌』

■笠井新也『阿波の狸の話』（→2009年　中公文庫）

■雑賀貞次郎『牟婁口碑集』●南方熊楠とのやりとりで編まれた。伝説・故事のほか、死神の話などの世間話や俗信も。（→1975年『日本民俗誌大系』4）

■中野國八「日本妖怪研究」、「妖怪百態」（『講談雑誌』7月号）●妖怪特集記事。江馬務（『日本妖怪変化史』1923年）からの味付けが濃いことが記事から知れる。

■村上計二郎『心霊研究幽霊の実在と冥土通信』●妖怪の紹介例示に江馬務の影響が濃い。

■寺田寅彦「怪異考」（→1947年　岩波文庫『寺田寅彦随筆集』2、→2012年　中公文庫『怪異考／化物の進化 寺田寅彦随筆選集』）

■『風俗研究』87号「妖怪変化号」●江馬務による特集。この号での文章も『日本妖怪変化史』文庫化の際に収録されている。

▼故実研究会が本格的に独立・開催されるようになる。主宰は吉川観方。画家、図案家、人形師、有職研究家、呉服店・百貨店の店員などがおもな参加者となっていった。

■「幽霊と怪談の座談会」（『主婦之友』8月号）●柳田國男、里見弴、橋田邦彦、小村雪岱、長谷川時雨、平岡権八郎、小林一三、泉鏡花。（→2009年 東雅夫『文豪怪談傑作選・鏡花百物語集』）

文 芥川龍之介『河童』

文 田中貢太郎『怪談傑作集』

文 田中貢太郎『怪談青灯集』

漫 佐藤みどり『天狗飛助漫遊記』

映 松竹『髑髏の踊り』●落語「野ざらし」の趣向を用いた喜劇。

映 東亜キネマ『怪魔鬼行』

1928●昭和3年

■富士川游『信仰と迷信』●富士川游は医書研究で知られる。本書にも医書にみられる東西の疫鬼の紹介などがある。

文 田中貢太郎『怪談全集 歴史篇、現代篇』

文田中貢太郎『怪奇物語』

1929●昭和4年 ▼山内重昭、粕三平 生れる

■『猟奇画報』●創刊。藤澤衛彦の編集による雑誌。版本や錦絵を用いた妖怪の紹介記事や口絵も多い。1930年まで刊行。数度当局から発売禁止の措置。

■『妖怪画談全集』●予約出版だったが未完で終了、全10巻のうち4冊のみ発行された。日本篇（上・下）は藤澤衛彦、ドイツロシア篇はアレキサンダー・ワノフスキー、支那篇は過耀艮が執筆。図版は藤澤衛彦所蔵原本・画集から採られている。

■「国際妖怪座談会」（『中央公論』8月号）●『妖怪画談全集』の発売予告にあわせた企画とみられる。編集部からは雨宮庸蔵が参加、藤澤衛彦の他スパルヴィンやワノフスキーをはじめとした海外論客5名が参加。彼らも執筆者となる予定であった。

■『アトリエ』8月号・特集「怪奇画号」●東洋・西洋の絵画を掲載。梅澤和軒「支那画の怪異」、織田一磨「浮世絵末期に現れた怪奇」などのほか、「怪奇芸術座談会」では岡本一平・藤澤衛彦・大隅為三・太田三郎が出席。編集後記によると鏑木清方・石井柏亭・柳田國男も参加予定だったらしい。

■折口信夫「壱岐島民間伝承採訪記」●『民俗学』で1929～1930年に7回連載。様々な神様や、怪火「うんめ」は「うぶめ」と考察する記述もあり。（↓1975年『日本民俗誌大系』2）

■島袋源七『山原の土俗』●妖怪談に、ユーリー（幽霊）、ヤナムン、マジムン、シチマジムン、キジムナー、遺念火、竈の精などの他、「イチジャマ」という呪詛して病を起こさしめる人の話や魂（マブイ）、化け猫、斑蛇（アカマター）の俗信など。（↓1974年『日本民俗誌大系』1）

■内田邦彦『津軽口碑集』●たたりもっけ、もる火など怨念の話、人魚は泳ぎの好きな人のなれの果て、雪女は巳の子ともいう、子脅しに「たんころりんが来るぞ」ということがある、など様々な記述あり。（↓1974年『日本民俗誌大系』9）

■寺田寅彦「化物の進化」（↓1947年 岩波文庫『寺田寅彦随筆集』2、↓2012年 中公文庫『怪異考／化物の進化 寺田寅彦随筆選集』）

■『芳賀郡土俗研究』創刊。●高橋勝利が中心となった栃木県での研究雑誌。各地の研究同人たちからの投稿も多い。（↓1992年 高橋勝利『南方熊楠「芳賀郡土俗研究」』）

■酒井潔『愛の魔術』

■国民新聞社会部『不老長生回春秘談』

文泉鏡花『山海評判記』

映松竹『妖魔奇譚』●オスカー・ワイルド『ドリアン・グレイの肖像』の翻案作品。

1930●昭和5年 ▼北川幸比古　生れる

■土橋里木『甲斐昔話集』●がに坊主（蟹坊主）など。吸血蛇など変わった話も。（→1975年『日本民俗誌大系』6）

■早川幸太郎『花祭』

■「宗教伝説座談会」（『宇宙』7月号）●藤澤衛彦・武田豊四郎など。藤澤衛彦は雪女のはなしなどもしている。

■尾崎久弥『怪奇草双紙画譜』●合巻にある殺し場・責め場、あるいは妖怪や幽霊の絵をあつめた本。検閲による販売禁止の危虞から未収録の図が生じた。（→2001年『大江戸怪奇画帖』、完全収録のかたちで復刻）

■『講談雑誌』吉例7月増刊「世界新軟派奇聞集」●「妖怪画譜」という企画で紙面各処に鳥山石燕・竹原春泉斎・鍋田玉英の絵を掲載。キャプションが完全な同文であることから『妖怪画談全集』からの転載とみられる。

映松竹『石川五右衛門の法事』

1931●昭和6年

■澤田四郎作『大和昔譚』

■神田左京『不知火 人魂 狐火』

■折口信夫「春来る鬼」（『旅と伝説』4巻1号）

▼「日本伝説おばけ大会」●両国国技館で行われた展示。乃村泰資が展示を製作。藤澤衛彦の日本伝説協会が協力。後援・読売新聞社。戦後にも「江戸伝説納涼大会」として東京都福祉事業協会・東京都社会福祉協議会の主催、朝日新聞社・大日本相撲協会の後援で国技館では藤澤衛彦協力の展示は見られる。

▼「風俗参考資料特別展観」●京都市長・土岐嘉平の公舎でおこなわれた吉川観方の所蔵品展示会。妖怪絵の資料（佐脇嵩之「妖怪図巻」、鳥居清信「金時と妖怪」、森徹山「小町亡霊図」）も肉筆絵のなかの「妖怪に関する」作品として、『絵画に見えたる妖怪』たちと共に展示された。

■『世界怪談叢書』●独逸篇（小松太郎・菅藤高徳）英米篇（大関花子）仏蘭西篇（青柳瑞穂）の翻訳で小説類が題材。ビアダルせんせいと愛称されていた菅藤高徳は藤澤衛彦と同時期に明治大学で教鞭をとっているが関係性が高かったかは未詳。

■酒井潔『降霊魔術』

■平凡社『大百科事典』●新装普及版は1936～1939年にかけ発売。執筆に井箆節三（社会思想）宇野圓空（宗教）梅津次郎（日本美術）折口信夫（国文学、民俗）金城朝永（風俗）喜田貞吉（日本史）後藤朝太郎（支那風俗）笹川臨風（江戸文学）中村古峡（変態心理）中山太郎（民俗）畑耕一（演劇）日夏耿之介（英文学）藤澤衛彦（社会風俗）三田村鳶魚（風俗）柳田國男（民

俗学）山口剛（江戸文学）などの参加も見られる。編纂顧問には伊東忠太も名を列ねている。「あずきあらい」や「ゆきおんな」などの妖怪の項目は藤澤衛彦の執筆（小豆洗などは春泉斎を図版として載せてもいる）である。魚類研究者・末広恭雄は「うみぼうずっているんですか？」という読者の質問に対し開口一番「平凡社の百科大辞典をみますとこんな絵があります……」と、藤澤衛彦解説と紹介図版（国芳の桑名屋徳三の絵）を例に示す（『魚の質問帖』）など、ここで紹介された妖怪情報は昭和40年代ころまで家庭や図書館を通じて一般に百科事典的に使用されたり、読まれたりしていた。

漫宮尾しげを『漫画のお祭』●中編・短編をまとめた単行本。『コロコロ三郎』には天狗、もぐら、河童、鬼、狒狒なども登場。『ヨワイサムラヒ』には狸が登場。

1932●昭和7年 ▼斎藤守弘 生れる

▼吉川観方、故実研究会の陳列会で妖怪絵の資料を展示。

■浜田隆一『天草島民俗誌』●熊本県。「油ずまし」や「金ン主」が報告された。（→1975年『日本民俗誌大系』2）

童千葉省三『おばけばなし』●収録作「おばけばなし」は、佐々木喜善の収集民話に影響受けたという作者が「さむがり小僧」「たけのこ坊主」「トンタン鳥」「あとおし小僧」「ひょうげ猿」というお化けを書いた童話。

■尾崎久弥『草双紙選』●改造文庫。「合巻類と諸動物」で絵草紙での妖怪について解説。

■栗原清一『日本古文献の精神病学的考察』●扉には題に添えて「栗原随筆　その一」とある。

映河合映画『強狸羅』●1926年（東亜キネマ）の映画の趣向を採り入れたものと見られる。

1933●昭和8年

■木村徳一郎「王朝時代の怪異について」（『風俗研究』153号）●以後、154、157、159、162、163、167、169、170、174、179、181、192、196、204号（1933～1937年）に不定期分載。木村徳一郎は途中で亡くなっており未完。最後の数回は遺稿分を掲載。

■今井啓一「夜と怪異 百鬼夜行と丑時詣」（『風俗研究』160号）

■栗原清一『古文献に拠る日本に於ける精神病の特質及標型の樹立』●狐狸や犬神、天狗、河童などについて、各項目に「参考」として随筆など古文献の本文を引用。「結論」での妖怪名の羅列は藤澤衛彦のものをそのまま引いている。

■中道朔『遠江積志村民俗誌』●静岡県。ごうりん火が載る（→1974年『日本民俗誌大系』5）

文太宰治『魚服記』

映 P.C.L.映画製作所『動絵狐狸達引』●アニメーション作品。

1934年●昭和9年

■柳田國男『一目小僧その他』

▼吉川観方、故実研究会の陳列会で肉筆・木版画・妖怪絵の資料を展示。

■『科学画報』11月号・特集「妖怪変化の科学的解剖」●森田正馬「霊魂はあるかないか」、神田左京「鬼火・狐火・不知火の正体」、藤澤衛彦「狐狸は化け得るか」など。「心霊現象問題に就き森田先生に物を訊くの会」も掲載。

■静岡県女子師範学校郷土研究会『静岡県伝説昔話集』●学生たちの報告に拠っている。郷土研究の流れのなかで、本書のように学校主導で資料をつくりあげた人々の積み重ねの多くも伝承の研究の歴史では重要である。(→1975年 長倉書店、→1994年羽衣出版からそれぞれ復刻)

■山口麻太郎『壱岐島民俗誌』●ミコシ入道、ヌリ棒、首キレ馬など。(→1975年『日本民俗誌大系』2)

■折口信夫「座敷小僧の話」(『旅と伝説』7巻1号)●静岡県の座敷坊主。

■寺田寅彦「小泉八雲秘稿画本『妖魔詩話』」●作品の感想。

■武藤鉄城『角館地方の民信』●民信は俗信と同義。

1935年●昭和10年

■『民間伝承』(民間伝承の会)創刊

■佐藤清明『現行全国妖怪辞典』●方言調査の一環として編まれたもの。

■江馬務「呪咀ものがたり」(『風俗研究』185号)

■藤澤衛彦『伝説と風俗』

■武藤鉄城『羽後角館地方に於ける鳥虫草木の民俗学的資料』●アチックミューゼアム彙報3

映 J.O.『かぐや姫』●作曲・宮城道雄、美術・松岡映丘、撮影・円谷英二。封切直後には『風俗研究』187号でも話題となっており、ひなづ磨「J.O.のかぐや姫」、江馬務・黒津健「映画かぐや姫の結婚の風俗を評す」などの記事が見られる。その後は、ながらく失われていたが、2015年にイギリスで海外放映用フィルム(短縮版)が確認された。

1936年●昭和11年

▼大伴昌司 生れる

■岡田建文『霊怪真話』

■知里真志保『アイヌ民俗研究資料 第1 説話』アチックミューゼアム彙報8

1937●昭和12年

■埼玉県立川越高等女学校校友会郷土研究室『川越地方郷土研究』●1938年までに4冊が作られた。伝説や昔話、俗信などが豊富に収録。袖引き小僧なども本書の報告に拠る。

■雑誌『南越民俗』創刊●ミノムシやビシャガック、柴田勝家の亡霊（クビナシウマの項目の福井の箇所）など「妖怪名彙」に採用された事例が掲載。

■楢木範行『日向馬関田の伝承』●父である茂吉からの聞き取り調査。「妖怪・不思議」で事例が載っている。

■知里真志保『アイヌ民俗研究資料　第2　謎・口遊び・唄』アチックミューゼアム彙報17

映極東キネマ『奥州安達ヶ原』前編（→11月5日、後編）

1938●昭和13年

■「妖怪名彙」が『民間伝承』誌上に翌年3月号まで6回にわたって掲載される。これが柳田國男『妖怪談義』に後に収録された。

▼吉川観方、故実研究会の陳列会で妖怪絵の資料を展示。

■日野九思『迷信の解剖』●九思は出身地（愛媛県）などから日野寿一のことであるとみられる。

文田中貢太郎『新怪談集 実話篇、物語篇』

映新興キネマ『怪猫五十三次』

1939●昭和14年

▼佐藤有文　生れる
▼岡本綺堂、泉鏡花　死去

▼吉川観方、故実研究会の陳列会で妖怪絵の資料を展示。

■今野岳艸「峨々山温泉聞書」（『さゝなみ』1～2号）●『さゝなみ』は大学生だった今野圓輔たちによる国文学・民俗学の同人誌。岳艸は今野圓輔の雅号。故郷（福島県八幡村）の民俗聞書も1号から同時連載しているが、そちらでは端山羊三という別名も初期に使用。池田弥三郎も先輩として合評会などに参加していた。「折口信夫著作目録」も制作している。おもな同人は奥野秦雄、黒住文雄、飯泉六郎、塚崎進、武田明など。

■友清歓真『幽冥界研究資料』1

映極東キネマ『河童大合戦』●現存フィルムは約5分間。何点か残る写真などは極東キネマ作品をまとめた赤井祐男・円尾敏郎『チャンバラ王国 極東』（1998年）に収録。

▼このころ、東京で「赤マント」のうわさ。

1940●昭和15年

▼橘正一　死去

■高谷重夫『祖谷山村の民俗』（『ひだびと』8～11号）●「妖怪名彙その他」として、オギャアナキ、ノズチ、ノガマ、シバテング、クビキリウマ、ヤマジョロ、ヒカギリ、フルソマ、スイカズラなど多数。（↓1976年『日本民俗誌大系』10）

■武藤鉄城『秋田郡邑魚譚』アチックミューゼアム彙報45

映東宝『孫悟空』（前編、後編）

1941●昭和16年

▼南方熊楠、田中貢太郎　死去

▼柳田國男、第12回朝日文化賞を受ける。民俗学の普及の功が授賞理由。受賞記念民俗学講演会なども行われた。●この年の11月からの講演旅行に今野圓輔が随行。『柳田國男随行記』（1983年）にその様子は逐一詳細にメモライズされている。

▼日野巌、クアラルンプール博物館長およびインドシナ農林大学長に任ぜられる。

1943●昭和18年

■宮西通可『不知火の研究』

■武藤鉄城『自然と伝承 鳥の巻』

1945●昭和20年

▼岡田建文　死去？

▼10月、幣原内閣で渋沢敬三、大蔵大臣となる。

1947●昭和22年

■「座談会　妖怪変化と迷信を解く」（『科学の友』11月号）●小熊虎之助、藤澤衛彦など。藤澤衛彦の所蔵資料を図版使用。

■藤澤衛彦「桃の花と伝説」（『美貌』3月号）

▼民俗学研究所が柳田國男の自宅書斎に設置される。アメリカ軍からの邸宅接収を防ぐための措置でもあり、牧田茂・今野圓輔らが文部省などと折衝し、財団法人化の認可も得た。

1948●昭和23年

▼柳田國男の72歳の祝賀の席で折口信夫脚本の『黒子万歳』が余興として行われた。●牧田茂・今野圓輔の二人が演じた。（『折口信夫全集（ノート編）』6に台本が掲載）

■石田英一郎『河童駒引考』（↓1950年　英語版、↓1966年　新版）

■『社会と学校』12月号・特集「宗教と教育」●今野圓輔「迷信をいかに考うべきか」、大藤時彦「前代心理としての禁忌」、岸本英夫「学校教育と宗教をめぐる問題」など。

1949●昭和24年

■今野圓輔「妖怪・幽霊問答　二題」（『民間伝承』13巻6号）●NHKラジオで前年7月26日に放送されたインタビュー「お化けの正体」と、女性民俗の会での座談会「妖怪・幽霊研究以前」を収録。

■迷信調査協議会『迷信の実態』日本の俗信1●文部省に設け

られた迷信調査協議会の報告書。今野圓輔や日野寿一・岸本英夫・古畑正秋・笠松章はじめ各専門家が参加。

■今野圓輔・古畑正秋・笠松章・叶沢清介『雷になった神主』迷信教室1●迷信調査協議会による小中学生を読者想定した単行本。予告があるが以後の巻が続刊されたかは不明。

■宮本常一『越前石徹白民俗誌』●ミズガエリの子（7歳までに死んだ子）、ゴボウダネ、クダ、ガキ、ヒダルなどの憑物。（→1974年『日本民俗誌大系』7）

■Siegbert Hummel『Das Gespenstige in der Japanischen kunst (BAKEMONO)』●『Japanisches Gespensterbuch』などを受けて書かれたもの、同書から図版も引用している。

映松竹『踊る龍宮城』●美空ひばりがデビュー曲『河童ブギウギ』を劇中で歌唱。河童の親分として九千坊が登場する。

1950●昭和25年

■『科学知識』3月号・特集「それは迷信だ」●今野圓輔「現代人と占」、石垣純二「病気と迷信」、小熊虎之助「心霊現象の真偽」、平山蘆江「花柳界の迷信」など。

■関野準一郎『幽霊の書』●著者は版画家。自摺の創作木版本。吉川観方や尾崎久弥の本などが参考になっている。

芸『稲生武太夫 八百八狸』●富士屋書店の長編講談。南蛮国から飛来したサトリという怪鳥を稲生平太郎が退治する挿話も入っているパターンがこの時点でも確認出来る。

1951●昭和26年

■今野圓輔『檜枝岐民俗誌』●見越しの入道、片目の爺、トウカ火、尾瀬沼の赤牛の主、膝に眼のある化けもの、オボの怪など（→1974年『日本民俗誌大系』9）

■桜田勝徳『三野徳山村民俗誌』●岐阜県。カワエロの詫び証文や、囲炉裏の金輪を叩くとカイナンボウ（人の持たないものをくれと言ってせびるもの）が出るなど。（→1974年『日本民俗誌大系』5）

■大間知篤三『常陸高岡村民俗誌』●禁忌と神罰として、白毛の狐を殺して精神病になった人やタブーを犯して死んだ人の話などが載る。また、妖怪変異として、山ンバが木を伐る音、蒟蒻玉が光を発して飛ぶこと（『妖怪名彙』のトビモノの出典）なども。（→1975年『日本民俗誌大系』8）

■大間知篤三『八丈島』●「てっち」などを紹介。

■合田正良『伊予路の伝説 狸の巻』

■「風流妖怪納涼大放談会」（『夫婦生活』8月号）●月の家円鏡や玉川良一、竹内理一などの座談会。妖怪と銘打ちつつ九分九厘は幽霊だが、渡辺啓助が群馬県渋川の「今でも坂」のはなしをしている。

漫 清水崑『かっぱ川太郎』●『小学生朝日新聞』で連載。

漫 ツヅキ敏三『かっぱ河次郎』●河童が主人公の漫画。

1952●昭和27年

■迷信調査協議会『俗信と迷信』日本の俗信2●今野圓輔と日野寿一が暴走する座談会「迷信をどう考えるか」も掲載。

■『少年』7月号「おばけや幽霊は本当にいるか？」●読者の児童と江戸川乱歩・藤澤衛彦とのお話会。

■佐藤垢石『河童閑游』

■佐藤垢石『狸のへそ』

1953●昭和28年

漫 清水崑『かっぱ天国』●『週刊朝日』で連載開始。

1954●昭和29年 ▼伊東忠太 死去

■日野寿一「暦と迷信」（『中学時代』6月号）

■須川邦彦『海の信仰』上●下巻は1956年に発行。

■麦野一兵「お化けの歴史」（『人物往来』8月号）

映 東映『新諸国物語 笛吹童子』●原作・北村寿夫。

映 大映『阿波おどり狸合戦』

映『かっぱ川太郎』●連続テレビ漫画。清水崑がテレビサイズに描いた漫画をそのまま順番に映したNHKの1分間の番組で、1956年までほぼ毎日放送。（高橋浩一郎「テレビアニメの源流を探る〜連続テレビ漫画「かっぱ川太郎」〜」『放送研究と調査』2018年）

1955●昭和30年

■民俗学研究所『綜合日本民俗語彙』●全5巻。妖怪・霊怪・憑物の多くも項目として収載。

■迷信調査協議会『生活習慣と迷信』日本の俗信3

■日野寿一「十二支と迷信」（『中学時代』2月号）

■藤澤衛彦『日本民族伝説全集』（〜1956年）

■武田明『祖谷山民俗誌』●（→1974年『日本民俗誌大系』3）

■佐藤垢石『うかれ河童』

1956●昭和31年

■柳田國男『妖怪談義』●これまでに書かれた妖怪関係の文をまとめたもの。「妖怪名彙」もここで収録され広く読まれた。

■武田静澄『河童・天狗・妖怪』●武田静澄は当時、民俗学研究所に勤めており伝説などの本が多いのはその関係である。

■今野圓輔『馬娘婚姻譚』●民俗民芸双書7

■『人物往来』・特集「日本怪奇史」●江馬務「日本妖怪変化史」、今野圓輔「怪談は生きている」など。ほかの記事の多くは実録もの・講談種が色濃い。

映東映『水戸黄門漫遊記 怪力類人猿』●シリーズ第7作。南蛮渡来のゴリラが登場。同年に、怪猫乱舞(8)、人喰い狒々(9)も。

1957●昭和32年

■今野圓輔『怪談 民俗学の立場から』

■本郷寿茂「海の怪奇・現代版」(『文芸春秋』9月号)

■『現代読本』3月号「妖怪変化実録史」

■小島徳治『土佐奇談実話集』●伝説や奇談のみではなく、土佐出身者の話題もあり、首相官邸の幽霊のはなしも載る。

文火野葦平『河童曼陀羅』

映新東宝『怪談かさねが渕』●監督・中川信夫

1958●昭和33年

■今野圓輔『日本人の生活全集』5日本人の習俗・迷信●月報には民俗採集された妖怪の呼び名を示した表の一部を掲載。『日本人の生活全集』(1956〜1958)は今野圓輔・塚崎進・飯泉六郎(折口信夫門下の同級生)が主動となって編集した、写真掲載にも重点をおいた一般向け民俗叢書。渋沢敬三の支援に拠るところが大きい。1・塚崎進「日本人の食事」2・飯泉六郎「日本人の服装」3・塚崎進「日本人のすまい」4・飯泉六郎「日本人の交際・礼儀」5・今野圓輔「日本人の習俗・迷信」6・牧田茂「日本人の一生」7・池田弥三郎「日本人の芸能」8・和歌森太郎「日本人の祭礼」9・宮本常一「日本の子供たち」10・池田弥三郎、江馬三枝子「日本の女性」

■『美術手帖』8月号・特集「不滅の主題3・ばけもの」

映東映『白蛇伝』

1959●昭和34年

■藤澤衛彦『図説日本民俗学全集』(〜1961年)

■池田弥三郎『日本の幽霊』

■石塚尊俊『日本の憑きもの 俗信は今も生きている』(→1999年復刻版)

■今野圓輔「お母さん講座 お化けの科学」(『サンデー毎日』8月特別号)

■『言語生活』7月号・特集「怪談」●今野圓輔・重友毅・富倉徳次郎「座談会・日本の怪談」、井之口章次「お化けの地方色」など。また「お化けの方言調査」という記事も。

■講座日本風俗史 別巻7『妖異風俗』●藤澤衛彦・今野圓輔

などが執筆。掲載資料には紫水文庫に所蔵されていたと推定される肉筆本の一部（ぬっぺっほう、油なめ、大禿など）があるが本文と無関係に挿しこまれており当時での詳細も不明。

■『伝説と奇談』●日本文化出版社と山田書院との版が存在し少しずつ内容が異なる。分冊形式で販売されており、表紙や口絵に錦絵を多用しているほか、挿絵に伊藤晴雨や木俣清史などを起用している。何度も新装再販されており、1980年代末には『日本の伝説』という題で口絵写真多数を含む大型本バージョンもあるが発行年記載が無い。

▼『週刊少年マガジン』（講談社）『週刊少年サンデー』（小学館）創刊。漫画雑誌の週刊誌時代始まる。

映新東宝『東海道四谷怪談』●監督・中川信夫

1960●昭和35年

■小野秀雄『かわら版物語』●かわら版の研究書。「件」や「アマビエ」も、ここで紹介されたことで広く知られた。（→1967年、→1970年、→1988年に新装再刊）

■『サンデー毎日』9月特別号・特集「夏の夜ばなし」●ふるさとの夜ばなしとして各地の伝説など。巻頭「おばけただいま会議中」では全生庵の幽霊の絵を特集。今野圓輔「おまじない秘伝書」、松本昭「ミイラになりたい」など。

■『大法輪』11月号・特集「現代の不思議」●高峰博「夢の神秘性」、飯沢匡「円盤信者の憧れ」、長田幹彦「叩鉦の怪」、松井翠声「呪術・魔術・幻術の不思議」、宮沢虎雄「神かくしの不思議」、今野圓輔「霊魂の復帰」など。

■衣笠桃雄「《日本の秘境》猫魔ヶ岳に現われた半獣人」（『別冊実話特報』25）●ゴリラのたたりで磐梯山が噴火し、五色沼が出来たというはなしを載せている。同誌は秘境・奇談・妖怪などを広く扱っている。

漫『妖奇伝』●水木しげるが『墓場鬼太郎』シリーズ開始。1961年の『鬼太郎夜話（2）地獄の散歩道』では、柳田國男「妖怪名彙」（『妖怪談義』1956年）が引かれる。

映大映『大江山酒天童子』

1961●昭和36年

■今野圓輔『現代の迷信』●第4部「迷信論」は9刷（1975年）から未掲載。

■柴田宵曲『随筆辞典』4・奇談異聞編●1・衣食住編も柴田宵曲が担当。（→2008年　ちくま学芸文庫『奇談異聞辞典』）

■知里真志保『えぞおばけ列伝』

映東映『怪獣蛇九魔の猛襲』

映東映『安寿と厨子王丸』●土蜘蛛も採り入れられている。

1962●昭和37年　▼柳田國男　死去

■『少年』増刊「スリラーブック」●「日本の怪談地図」掲載。

■蓮本修『日本怪奇名作集』(『小学六年生』11月号付録)●菊花のちぎり、白菊物語、牡丹灯篭、耳なし芳一、大森彦七、くずの葉を抄録・解説。見返しには妖怪と幽霊の分類、日本の代表的妖怪を挙げている。

▼現代と直接に地つづきの関係にある《妖怪》が単行本や記事に登場しはじめるのがこの1960年代中葉だが、その存在の多くは幕張本郷猛『世界の恐怖ショッカー 妖怪編』(2011年)で豊富に紹介されるまで正確に把握されていなかった。

■Ornella Volta『Le Vampire』●吸血鬼について図版豊富に解説。佐藤有文による吸血鬼紹介資料の核のひとつ。

1963●昭和38年

■柴田宵曲『妖異博物館』(→2005年　ちくま文庫)

▼小田急百貨店(東京新宿)『科学と霊魂の間展』●主催は「科学と霊魂の間研究会」で壬生照順・丸子亘・望月一靖など15名の委員会によって企画運営され、藤澤衛彦もパンフレット制作(表紙は石燕の煙々羅の絵)や展示趣旨や霊魂についての文章を執筆するなど参加している。

■斎藤守弘「ふしぎだがほんとうだ」●『少年』(光文社)にて連載開始。

■北川幸比古「スリラー・ブック」●『少年』付録。

▼『少女フレンド』(講談社)『マーガレット』(集英社)創刊。『マーガレット』には創刊号から怪奇記事あり。

映東映『わんぱく王子の大蛇退治』●「あくる」を魚としているなど、藤澤衛彦『図説日本民俗学全集』が資料に用いられた形跡がみてとれる。

1964●昭和39年

■『少年』●北川幸比古の単行本の元となる記事「幽霊の足あと」、「のろいの首」、「化けねこはいた!」、「怪談姫路城」、「幽霊武者が通る!」などが掲載されている。

■北川幸比古『スリラー・ブック』●少年文庫23

■『大法輪』6月号・特集「妖異と不思議の世界」●柴田宵曲「魂」をもつ人形たち」、斎藤守弘「科学の未知の世界」など。関係なく今野圓輔「縁日いま・むかし」も掲載。

■辻惟雄「化物づくし」(『美術手帖』8月号)●狩野家の系統の妖怪絵巻の牛鬼が紹介された最初期のもの。水木しげるの牛鬼もこれに拠っている。

■『文藝春秋漫画読本』8月号・特集「怪談でいこう」●「妖

怪変化の身元調査」や、口絵では歌麿（2世喜多川歌麿？）の百鬼絵巻も部分掲載。したくち、馬鹿、べっかこう、かすくらい（黄粉坊の先行同体異名）など。

■『不思議な雑誌』11月号「世界の怪異一〇〇の不思議」

■Maurice Bessy『A pictorical history of Magic and The Super Natural』●魔術、悪魔、妖怪などの図版、写真を主体に掲載。佐藤有文・水木しげるから大いに参考されている。このような立ち位置の洋書はまだまだ多大にある。なかには東洋や日本の図版や情報が洋書由来の場合もあり注意が必要である。

■Howard Daniel『Devils, Monsters, and Nightmares』●魔神・悪魔・妖怪・怪奇な洋の東西の絵画を多数収録。佐藤有文は『世界妖怪図鑑』（1973年）をはじめ解説や図版の参考資料として本書を用いている。

■澁澤龍彦『夢の宇宙誌』

■富田狸通『たぬきざんまい』

■綿谷雪『言語遊戯の系譜』

映『現代の映像「犬神」』●NHK総合、8月23日放送。『現代の映像』はドキュメンタリー番組。

1965●昭和40年

■今野圓輔『日本迷信集』（→2021年　河出文庫）

■北川幸比古「世界の幽霊おばけ100選」（『少年ブック』8月号）●幕張本郷猛の研究によると現状の「バックベアード」の初出と見られる。

■北川幸比古「日本伝説めぐり」●『少年』連載。

■北川幸比古「日本の伝説」●『週刊少年サンデー』連載。

■『別冊少女フレンド』●1965年夏号に「これはびっくり世界のゆうれい」（文・佐伯誠一）が掲載されたが、1965年秋号「世界のお化けコンクール」から執筆者は斎藤守弘に交代。以後翌年末まで妖怪図鑑的な記事がほぼ毎号続いた。この秋号以後の記事では、後続の妖怪図鑑に用いられている多数の妖怪が生まれており、重要な記事である。

■『別冊マーガレット』にて山内重昭の怪奇記事掲載。

■武田武彦「ろうそくの消える時」（『りぼん』）●連載開始。武田武彦は集英社の少女雑誌に1972年まで妖怪ものを含む記事を各種執筆。

■平井芳夫「ゾッとする話」●『週刊少年キング』連載。

■斎藤守弘『ふしぎだがほんとうだ』●少年文庫31

■北川幸比古●『怪談』少年文庫33

■山田野理夫『アルプスの民話』●日本アルプス各地の伝説や昔話をあつめたもの。

■山田野理夫『日本の怪談 その愛と死』

■山田野理夫『海と湖の民話』

■藤澤衛彦「日本妖怪画のルネッサンス」（『美術手帖』8月号）●鳥山石燕についてが中心。芥川龍之介とのエピソードを記す。

■座談会「天狗を語る」（『心霊研究』9月号）●田中千代松、知切光歳、宇佐美景堂、松井桂陰、弭間俊教などが参加。

■松井桂陰『神の実在と仙人の神秘』●杉山僧正や国安普明などをはじめ天狗や仙界について収録。

■澤田瑞穂『燕趙夜話』●中国で採集した伝承をまとめたもの。

漫水木しげる『墓場の鬼太郎』●『週刊少年マガジン』で連載開始。

1966●昭和41年 ▼柴田宵曲 死去

■吉川観方『妖怪』●観方の妖怪絵の資料が九州・四国・中国地方で巡回展示されるにあたってあらたに編まれた妖怪絵の解説のための本。（詳しい開催巡路は未詳。時代衣裳などの巡回展示などの会場から推測すると会場は各地の百貨店などかと見られる）

■水木しげる「日本の大妖怪」（『週刊少年マガジン』3月20日号）

■水木しげる「世界の大妖怪」（『週刊少年マガジン』5月1日号）

■「あなたのそばにいる日本の妖怪特集」（『別冊少女フレンド』11月号）●斎藤守弘による記事。幕張本郷猛の研究（『世界の恐怖ショッカー 妖怪編』2011年）によると「がしゃどくろ」や「はたおんりょう」など多くの図鑑解説の初出と見られる。

■中尾明「こわいお話シリーズ」●『なかよし』にて連載。

■斎藤守弘『日本のおばけ世界のおばけ』●『ぼくら』3月号付録。

■水木しげる「ふしぎなふしぎな話」●『週刊少年サンデー』での画報記事の連載。1966年6月〜1967年3月。水木しげるの絵と文による妖怪の紹介型式の原型のひとつ。（→2014年『水木しげる漫画大全集』別巻2 初期妖怪画報集）

■斎藤守弘・大伴昌司「世界の魔神」（『週刊少年サンデー』11月20日号）●カボ・マンダラット、ピクラス、アシャンティなどが紹介され水木しげるの描く世界妖怪への影響が大きい。映画『大魔神』（1966年・大映）の予告もされている。

▼『女学生の友』、3月号より海外怪奇小説の連載開始。ジェイコブズ、サキ、ブロック、ダンセイニ、バンクスなどの作品を紹介。

▼国立近代美術館「現代の眼 東洋の幻想」●東洋の古今の作品を展示した展覧会。「怪奇 Demoniac Mystery」という部門で俵屋宗達、葛飾北斎、歌川国芳、川端龍子、小川芋銭などの絵もあつかわれていた。『百鬼夜行絵巻』も、土佐光信のものと、明の時代の丁雲鵬のものとが展示されていた。

■『美術手帖』4月号増刊・イラストレーション●いろいろな図版を掲載。神仏・妖怪・魔法なども主題として多数掲載。
■近藤喜博『日本の鬼』
■桜井徳太郎『民間信仰』●「ノツゴ」などの妖怪研究の書でもある。（→2020年　ちくま学芸文庫）
映東映『怪竜大決戦』●児雷也もの。綱手の術が蛞蝓・蜘蛛。
映東映『悪魔くん』（10月6日〜1967年3月30日）
▼この頃に水木しげる・つげ義春のふたり、藤澤衛彦の自宅で妖怪について談話をする。（つげ義春「妖怪博士を訪ねた頃」『妖怪 水木しげる画集』2019年）

1967●昭和42年 ▼藤澤衛彦　死去

■池田弥三郎『空想動物園』
■宮尾しげを『日本の戯画』●『土蜘蛛草紙』や『百鬼夜行絵巻』、与謝蕪村の妖怪絵巻などを戯画の方面から紹介している。
■田中初夫『画図百鬼夜行』●『今昔百鬼拾遺』までの鳥山石燕の図版と翻刻を収録。
■『妖怪怪獣大行進』●『少年ブック』8月号付録。バックベアードが紹介されており（北川の記事を参考にしたと思われる）、筆者の記名はないが、数ページ前の妖怪紹介記事のクレジットは文・石川高明となっている。
■長尾唯一『世界スリラー画報』
■大伴昌司・水木しげる「悪魔と妖怪のひみつ50」
■水木しげる「墓場の鬼太郎　大妖怪ショッキング画報」
■中岡俊哉『中国の怪談』
■石上堅『火の伝説』●著者あとがきによると山田野理夫が編集（宝文館出版）として関わっていることがわかる。
■マルセル・ブリヨン（著）坂崎乙郎（訳）『幻想芸術』
■澁澤龍彦『幻想の画廊から』
文綿谷雪『絵入川柳妖異譚』●近世風俗研究会から刊行。江戸期の妖怪にまつわる川柳を、浮世絵や草双紙の挿絵と共に紹介。続巻に『続絵入川柳妖異譚』（1969年）もある。（→2005年　三樹書房）
童藤澤衛彦（編）松谷みよ子・那須田稔（著）「おとぎばなし」●盛光社から発売された全10巻の絵本。各巻の昔話の解説は益田勝実が手掛けているが、図版資料は藤澤衛彦の所有していた絵巻や版本を用いている。

1968●昭和43年

■『週刊読売』7月26日号・特別企画「オバケ大行進」
■『伝統と現代』9月号・特集「妖怪」
■中岡俊哉『世界の魔術妖術』●世界怪奇スリラー全集。
■大伴昌司『世界妖怪大事典』●『少年画報』1月号付録。

■大伴昌司「日本の怪異 大妖怪」（『週刊少年マガジン』6月16日号）

■大伴昌司「日本妖怪地図」●『少年ブック』8月号付録。

■大伴昌司『世界モンスター大百科』●『ぼくら』9月号付録。のちに水木しげる『妖怪なんでも入門』（1974年）にも載る「妖怪世界地図」掲載。

■北川幸比古「日本怪奇探検ルポ」●『週刊少年キング』で連載。各地の伝承・伝説のスポットへの取材紹介記事。

■水木しげる「日本妖怪大全」（『週刊少年マガジン』12月増刊号）●水木しげるの画報記事での妖怪絵を主体にした増刊号。初期の妖怪絵の型式がこのあたりから定まる。

■間羊太郎「へんな学校　妖怪学入門」●『週刊少年マガジン』で連載。「へんな学校」ページのなかでの特集テーマ企画。

■間羊太郎（式貴士）「妖怪学入門」●『推理界』1968年〜1970年に連載。（→2005年『ミステリ百科事典』に収録）

▼『少女コミック』（小学館）創刊。佐藤有文原作の少女漫画や中岡俊哉原作の怪奇記事も掲載。1969年4月号には中岡が原作を担当した怪奇漫画「死を呼ぶバイオリン」（絵・菅原亘）が掲載。同作品は楳図かずおの漫画「白い右手」（『恐怖』第1巻に収録）とストーリーが非常に良く似ている。

▼『ティーンルック』創刊。各種怪奇記事のほか、楳図かずお・川崎三枝子の怪奇漫画が掲載されている。

■阿部主計『妖怪学入門』●一般書籍としては早い段階の通史もの。合巻、芝居や講釈などを濃く取扱っており、民俗ではなく完全に、風俗史学・画像寄りだが、長く読まれつづけている。（→1971年 増補改訂、→1974年 三版、→1992年 Books、→2004年 新装版、→2016年 復刻版）

■澤田瑞穂『地獄変』（→1991年 平河出版社）

文小松左京『くだんのはは』

文稲垣足穂『山ン本五郎左衛門只今退散仕る』●『懐しの七月――別名「余は山ン本五郎左衛門と名乗る」』（1956年）の改稿版。さらに改稿された『稲生家＝化物コンクール――A CHRISTMAS STORY――』（1972年）も存在。（→1990年『稲生家＝化物コンクール』に全バージョンを収録）

映『ゲゲゲの鬼太郎』●テレビアニメ。1969年まで放送。

映東映『河童の三平 妖怪大作戦』（10月4日〜1969年3月28日）

映円谷『ウルトラセブン』41話「水中からの挑戦」（7月14日）●河童型のテペト星人とテペトが登場する。作中の会話での河童の話は今野圓輔『怪談 民俗学の立場から』を参考にしている。

映日本テレビ『11PM』にて「妖怪学入門」放映（10月7日）。出演・水木しげる、楳図かずお、斎藤守弘。

映大映『妖怪百物語』

映大映『九尾の狐と飛丸』
映大映『妖怪大戦争』

1969●昭和44年

■柳田國男『増補 山島民譚集』東洋文庫
■小熊虎之助『夢と異常の世界』
■広江清『近世土佐妖怪資料』
■山田野理夫『日本妖怪集』●北海道から沖縄まで各地の妖怪を紹介。（→新装版 1971年）
■間羊太郎「悪魔考」●『えろちか』で連載開始、全8回。（→2015年 ウラヌス星風『西洋占星学研究集成 神秘への扉 タローカード入門』）
■Juliet Piggott『Japanese Mythology』●「Creatures and Spirits」の章を中心に妖怪の図版も数多く紹介。狩野家の系統の妖怪絵巻（『化物画』・ウイーン国立民族学博物館所蔵）も部分掲載。
童せなけいこ『ねないこだれだ』
映大映『東海道お化け道中』
映『妖術武芸帳』（TBS 3月16日～6月8日）テレビドラマ。

1970●昭和45年

■山田野理夫『日本妖怪集』第二集●「異本・稲生物怪録」という章もある。
■高橋鐵「亡霊と妖怪」（『りびどう』創刊号）
■『ビッグマガジン 妖怪』●『まんが王』付録。構成・阿奈一夫。
■黒田鬼彦「妖怪の科学」●『週刊少年キング』7月5日～8月2日号で連載。
■佐藤有文「世界の吸血鬼」（『週刊ぼくらマガジン』7月10日号）
■森島恒雄「魔女入門」（『週刊少年マガジン』7月12日号）●企画は大伴昌司。
■佐藤有文「超悪魔100」（『週刊ぼくらマガジン』7月21日号）●絵・石原豪人、柳柊二、ほか。
■間羊太郎「悪魔の科学」●『週刊少年キング』10月11日～11月8日号で連載。
■上田都史『妖怪の話』
■種村季弘『吸血鬼幻想』
▼宝塚ファミリーランドの水木しげるの妖怪たちを用いたお化けイベントはじまる。1993年まで定期開催。『水木しげるの奇妙な世界 妖怪百物語』（1972年）はこのイベントで売られていた冊子で、後に山田野理夫の手で宝文館出版からも発売。

1971●昭和46年

■水木しげる・山田野理夫「新日本の妖怪」（『週刊少年サンデー』

7月11日号）●山田野理夫が収集したとされる日本各地の未知の妖怪と、水木しげるによる既存の妖怪の紹介とが同時に組まれている珍しい形式の記事。

■谷川健一『魔の系譜』（↓1984年 講談社学術文庫）

■馬場あきこ『鬼の研究』

■和田寛『紀州おばけ話』

■岩田準一『志摩の海女 附・志摩の漁夫の昔がたり』●「トモカヅキ」など収録。

■ニコライ・ネフスキー（著）岡正雄（編）『月と不死』

■酒井潔『悪魔学大全』●酒井潔による悪魔・魔術関連の文を収録復刻。「南方先生訪問記」も再録。（↓2003年 学研M文庫）

文三浦哲郎『ユタとふしぎな仲間たち』●座敷童子が登場する。小松和彦『憑霊信仰論』でも「座敷童子は、文学者にも不思議な魅力を与えるらしく」として本書を例に挙げている。NHKでテレビドラマ（1974年）となったほか、劇団四季でもミュージカル化され（1977年初演、『ユタと不思議な仲間たち』）以後、公演されつづけている。

映『ゲゲゲの鬼太郎』●テレビアニメ。1972年まで放送。

1972●昭和47年

■吉田禎吾『日本の憑きもの　社会人類学的考察』（↓1999年 中公文庫）

■北川幸比古『おばけを探検する』

■佐藤有文『日本妖怪図鑑』

■中岡俊哉『世界の怪奇画報』

映東映『変身忍者嵐』（4月7日～1973年2月23日）●バックベアード・ワーラス・モズマなど北川幸比古・中岡俊哉・斎藤守弘を源流とする妖怪がセレクトされている。

映大映『新諸国物語 笛吹童子』（12月3日～1973年6月3日）●主人公の仲間に妖怪（ぬっぺらぽう・油すまし）の加わる新設定が付与されている。この選択は『妖怪大戦争』の延長線。

映ピー・プロ『怪傑ライオン丸』（4月1日～1973年4月7日）●オリジナルが大半であるが、妖怪をモチーフにしている。オボやフネシドキといった珍しい名前も見られる。

1973●昭和48年 ▼大伴昌司 死去

■佐藤有文『妖怪大図鑑』●黒崎出版から出版。『妖怪大全科』（1980年）には多くの原稿が本書から再利用されている。

■佐藤有文『世界妖怪図鑑』

■佐藤有文「妖怪博物館」（『高1コース』6月号）●『世界妖怪図鑑』の宣伝を兼ねた記事と思われる。石原豪人の書き下ろし挿絵3点あり。（この挿絵はのちに石原豪人の画集に収録）

■粕三平『お化け図絵』

■粕三平『浮世絵の幽霊』

■早川純夫『日本の妖怪』●古典の説話集からの取材が多いが独自の別物になっていることが多い。

■佐藤友之『妖怪学入門　オバケロジーに関する12章』●かぐや姫、ネッシーなども登場。

■村松定孝『わたしは幽霊を見た』●少年少女講談社文庫

■須知徳平『日本のかっぱ話』●少年少女講談社文庫。今野圓輔や武田静澄の名も《参考にした民俗学者の先生》と登場。

■茂木徳郎「妖怪変化・幽霊」（『宮城県史21 民俗3』）●『綜合日本民俗語彙』などから全国の事例を取り上げており、山田野理夫の著作にも影響を与えた。「怪異・妖怪伝承データベース」でも多く取り上げられているが、全国各地の事例としての妖怪がデータ上で《宮城県の事例》のように見えてしまう弊害も。

■桂井和雄『俗信の民俗』

■『抱朴子・列仙伝・神仙伝・山海経』平凡社 中国の古典シリーズ4●本田済、澤田瑞穂、高馬三良による翻訳。

■Nikolas Kiej'e『Japanese grotesqueries』●日本の妖怪たちを紹介。錦絵や版本の画像妖怪メインで、吉川観方や藤澤衛彦の所有資料の図版も多量に用いられている。

■山本素石『逃げろツチノコ』

▼平野威馬雄が主宰のお化けを守る会が発足。

映『日本妖怪伝サトリ』

映大和企画『白獅子仮面』（4月4日～6月27日）

映円谷『ウルトラマンタロウ』15話「青い狐火の女」（7月13日）●九尾の狐をモチーフとした狐火怪獣ミエゴンが登場する

1974●昭和49年

■『日本の民俗』●朝日新聞社ゼミナールシリーズ。上田正昭「歴史と民俗」大林太良「神話と民俗の系譜」大島建彦「昔話の伝承」和歌森太郎「年中行事」今野圓輔「民間信仰」牧田茂「日本人の一生」宮本常一「家とムラ」池田弥三郎「神と芸能」

■石川純一郎『河童の世界』

■別冊太陽『いろはかるた』●妖怪のかるたも収録。水木しげるは「さるつら小僧」（川猿）、「げぢげぢのばけもの」（大百足）など、ここに掲載された画像妖怪を別個の妖怪絵のデザインに多数援用している。

■上田都史『現代妖怪学入門』

■山田野理夫『東北怪談の旅』

■『妖怪 魔神 精霊の世界』●日本・朝鮮半島・台湾（山田野理夫）中国（駒田信二）インド（中村瑞隆）オリエント（矢島文夫）スペイン・ラテンアメリカ（三原幸久）イギリス・ドイ

ッ・北欧諸国（山室静）ロシア（大木伸一）アメリカ（皆河宗一）童話の妖精と魔法使い（神宮輝夫）ＳＦの妖怪と魔神（斎藤正実）を掲載。

■水木しげる『妖怪なんでも入門』●小学館の入門シリーズ。以後は妖怪・妖精・悪魔など水木しげるによる図鑑が数多く出版された。

■水木しげる『ふるさとの妖怪考』

■佐藤有文『吸血鬼百科』

■佐藤有文『悪魔全書』

■南條武『妖怪ミステリー』

■里見勝也『日本の怪奇』

■中岡俊哉『狐狗狸さんの秘密』

■草川隆『とてもこわい幽霊妖怪図鑑』

■平野威馬雄『お化けについてのマジメな話』

■平野威馬雄『オカルトについてのマジメな話』

■平野威馬雄『お化けは生きている――科学にとり残された霊の世界』

■平野威馬雄『お化けの本』●イラスト・水木しげる。

■『新評 ALEDA 妖怪の本』●1979年に『妖怪の事典』で再刊。

■桝井寿郎『近代怪談集』●巻末に水木しげる・山田野理夫・桝井寿郎の鼎談「怪談詮議」が掲載される。鼎談中に「怪談収拾ノート」を山田野理夫が朗読している。（↓2012年『私は幽霊を見た　現代怪談実話傑作選』に再録）

■「ロマン・サイエンス」●『週刊少年マガジン』3月10日号から連載。「カッパ怪奇事典」「謎の空想動物」「悪魔ファミリー」「吸血鬼に強くなる百科」「天狗怪異伝説」「鬼族」など。

漫諸星大二郎『妖怪ハンター』●『週刊少年ジャンプ』で連載開始。以後、掲載誌を移しつつ連載されている。

童せなけいこ『ばけものづかい』

映東宝『行け！牛若小太郎』（11月12日～1975年4月25日）●『おはよう！こどもショー』での帯ドラマ。佐藤有文『日本妖怪図鑑』、山田野理夫『妖怪 魔神 精霊の世界』など水木しげる以外からの妖怪がセレクトされている。2017年にyoutubeでよりぬき公式配信。2019年にＤＶＤ発売。

1975●昭和50年

■平凡社『太陽』8月号・特集「お化けと幽霊」●87ページの広告欄には今野圓輔『日本怪談集』妖怪篇に「近刊」とある。

■佐藤有文『日本幽霊百科』

■木谷恭介『地獄大図鑑』●ジャガーバックス

■島津久基『羅生門の鬼』●東洋文庫

■今野圓輔「妖怪の発生」（『福島の民俗』3号）●1974年2月24

日に行われた講演要旨。講演記録として貴重なもの。

■今野圓輔「日本の海の妖怪たち」（『文藝春秋デラックス』7月号）

■井之口章次『日本の俗信』●「妖怪の地域性」「妖怪と信仰」などを収録。今野圓輔は柳田國男以後のあらたな展開をみせた妖怪研究（『怪談 民俗学の立場から』19刷）と評している。

■知切光歳『天狗の研究』（→2004年 原書房）

■飯原一夫『阿波の狸』

■山田野理夫『憑物』●『民族と歴史』憑物特集号の山田野理夫による編集復刻。宝文館出版での編集者としての山田野理夫の仕事のひとつ。復刻された倉光清六『憑き物耳袋』（2008年）の題は本書の見出しに拠る。

■児玉数夫『怪奇映画紳士録』

童せなけいこ『くずかごおばけ』

映日本テレビ『お昼のワイドショー』●8月6日放送。「カメラが捕らえた妖怪、怪音…泥田坊の呪い！」（『女性自身』1977年7月21日号に掲載）

1976●昭和51年

■山田野理夫『おばけ文庫』●全12巻。

■辰巳一彦『魔術妖術大図鑑』●ジャガーバックス

■江戸イラスト刊行会『江戸イラスト人物・妖怪』

■『オカルト時代』●創刊。1977年4月号（通巻8号）まで刊行。水木しげる・中岡俊哉・山田野理夫や『世界の妖怪全百科』（1982年）の聖咲奇らも執筆。

■澤田瑞穂『鬼趣談義』（→1990年 平河出版社、→1998年 中公文庫）

■知切光歳『仙人の研究』

■池田弥三郎、和歌森太郎「対談 日本の伝説」（『新刊ニュース』3月号）

■『スチールデザイン』7月号・特集「俗信・迷信の科学性」●井之口章次「民俗学からみた日本の俗信・迷信」、牧田茂「現代の迷信を考える」、吉田禎吾「憑きものと文化」など。

文井上ひさし『新釈遠野物語』

童せなけいこ『おばけのてんぷら』

映東映『超神ビビューン』（7月6日～1977年3月29日）●『アクマイザー3』の続編。バックベアード・スイコ・ノブスマなどの妖怪が登場する。

映日本テレビ『あなたのワイドショー』●8月20日放送。「テレビ三面記事」のコーナーで弘前の正伝寺の生首の掛軸が紹介された。弘前のお化けを守る会の発足（1977年）に繋がる。

映TBS『日曜トク番』で吸血鬼特集が放送される。出演・佐藤有文。

1977●昭和52年

■『幽霊・お化け・妖怪』●モンキー文庫（集英社）の1冊。今野圓輔は監修としてことばを寄せている。

■寺村輝夫『寺村輝夫のむかし話　おばけの話』1●「おばけの話」は1979年までに全3巻刊行された。

■『歴史読本』9月号・特集「怪奇日本77不思議」

■澁澤龍彦『思考の紋章学』

■澁澤龍彦『東西不思議物語』●付喪神について言及している。

■市原麟一郎『土佐の妖怪』

■桂井和雄『仏トンボ去来』●桂井和雄土佐民俗選集1

■永澤要二『鬼神の原義とその演進』

■粕三平、長谷川龍生『江戸挿絵（いらすと）文庫』●全6巻

▼弘前で蘭繁之が主宰のお化けを守る会が発足。（平野威馬雄の同名の会はその間に解散している）

1978●昭和53年

■真保亨『妖怪絵巻』●『百鬼夜行絵巻』をはじめ各種妖怪が登場する絵巻物を多種掲載・翻刻。

■『世界と日本の不思議探検』●三省堂らいぶらりぃシリーズ、全22巻。5・山主敏子、亀山龍樹「世界の魔物たち」、9・瀬川昌男「幽霊とテレパシー」、13・中沢巠夫「日本の魔法」、14・山主敏子「妖怪ものがたり」、15・福田清人「日本の妖精たち」、18・角田光男「日本の信仰秘話」などが含まれる。13〜22巻が日本の不思議。

■『世界画報デラックス　地獄の事典』●世界の驚異シリーズ3。『世界画報』本誌にも、伝説などの記事は多い。

■水木しげる『妖怪世界編入門』

■山田野理夫『怪談の世界』

■佐藤有文『お化けの図鑑』●ワニの豆本

■中岡俊哉『モンスター大図鑑』●フタミのなんでも大博士2

■中岡俊哉『日本の妖怪大図鑑』●フタミのなんでも大博士3

■澤田瑞穂『中国動物譚』

■知切光歳『鬼の研究』

■知切光歳「天狗に憑かれた六十五年」（『旅』5月号）

■『歴史と旅』7月号・特集「不老不死伝説」●牧田茂「民話伝説の長寿者たち」、綿谷雪「仙人への道」など。

映『草迷宮』●寺山修司による映画、原作・泉鏡花。パリで公開され、1983年に日本でも公開された。

1979 昭和54年 ▼江馬務、吉川観方 死去

■日野巌『動物妖怪譚』●1926年の復刻版、『日本妖怪変化語彙』も収録。

■中岡俊哉『ドラキュラ大図鑑』●フタミのなんでも大博士7

■斎藤晴輝・西本鶏介『絵ものがたり 日本のおばけ話』●1年生～4年生まで全4巻。妖怪についての解説ページのほか、裏表紙は妖怪の絵尽くしとなっている。

■好美のぼる『日本妖怪クイズ』●妖怪の選択やデザインに佐藤有文『日本妖怪図鑑』の影響が濃厚に見られる。1978年には『世界妖怪クイズ』も刊行。

■コルネリウス・アウエハント（著）小松和彦・中沢新一・飯島吉晴・古家信平（訳）『鯰絵 民俗的想像力の世界』●鯰絵の図版には、藤澤衛彦コレクションも使用されている。

■桂井和雄『生と死と雨だれ落ち』●桂井和雄土佐民俗選集2

映『ミステリー・ゾーン』●テレビ東京にて放送開始。「人魚のミイラ」、「吹雪の妖怪」、「怪奇・牛鬼のミイラ」、「カッパの手」などが放映された。

1980 昭和55年

■佐藤有文『妖怪大全科』

■草川隆『幽霊と妖怪の世界』

■水木しげる『ブルートレインおばけ号』

■毎日新聞社「日本の妖怪と幽霊」●サンシャインシティーで開催された「恐怖館」で販売された本。お化けものしり大百科と銘打たれており内容も豊富。編集・毎日新聞社とだけあり、筆者などはノンクレジット。著名研究者に今野圓輔が掲載されている点からみると今野圓輔は執筆者ではないようだ。

1981 昭和56年

■今野圓輔『日本怪談集 妖怪篇』●幽霊篇の続篇として近刊予告が出されていたが（↓1975年）この時期に発行されたのは健康悪化を挟んだことによる。馬渕清子が執筆補助。

■水木しげる『水木しげるの妖怪事典』

■聖咲奇、竹内義和『世界の妖怪全百科』●コロタン文庫62

■『いる？ いない？ のひみつ』●学研まんがひみつシリーズ。副題は「宇宙人・怪獣・ゆうれい・超能力者」

■阿部正路『日本の妖怪たち』●妖怪地図や年表なども掲載。年表については藤澤衛彦による妖怪年表に拠っている、これは水木しげるや佐藤有文の本などと同様である。

■知里真志保『アイヌ民譚集』●「えぞおばけ列伝」も収録。

■若尾五雄『鬼の研究 金工史の視点から』

1982●昭和57年

▼今野圓輔　死去

■鈴木棠三『日本俗信事典』動植物編●序文に今野圓輔が生前に事典を編もうとしていたことについても触れている。水木しげるの夜雀の解説文は本書の「雀」の項目の誤読から生じた（こぐろう「「夜雀と夜盲症」について」『松籟庵』2012年）という例もある。（↓2020年　角川ソフィア文庫、↓2021年　常光徹『日本俗信辞典』衣裳編）

■関山守彌『日本の海の幽霊・妖怪』●遺稿を私家版として刊行したもの。（↓2005年　中公文庫）

■『ゆうれいとお化けのふしぎ』●学習まんがふしぎシリーズ27。構成執筆・佐伯誠一、漫画・しまあきとし。

■『妖怪・幽霊大百科』●ケイブンシャの大百科123

■『歴史と旅』9月号・特集「英雄と女人の伝説」●辺見じゅん「戸隠山の鬼女」、竹内智恵子「安達原の鬼婆」、草部和子「日高川の清姫」など。山田野理夫「遠野物語の世界」も掲載。

■小松和彦『憑霊信仰論』

▼このころ、雑誌（『微笑』など）に「人面犬」記事が見られる。

1983●昭和58年

■桂井和雄『土佐の海風』●桂井和雄土佐民俗選集3

■今野圓助『柳田國男随行記』●「圓助」は戸籍上の表記、過去の雑誌記事でも何回か用いられている。今野圓輔の絶筆で歿後出版。病後も自身のメモ「木曜会記録」を『民間伝承』に寄せるなど生の柳田の記録資料公開に努めていた。大学時代（1941年）柳田國男と旅行した際の記録のほか、恩師である佐藤信彦・折口信夫についての回想も載せる。

■『日本の妖怪なぞとふしぎ』●学習まんがふしぎシリーズ35。構成執筆・佐藤有文、漫画・しまあきとし。

■水木しげる『河童なんでも入門』

■『怪奇ミステリー大百科』●ケイブンシャの大百科156（↓2000年　改訂版）

■平野威馬雄『井上円了妖怪学講義』

■小松和彦『憑霊信仰論』

文『幻想文学』●創刊。編集長は東雅夫。

▼妖怪愛好会隠れ里が発足される。妖怪探訪家の村上健司は二代目会長。

1984●昭和59年

▼平野威馬雄　死去

■日本ナショナルトラスト『自然と文化』秋号・特集「妖怪」

■水木しげる『水木しげるの続・妖怪事典』

■平野威馬雄『戦慄！妖怪・幽霊の本（お化け博物館）』

■『世界の怪奇大百科』●ケイブンシャの大百科182、映画のスチール写真でゴーレムやハエ男などを紹介。

■『恐怖スリラー』●ケイブンシャの大百科193、今日では《都市伝説》と呼ばれるような話が載る。

■『ユリイカ』8月号・増頁特集「妖怪学入門」

■恵原義盛『奄美のケンモン』

■澤田瑞穂『中国の呪法』

漫西岸良平『鎌倉ものがたり』●『漫画アクション』で連載開始。2000年『まんがタウン』に移籍。

童川端誠『おばけの夕涼み』

1985●昭和60年 ▼日野巌 死去

■竹中清『日本の妖怪大百科』●ケイブンシャの大百科215、70～80年代の各種妖怪図鑑が参照されている。

■『歴史と旅』8月号・特集「日本史の怪奇と妖異」●中岡俊哉「超能力者の大妖術」、早川純夫「日本史に現われた妖怪」、松永伍一「変幻する鬼の物語」、梅原猛「日本人と怨霊思想」など。

■Stephen Addiss『Japanese Ghosts & Demons』●翌年まで巡回した美術展示にあわせての出版。資料欄には江馬務、今野圓輔、池田弥三郎、Nikolas Kiej'e などの本もある。

■松谷みよ子『現代民話考』●『民話の手帖』での連載考察記事をまとめたもの。

■若尾五雄『金属・鬼・人柱 その他』

■宮田登『妖怪の民俗学』●（→ちくま学芸文庫 2002年）

■荒俣宏『本朝幻想文学縁起』

映『ゲゲゲの鬼太郎』●テレビアニメ。1988年まで放送。

映『ゲゲゲの鬼太郎』●「月曜ドラマランド」で放送。

1986●昭和61年

■井之口章次『暮らしに生きる俗信60話』

■木暮正夫『チョビッとこわいおばけの話』●「日本のおばけ話・わらい話」として1988年まで多数シリーズ出版され、息長く読まれつづけている。

■『ようかい伝説事典』1●学研まんが事典シリーズ。内容的には西日本・東日本で分かれており、1988年に2が続巻。

■『おばけなんでも大百科』●みずうみ書房からの出版、水木しげる、中岡俊哉など各種図鑑の妖怪をモトにしている。

■ゲームアーツ、成田亨『モンスター大図鑑』

■乾克己、志村有弘『日本伝奇伝説大事典』

■飯島吉晴『竈神と厠神 異界と此の世の境』●狐火、ミカワリ婆さん、河童なども論じている。（→2007年 講談社学術文庫）

1987●昭和62年

■別冊太陽『日本の妖怪』●監修・谷川健一。

■佐藤有文『妖怪大図鑑』●ビッグコロタン12

■『迫り来る!! 霊界・魔界大百科』ケイブンシャの大百科319

■荒俣宏、小松和彦『妖怪草紙』

■沢史生『闇の日本史』

■中右瑛『浮世絵 魑魅魍魎の世界』

■林美一『江戸艶本を読む』●『百慕々語』の章で、鳥山石燕が妖怪艶本『血気夜行』を描いたという説を載せる。

■『歴史読本』8月号・特集「闇の王国 知られざる日本史の魔界、闇世界の魔界ネットワーク」

▼兵庫県立歴史博物館「特別展 おばけ・妖怪・幽霊…」妖怪を取り扱った先駆的な展示。●図録も発行される。

童巻左千夫（作）岡田日出子（絵）『にゃんたんのゲームブック どきどきようかいたいじ』

映東映『ゲゲゲの鬼太郎 妖怪奇伝・魔笛エロイムエッサイム』

1988●昭和63年

■『水木しげるの日本の妖怪150』●コロタン文庫112

■谷川健一『日本民俗文化資料集成』8・妖怪●丸山学「河童考」「山童伝承」早川孝太郎「河童伝承」浜田隆一「河童雑記」及川儀右衛門「河童の話」若尾五雄「鬼伝説の研究 金工史の視点から」金久正「南島妖怪考「ケンモン」と「ウバ」」文英吉「奄美カッパ「けんむん」譚」恵原義盛「奄美のケンモン」佐木真興英「キジムン 植物に関する話」広江清「近世土佐妖怪資料」千葉幹夫「稲生物怪録絵巻」千葉幹夫「全国妖怪語辞典」（→1995年『全国妖怪事典』に増補発展）を収録。

■岩井宏實『暮しの中の妖怪たち』

■山本修之助『佐渡の貉の話』

■『謎の怪生物大百科』●ケイブンシャの大百科340、本書の早稲田大学探検部の探索記は、のちの高野秀行『幻獣ムベンベを追え』（2003年）につながる。

■飯島健男『RPG幻想事典・日本編』●ファンタジーものを和風に吹替えるにはどんな素材を用いるかが示されている。

■ジャン・ハロルド・ブルンヴァン（著）大月隆寛・菅谷裕子・重信幸彦（訳）『消えるヒッチハイカー 都市の想像力のアメリカ』

映スタジオジブリ『となりのトトロ』

1989●昭和64・平成元年

■北川幸比古『おばけはどこにいる?』

■服部幸雄『さかさまの幽霊』（→2005年　ちくま学芸文庫）

■若尾五雄『河童の荒魂　河童は渦巻である』

■荒俣宏『日本妖怪巡礼団』

■『歴史読本』12月臨時増刊・特集「異界の日本史　鬼・天狗・妖怪の謎」●加藤恵「県別妖怪大事典」を巻末に掲載。

1990●平成2年

■中村禎里『狸とその世界』

■近藤雅樹・岩井宏實『図説 日本の妖怪』

■多田克己『幻想世界の住人たち』4　日本編●『幻想世界の住人たち』は第1巻（著・健部伸明と怪兵隊　1988年）刊行以後RPGなどの資料書として長期シリーズ刊行されている。

■沢史生『鬼の日本史』上・下

■常光徹『学校の怪談』●1990年にシリーズ刊行開始。児童書で読物としての怪談。途中から読者投稿の事例も載る。

■木原浩勝、中山市朗『新・耳・袋　あなたの隣の怖い話』●現在までの実話怪談ブームへつながっていった。

漫藤田和日郎『うしおととら』●『週刊少年サンデー』で連載開始。1996年まで。

1991●平成3年

■水木しげる『日本妖怪大全』●（→1994年『図説 日本妖怪大全』、→2014年『決定版 日本妖怪大全』）

■町田市立国際版画美術館『和漢百物語 月岡芳年』

■『歴史と旅』9月号・特集「異相の日本史 闇の系譜」●口絵に『西州怪談全書』を部分掲載。解説・阿部正路。阿部正路「江戸の闇に乱舞する魑魅魍魎と妖怪たち」、小松和彦「闇の世界から見る光の世界」など。

■小松和彦『日本妖怪異聞録』

■倉本四郎『鬼の宇宙誌』●松井文庫の尾田郷澄『百鬼夜行絵巻』なども取り上げている。別冊太陽『日本の妖怪』の延長線上にある。（→1998年 平凡社ライブラリー）

■安藤薫平『「超」怖い話』●ケイブンシャブックス

映『のんのんばあとオレ』●NHK、全5話。水木しげる『のんのんばあとオレ』のテレビドラマ化。『続のんのんばあとオレ』（1992年）も放送されたほか、放送後に内容が漫画化された。

1992●平成4年

■水木しげる『カラー版 妖怪画談』●岩波新書。以後シリーズ化。『続妖怪画談』、『幽霊画談』、『妖精画談』が刊行されている。

■高田衛（監修）稲田篤信、田中直日（編）『鳥山石燕 画図百鬼夜行』●『百器徒然袋』がはじめて全収録され、全貌が広く知られるきっかけとなった。

■高橋勝利『南方熊楠「芳賀郡土俗研究」』

■『歴史読本』10月号・特集「異界への正体」●小松和彦「異界を覗く 歴史の想像力」、岩井宏實「鬼・天狗・河童」、志村有弘「月 かぐや姫の住む浄土」、川島昭江「日本史における宇宙人の饗宴」、野村純一「平成版口裂け女事情」、久米晶文「異界に接した有名人」など。内藤正敏による霊山の写真記事なども連載されている。

■ロルフ・ヴィルヘルム・ブレードニヒ（編）池田香代子・真田健司（訳）『悪魔のほくろ ヨーロッパの現代伝説』

1993●平成5年

■常光徹『学校の怪談 口承文芸の展開と諸相』●民俗学者の常光徹による、表題の学校の怪談だけではなく、昔話や伝説、俗信なども含めた論文集。

■『怖さ120％超怪談!! 1 百面相でオバケたいじの巻』●怖さ120％超怪談シリーズの第1作。全10冊が刊行されている。シリーズ9冊目には佐藤有文『日本妖怪図鑑』などを参考にした、「びろーん」、「はらだし」、「羽の生えたわいら」などのイラストも確認でき、一般的な当時の影響をうかがえる。

■中野美代子『中国の妖怪』

▼川崎市民ミュージアム「妖怪展 現代に蘇る百鬼夜行」

漫真倉翔・岡野剛『地獄先生ぬ～べ～』●『週刊少年ジャンプ』で連載。1999年まで。

童岡田日出子『にゃんたんのようかいむらへようこそ！』

童岡田日出子『にゃんたんのゲームブック ゾクゾクッようかいやしき』

童原ゆたか『かいけつゾロリのきょうふのサッカー』●学校で「トイレの花子さん」の噂が流行し、河童たちがそれに便乗して子供たちを脅かすという設定。

童尼子騒兵衛『くらやみでどっきり にんタマ三人ぐみのようかいたいじ』●『落第忍者乱太郎』の絵本。「つくもがみ」の使用例としても良いサンプルとなる。

映日活『カッパの三平』●水木しげる『河童の三平』のアニメ映画。脚本・雪室俊一。

1994●平成6年

■水木しげる『世界はゲゲゲ 世界妖怪大全』

■水木しげる『続日本妖怪大全』●（→2007年『図説 日本妖怪大鑑』

→2014年『決定版 日本妖怪大全』）

■草野巧・戸部民夫『日本妖怪博物館』

■笹間良彦『図説 日本未確認生物事典』●妖怪たちを図版や自筆の絵をつけて紹介。構成はのちに『鬼とものの文化史』（2005年）にも受け継がれている。

■白川まり奈『妖怪天国』●鳥山石燕や竹原春泉斎などを紹介するいっぽう、『谷の響』や『聖城怪談録』など随筆や奇談集からもセレクトしている。白川まり奈は漫画家。

■ヘッドルーム『逆引きモンスターガイドRPG幻想事典』西洋編・東洋編

■若尾五雄『黄金と百足 鉱山民俗学への道』

■小松和彦『妖怪学新考』

■田中貴子『百鬼夜行の見える都市』

■高橋順二『日本絵双六集成』

文京極夏彦『姑獲鳥の夏』●小説家デビュー作品。

童那須正幹『ズッコケ三人組と学校の怪談』

映スタジオジブリ『平成狸合戦ぽんぽこ』

映東映『忍者戦隊カクレンジャー』（2月18日〜1995年2月24日まで）●水木しげる『日本妖怪大全』、『妖怪画談』などから妖怪を採用しつつも意図的にデザインを乖離させている。

映『学校のコワイうわさ 花子さんがきた!!』●テレビ番組『ポンキッキーズ』内で放送されたアニメ。

1995●平成7年

■千葉幹夫『全国妖怪事典』●本書や別冊太陽『日本の妖怪』での千葉幹夫による全国事典の普及以後、「妖怪名彙」や『日本怪談集』妖怪篇に未搭載だった各地の伝承妖怪たちが、妖怪図鑑やゲームなどにも広く描かれるようになった。

■『山陰民俗叢書』●刊行開始。2000年まで全12巻。当時の日本民俗学会理事の井之口章次は「創造の活力は人が与えてくれるものではない。過去の集積の中から自分でつかみ取るものだという鉄則を如実に示したもの」と推薦文を寄せている。

■『恐怖の学校霊大百科』●ケイブンシャの大百科592

■野村純一『日本の世間話』

■佐藤健二『流言蜚語 うわさ話を読みとく作法』●クダンやアマビエなどについての考察。

■辻惟雄『幽霊名画集 全生庵蔵・三遊亭円朝コレクション』

童原ゆたか『かいけつゾロリのおばけ大さくせん』●ひゃく目、大入道、あかなめ、あずきとぎ、かみなりじじいが登場。作中でそれぞれの妖怪の解説もされている。

映松竹『天守物語』●原作・泉鏡花、監督・坂東玉三郎。

映東宝『学校の怪談』

映『木曜の怪談』●オムニバス形式のテレビドラマ。1997年まで放送。

1996●平成8年 ▼高橋勝利 死去

■阿部正路、千葉幹夫『にっぽん妖怪地図』●年表については『日本の妖怪たち』（1981年）同様、藤澤衛彦に拠っている。

■中村禎里『河童の日本史』

■松谷みよ子（責任編集）怪談レストラン編集委員会（編）『幽霊屋敷レストラン』●『怪談レストラン』シリーズ第1巻。以後、2007年まで50巻をかぞえた。

■渡辺節子・岩倉千春『夢で田中にふりむくな ひとりでは読めない怖い話』

■学校の怪談編集委員会『学校の怪談大事典』

■笹間良彦『図説 世界未確認生物事典』

■『ゲゲゲの鬼太郎大百科』●ケイブンシャの大百科610、放送中だったアニメ版新作33話までと映画版の紹介など。

■『世界妖怪妖獣妖人図鑑』●別冊歴史読本・読本シリーズ12

映『ゲゲゲの鬼太郎』●テレビアニメ。1998年まで放送。

映『地獄先生ぬ〜べ〜』●テレビアニメ。1997年まで放送。

●年代未詳

■山田野理夫『アルプス妖怪秘録』、『信濃化けもの秘録』●お土産店用の小型絵本を多く手掛けるナカザワから出版されていたもの。活躍時期から推定して1974〜1981年と見られるが、刊行年が印刷されておらず、正確な年代はわからない。

■野々清『世界の妖怪私考』●中岡俊哉が資料として挙げている私家版資料。未詳。

■『日本妖怪図鑑』リリパット●キーホルダー式の豆本。掲載妖怪から別冊太陽『日本の妖怪』（1987年）以後と推定される。

仮名垣魯文・生田芳春『空中膝栗毛』(1877年)
雑誌『月とスッポンチ』での新作連載。泥亀の須本次と石亀の次団太が誌名になぞらえ月へと銀河を膝栗毛するという趣向だった。同誌では、時事で新妖怪をデザインする『百鬼弥行』の連載もあったほか、『化競丑満鐘』を分載するなど、新旧の妖怪作品が同居していた。【泉】

猫々道人・落合芳幾『劇場客物語』(『歌舞伎新報』79号、1880年)
猫々(みょうみょう)道人は妙々道人をもじった魯文の号のひとつ。『劇場客物語』は歌舞伎の内外のはなしを妖怪たちの世界として描いている。第50齣「古本の怪劇場古今の変革を談ず」の挿絵。提灯、かぼちゃ、戸板返しの骸骨など四谷怪談に出て来る小道具の妖怪たちが登場する。【泉】

項目柱に用いた肖像・図版・活字の出典

▼通史・戦前編――鳥山石燕『画図百鬼夜行』河童（田中初夫編『画図百鬼夜行』渡辺書店　一九六七）

▼井上円了――井上円了『円了随筆』金城社　一九一六

▼坪井正五郎――「肖像 理学博士坪井正五郎君」『日本之小学教師』一巻六号　国民教育社　一八九九

▼柳田國男――『日本評論』掲載 元写真（伊藤慎吾・所蔵）

▼南方熊楠――南方熊楠『続南方随筆』岡書院　一九二六

▼江馬務――花園大学歴史博物館資料叢書第三輯『江馬務「卅三年度江馬年中日記」「文科大学史学科三年史論」』二〇一二

▼日野巌――日野青波『歌集 群竹』近代文芸社　一九八五

▼吉川観方――国分綾子「畸人吉川観方先生」『きょうと』二八号　きょうと発行所　一九六二

▼伊東忠太――伊東博士作品集刊行会『伊東忠太建築作品』城南書院　一九四一

▼岡田建文――岡田建文『霊怪真話』慈雨書洞　一九三六

▼田中貢太郎――田中貢太郎『日本怪談全集』第一巻　桃源社　一九七〇

▼化物会――英林斎定雄「珍怪百種 野落狐」『讀賣新聞』一九〇七年八月十日朝刊

▼心霊学――鳥山石燕『画図百鬼夜行』天狗（田中初夫『画図百鬼夜行』渡辺書店　一九六七）

▼「妖怪名彙」――『民間伝承』三巻一一号・三巻一二号・四巻二号　民間伝承の会　一九三八

▼『芳賀郡土俗研究会報』――『芳賀郡土俗研究会報』第二号 表紙（高橋勝利）一九二九

▼通史・戦後（前）編――歌川芳員『百種怪談妖物双六』砂村の怨霊（藤澤衛彦『図説日本民俗学全集』民間信仰・妖怪編　あかね書房　一九六〇）

▼藤澤衛彦――「座談会・私は心霊術をこう見る」『文藝朝日』一九六四年七月号　朝日新聞社

▼柴田宵曲――『柴田宵曲文集』内容見本表紙　小沢書店

▼阿部主計――『週刊文春』一九六九年七月一四日号　文藝春秋

▼斎藤守弘――斎藤守弘『サイエンス・ノンフィクション』早川書房　一九六四

▼山内重昭――氷厘亭氷泉　テラコッタル、ムル　二〇二一（参考　山内重昭『世界のモンスター』秋田書店　一九六八）

項目柱に用いた肖像・図版・活字の出典

▼北川幸比古――北川幸比古『おばけを探検する』講談社　一九七二
▼山田野理夫――山田野理夫『日本妖怪集 北から南から 新装版（潮文社リヴ）』潮文社　一九七三
▼『綜合日本民俗語彙』――民俗学研究所『綜合日本民俗語彙』平凡社　一九五六
▼『画図百鬼夜行』受容史――鳥山石燕『今昔画図続百鬼』鬼（田中初夫『画図百鬼夜行』渡辺書店　一九六七）
▼通史・戦後（後）編――甘泉堂『ばけ物かるた』たそがれどきのあぶら買（別冊太陽『日本の妖怪』平凡社　一九八七）
▼今野圓輔――北川幸比古『おばけを探検する』講談社　一九七二
▼平野威馬雄――永六輔『奇人変人御老人』文藝春秋　一九七四
▼水木しげる――水木しげる『妖怪なんでも入門』小学館　一九七四
▼佐藤有文――佐藤有文『骨なし村』カイガイ出版部　一九七七
▼中岡俊哉――中岡俊哉『ベールを脱いだソ連の超能力者』祥伝社　一九九一
▼澁澤龍彦――澁澤龍彦『KAWADE 夢ムック　文藝別冊［総特集］澁澤龍彦 ユートピアふたたび』河出書房新社　二〇〇二
▼お化けを守る会――『大南北』東海道四谷怪談号 表紙　大南北の会　一九八一
▼『お化け図絵』――山東京伝・歌川豊春『浮牡丹全伝』古画の怪（粕三平『お化け図絵』芳賀書店　一九七三）
▼ジャガーバックス――びろ～ん（佐藤有文『日本妖怪図鑑』立風書房　一九七二）
▼ケイブンシャの大百科――つなん京助『恐怖！トラウマ漫画 蝉を食べた少年』ぶんか社　二〇一七
▼別冊太陽『日本の妖怪』――河鍋暁斎『暁斎百鬼画談』（別冊太陽『日本の妖怪』平凡社　一九七八）
▼妖怪学参考年表――二世為永春水・二世歌川国貞『薄俤幻日記』三編　紅英堂　一八五八
▼このページ――伊東忠太『阿修羅帖』三（二四七・全世界混戦）国粋出版社　一九二一

あとがき

伊藤慎吾

全体を読んでみて、構成については、個々の人物の個性を知る上で列伝体の体裁を採ったことは正解だったと思います（漢の司馬遷が『史記』に取り入れた二〇〇〇年余りの歴史を持つ形式だ）。本書を手掛かりとして、本格的な妖怪学史が構想できるのではないかと、後続の研究を期待しています。

それから、よくもまあ、こんなに面白い人たちがいたものだと、呆れ半分で個々の記事を読みました。チベット密教にはまってチベット曼荼羅専門店を開業するとか、どこの激レアさんだよと思わずツッコんでしまいました。そりゃあ、三年で潰れるわ。このズレた感覚は妖怪に取り憑かれていたからに違いありません。

さて、異類の会という、研究会でもなく妖怪同好会でもない、ヌエのような会があります。本書の執筆陣はそこの常連です。企画を立ち上げて久しいのですが、私の不手際でとんでもなく遅くなってしまいました。面目次第もござらぬ。後世の人で本書の続編を書こうというご奇特な人は、必ず氷厘亭氷泉・式水下流・永島大輝・幕張本郷猛・御田鍬・毛利恵太の項目を立ててくだされ。面白い記事になること請け合いです。

最後に、編集担当の武内可夏子さん、いつもご面倒をかけてすみません。そして、どうもありがとうございます。

氷厘亭氷泉

しげおか秀満・東雲騎人・氷厘亭氷泉の三人で、深川江戸資料館で何年も《絵はあるが呼び名や伝承の無い画像妖怪》を見せて、それをモトに絵を描いてもらう講座をやっているが、下は小学生低学年、上はたまたま来館したら面白そうなのやってるナと参加してくれた地元のおとっつぁんまで、案外その場で「どうしてそんな妖怪いるの?」とか「それは妖怪なの?」との質問は、ほぼ無かった。ごく自然に「そういう種類なんだ」と受け止められていた。そこには、江戸の版本や錦絵の妖怪もいれば、伊東忠太の新デザインたち――チーズやハンバーグやウインナーがのった《洋食ずし》のような画像妖怪も混ざっている。

吾曹はここ十年、伝承・画像の区別を《おすし》にたとえて解説しているが、本書から、近現代の妖怪環境には種類も材料も職人も相当に色々な《おすし》も営々とあった点を、幅広く俯瞰してもらえると、目をじゃのめにしてよろこぶ次第である。

永島大輝

今回、あまり他の人が扱わないことを積極的に取り上げることにした。これはマニアックな本といえばそうかもしれないが、「刺さる」方には「刺さる」と思う。もともと我々は同人誌「空亡」のメンバーでもあるが、かつての妖怪を研究している作家も研究者も実は同人誌を出していたのだ。そのうち、われわれのことだって誰かコラムにでもするかもしれない。あるいは、柳田や折口のようにイケメンや美少女に描かれて漫画やゲームに出るかもしれない、と後の世に期待である。

妖怪好きとして、この本にかかわることができてとても良かったです。ありがとうございます。

式水下流

今野圓輔と山田野理夫は、私が妖怪をこれほど長く嗜好するきっかけを作ってくれた人たちなので、執筆の機会を与えていただいたのは嬉しくも畏れ多いことである。更に今野圓輔と対談し、雑誌におばけの記事を多く書いた北川幸比古やお化けを守る会の主宰で南方熊楠から水木しげるまで多くの交流を繋げた平野威馬雄と私の担当分だけでも錚々たる面々となっている。皆さんも知っている内容をお知らせしても意味がないので、できる限り他書で触れられていない資料にも目を通し、一つでも多くの情報が得られるように心がけた。この本は妖怪そのものを知れるものではないが、妖怪を調べ、書いてきた研究者や作家がどのように調べ、影響を与えてきたのか（皆さんがどのような影響を受けていたのか）が分かるものになっている。ここから更に深く調べることもできるし、妖怪そのものを調べたときに一つ一つの情報を関連付けて考えることの一助にもなる。一人でも多くの読者が楽しみ、より妖怪や妖怪を取り扱った偉人達に興味を持っていただけたら、これほど嬉しいことはない。

御田鍬

私事で申し訳ないが、最近漫画をよく読むようになった。それに伴い漫画に関する様々な評判や考察なども耳に入ってくるが、それを聞くと漫画好きは漫画のキャラクターやストーリーだけでなく、作者の名前や過去作、時には人となりについても多かれ少なかれ知っているようだ。これは妖怪好きについても同様で、妖怪の種類や性質を知るだけでなく、その妖怪が誰によって採集・報告され、どの本でどう変遷してきたか、といった事を踏まえて知ってみると、新しい世界が見えてくる。何も知識量を競えという意味ではなく、本当にただ単純に知っているだけで妖怪自体と同等に「面白い」のである。本書では主に妖怪史に大きく関わる人物のみ紹介しているが、個々の妖怪を報告した郷土史家や今現役で活躍する研究者の方などなど偉人はまだまだ多数存在する。読者の方々もぜひいろいろ調べてみて、面白い情報があれば私にも教えていただけると嬉しい。

毛利恵太

今回、近現代の様々な分野から妖怪に関わってきた人々を取り上げ、彼らの活動が意外な影響を及ぼしたことで、現在の妖怪が成立しているという累積を読者諸氏にお見せできたと思う。自分が担当した部分においても、日本の考古学や文化人類学の草分けである坪井正五郎を中心に、研究者・趣味者の広範な交流ネットワークがあったこと、それらが後に妖怪を研究・記録する土壌の一つとなっていくことを紹介した。また、一般に妖怪の否定者とされる井上円了にも、妖怪の洒落を解し楽しむという現代にも通じる側面があったことを示せたと思う。

妖怪を知るうえで、妖怪とされるモノゴトそのものを見るだけでなく、かつてそれらを扱ってきたヒトビトについて知ることも重要であり、面白さの幅が広がっていく。この本をきっかけに、そんな妖怪の楽しみ方もあるのだということを知っていただけたら幸いである。

幕張本郷猛

ネット時代となって妖怪や作家に対する嘘、出鱈目が怒涛の勢いで広がる現象が見られた。それを正すべく某妖怪図鑑に資料提供で参加したが、私の研究が無駄に消費されただけで成果はなく、二〇一三年、私の単行本絶版と共にその連中とは袂を分かった。ちなみに斎藤守弘先生にがしゃどくろの出自を聞くとかは全部私の研究が元です。一方、私の研究を評価してくれる人が現れ、妖怪小ロマン派とでも言うべき方々とも知り合えた。本書は妖怪研究史におけるエルナニ事件となるべくして生まれた一冊だ。後継となる同志の学習と研究に期待したい。最後に、今回貴重な場を与えていただき、私の研究を正当に評価してくれた『異類の会』の皆さん、父、母、駄目な兄貴を支えてくれている弟、そして図書館での膨大な量の雑誌・新聞調査に付き合ってくれた音楽評論家の白谷潔弘さんに感謝したい。本当にありがとう。

索引　君も全部おぼえて妖怪博士になろう！

凡　例
＊「はじめに」「総説」のページは(　)で示す。
＊項目名、小見出しのあるページはゴチック体で示す。
＊人名は姓／名で配列する。

人名

ア

人名

カ

サ

タ

人名

ナ

ハ

マ

人名

作品名

（書籍・記事・レーベル・絵画・演劇・映画等）

ア

カ

サ

タ

ナ

ハ

マ

ヤ

ラ

ワ

事項名

※架空の人物、伝説化された人物等を含む（例：お岩、柴田勝家）

ア

カ

サ

タ

ナ

ハ

マ

ヤ

ラ

ワ

歌川艶丸『しんばんおばけづくし』(部分)

幕末に売られていたおもちゃ絵のひとつ。伝承とは離れたデザインのみの画像妖怪たちが描かれている。この絵は『週刊読売』(1968年7月26日号・上左)、『伝統と現代』(1968年9月号・上右)『りびどう』(創刊号、1970年・下)といった雑誌の妖怪特集号やグラビア図版として一時期は頻度高く、どちらかといえば一般層に紹介されつづけていた。そんな流れのなかでこの絵に描かれていた三ッ目のこうもりのような妖怪のデザインが水木しげる『ゲゲゲの鬼太郎』では陰摩羅鬼として用いられた。いっぽうで1970年以降この絵は定番作品として紹介されつづけることはなく埋もれてしまう。【泉】

水木しげる『水木しげるの奇妙な世界 妖怪百物語』(1974年、宝文館出版)

『ゲゲゲの鬼太郎』では艶丸の名もなき画像妖怪を陰摩羅鬼デザイン採用した水木しげるだが、同時に画報記事などでの陰摩羅鬼は鳥山石燕の絵をモトにして描いている。また漫画『死神大戦記』(1974年)では作中での登場キャラクター・極楽鳥のデザインに石燕の陰摩羅鬼を使っている。【泉】

執筆者一覧

伊藤慎吾（いとう・しんご）

埼玉県生まれ。日本文学研究者。國學院大學栃木短期大学・准教授。お伽草子や擬人化、南方熊楠の研究を主に行っている。その関係で妖怪の領域にも片足を突っ込んでいる。本書執筆陣の影響で、少年時代、佐藤有文『日本妖怪図鑑』や水木しげる『妖怪なんでも入門』を読んでいた記憶を呼び起こし、本書を企画。愛読書は鳥山石燕『画図百鬼夜行』。縁あって栃木に通うことになったので、最近は九尾の狐に取り憑かれている。主な著書に『南方熊楠と日本文学』（勉誠出版）、『中世物語資料と近世社会』（三弥井書店）、『擬人化と異類合戦の文芸史』（同）、『「もしも」の図鑑　ドラゴンの飼い方』（実業之日本社）、編著・共著に『お伽草子超入門』（勉誠出版）、『怪人熊楠、妖怪を語る』（三弥井書店）、『〈生ける屍〉の表象文化史』（青土社）など。異類の会主宰。

氷厘亭氷泉（こおりんてい・ひょーせん）

千葉県生まれ。イラストレーター。幕末から明治にかけての錦絵・絵草紙・戯文がおもな研究領域。妖怪に関する活動は、『和漢百魅缶』や『妖界東西新聞』にて日刊で作品公開をしているほか、画像妖怪についての研究周知をイベントなどを通じ行っている。2007年、角川書店『怪』大賞受賞。2012年からはウェブサイト『妖怪仝友会』にて伝承・画像・佃承各要素の妖怪をあつかう鬼質学誌『大佐用』を月2回（13・29日）公開中。著書に『日本怪異妖怪事典』関東（笠間書院）、共同執筆論文に「マンボウ類の古文献の再調査から見付かった江戸時代におけるヤリマンボウの日本最古記録」（共同執筆・澤井悦郎）がある。新・妖怪党、妖怪仝友会、山田の歴史を語る会同人。VTuber「蠱毒大佐」のキャラクターデザイナーでもある。

永島大輝（ながしま・ひろき）

栃木県生まれ。専門は民俗学。下野民俗研究会、日本民俗学会会員。中学校で教員をしつつ、各地の民俗調査などをする。異類の会では俗信と口承文芸の発表。共著に『妖怪・憑依・擬人化の文化史』（笠間書院　2016）、主な論文に「異世界

はエレベーターとともに。YouTuberの都市伝説」（『世間話研究』27)、「温泉消失伝説」（『昔話伝説研究』37）など。

式水下流（しきみず・げる）

神奈川県生まれ。お化け友の会、山田の歴史を語る会同人。山田野理夫が物語として書いた妖怪作品にはどのような資料が参考にされ、以降の妖怪解説にどのように展開されたかを一〇数年調査している。最近では、山田野理夫を中心として、本書で取り上げられた人物の妖怪解説まで情報収集を進め、相互の情報共有までを確認することで山田野理夫の調査に還元できるのではないかと目論んでいる。山田野理夫以外のテーマとしては、『特撮に見えたる妖怪』と題して、映像作品に登場する妖怪のことも調べている。それらは、異類の会や広義のおばけを取り扱う同人誌で発表している。また、雑誌『怪と幽』では年に一度書評を執筆している。

御田鍬（みたすき）

1989年、広島県生まれ。水木しげるの影響により幼少期から妖怪に興味を持っていたが、中学時代に村上健司『妖怪事典』を読んだ事によりそれまでの知識に創作が含まれる事に衝撃を受け、以降は妖怪が基礎資料から現代の妖怪事典・図鑑へと転載されていく中での記述の変遷と混濁を主な興味関心領域としている。大学時代からはサークル「うしみつのかね」名義で同人誌を中心に活動中。妖怪に関する現代の書籍やタイトルに妖怪と含まれる書籍の収集、また水木しげるが参考とした資料・図像などを探索し纏めた同人誌『水木絵のモトエ』の発行などを行っている。

毛利恵太（もうり・けいた）

1991年、神奈川県生まれ。妖怪数奇者。「妖怪」という概念を初めて知ったのは小学校の図書室で読んだ『おとなもブルブルようかい話』（木暮正夫・原ゆたか）と『かいけつゾロリ』シリーズ（原ゆたか）。高校時代に京極夏彦の小説を読み、妖怪の背後にある奥深さに魅入られた。2016年『妖怪・憑依・擬人化の文化史』（伊藤慎吾編、笠間書院）に寄稿。2017年に同人誌『明治の讀賣新聞における「化

物会」の活動について』を執筆。HN「こぐろう」及び個人サークル「松籟庵」として、ニコニコ生放送「怪哉談義」を経て、Twitterで妖怪紹介アカウント「瓶詰妖怪(@bottle_youkai)」を展開、妖怪蒐集系VTuber「蠱毒大佐」をプロデュース。

幕張本郷猛（まくはりほんごうたけし）

北海道生まれ。自称前衛妖怪研究家・野球ゲーム研究家（APBA、Sherco等）。子供の頃、近所のお兄さんがくれた古雑誌でチャンピオンの中岡俊哉の記事、マガジンのジョージ・秋山の漫画を知った。やがて子供時代の文化を愛する人間に育ち、大学生・社会人となったが、周りにジャニス・ジョプリンやフリー、ブルース・クリエーション、ガロを聴く人間はおらず、妖怪好きもおらず、孤独な人生であった。現在、療養中。著作に『世界の恐怖ショッカー妖怪編』（パピレス、絶版）。『昭和・平成オカルト研究読本』（サイゾー）等に寄稿。あまり遠くない将来、友人の白谷潔弘さんと『世界ロック画報／日本オカルト大全』を出すのが夢です。

異類の会（ブログ http://irui.zoku-sei.com/）

異類（人間以外のキャラクター）について
研究報告・情報提供・談話をする集まりです。
我々執筆陣のせいで妖怪関連多め。
所属や立場に関係なくどなたの参加も歓迎します。

編者略歴

伊藤慎吾(いとう・しんご)

埼玉県生まれ。日本文学研究者。國學院大學栃木短期大学・准教授。お伽草子や擬人化、南方熊楠の研究を主に行っている。その関係で妖怪の領域にも片足を突っ込んでいる。本書執筆陣の影響で、少年時代、佐藤有文『日本妖怪図鑑』や水木しげる『妖怪なんでも入門』を読んでいた記憶を呼び起こし、本書を企画。愛読書は鳥山石燕『画図百鬼夜行』。縁あって栃木に通うことになったので、最近は九尾の狐に取り憑かれている。

氷厘亭氷泉(こおりんてい・ひょーせん)

千葉県生まれ。イラストレーター。幕末から明治にかけての錦絵・絵草紙・戯文がおもな研究領域。妖怪に関する活動は、『和漢百魅缶』や『妖界東西新聞』にて日刊で作品公開をしているほか、画像妖怪についての研究周知をイベントなどを通じ行っている。2007年、角川書店『怪』大賞受賞。2012年からはウェブサイト『妖怪仝友会』にて伝承・画像・佃承各要素の妖怪をあつかう鬼質学誌『大佐用』を月2回(13・29日)公開中。

列伝体 妖怪学前史

編者 伊藤慎吾
　　 氷厘亭氷泉

制作 ㈱勉誠社

発売 勉誠出版㈱

〒101-0061 東京都千代田区神田三崎町二-一八-四
電話 〇三-五二二五-九〇二一㈹

二〇二一年一一月二五日 初版発行

印刷 製本 中央精版印刷

ISBN978-4-585-32010-4 C0021